Fälle
Verwaltungsrecht

Allgemeines Verwaltungsrecht und Verwaltungsprozessrecht

2020

Horst Wüstenbecker
Rechtsanwalt und Repetitor

ALPMANN UND SCHMIDT Juristische Lehrgänge Verlagsges. mbH & Co. KG
48143 Münster, Alter Fischmarkt 8, 48001 Postfach 1169, Telefon (0251) 98109-0
AS-Online: www.alpmann-schmidt.de

Wüstenbecker, Horst
Fälle
Verwaltungsrecht
7. Auflage 2020
ISBN: 978-3-86752-713-2
Alpmann und Schmidt Juristische Lehrgänge
Verlagsgesellschaft mbH & Co. KG, Münster

Benutzerhinweise

Die Reihe „Fälle" ermöglicht sowohl den Einstieg als auch die Wiederholung des jeweiligen Rechtsgebiets **anhand von Klausurfällen**. Denn unser Gehirn kann **konkrete Sachverhalte** besser speichern als abstrakte Formeln. Während des Studiums besteht die Gefahr, dass man zu abstrakt lernt, sich verzettelt und letztlich gänzlich den Überblick über das wirklich Wichtige verliert.

Ferner erfordern Prüfungsaufgaben regelmäßig das Lösen von Fällen. Hier muss der Kandidat beweisen, dass er das Erlernte auf den konkreten Fall anwenden kann und die spezifischen Probleme des Falles erkennt. Außerdem muss er zeigen, dass er die richtige Mischung zwischen Gutachten- und (verkürztem) Urteilsstil beherrscht und an den Problemstellen überzeugend argumentieren kann. Diese Fähigkeiten vermittelt Ihnen unser „Basiswissen **Methodik der Fallbearbeitung** – Wie schreibe ich eine Klausur?".

Nutzen Sie die jahrzehntelange Erfahrung unseres Repetitoriums. Seit mehr als 60 Jahren wenden wir konsequent die Fallmethode an. Denn ein **prüfungsorientiertes Lernen** muss „hart am Fall" ansetzen. Schließlich sollen Sie keine Aufsätze oder Dissertationen schreiben, sondern eine überzeugende Lösung des konkret gestellten Falles abgeben. Da wir nicht nur Skripten herausgeben, sondern auch in mündlichen Kursen Studierende ausbilden, wissen wir aus der täglichen Praxis, „wo der Schuh drückt".

Die Lösung der „Fälle" ist kompakt und vermeidet – so wie es in einer Klausurlösung auch sein soll – überflüssigen, dogmatischen „Ballast". Die Lösungen sind komplett **durchgegliedert** und im **Gutachtenstil** ausformuliert, wobei die unproblematischen Stellen im verkürzten Urteilsstil dargestellt werden – so wie es gute Klausurlösungen erfordern.

Beispiele für die Gewichtung der **Punktvergabe** in einer Semesterabschlussklausur finden Sie hier:

bit.ly/2KQIe2q

bit.ly/2mfIRUJ

bit.ly/2zAPrys

Wir vermitteln in der Reihe „Fälle" (nur) die Wissensanwendung. Sie **ersetzt nicht die Erarbeitung der gesamten Rechtsmaterie** und ihrer Struktur. Übergreifende Aufbauschemata finden Sie in unseren „Aufbauschemata". Ferner empfehlen wir Ihnen unser „Basiswissen" für den erfolgreichen Start ins jeweilige Rechtsgebiet: verständlich dargestellt und durch zahlreiche Beispiele, Übersichten und Aufbauschemata anschaulich vermittelt. Eine darauf aufbauende Darstellung des Stoffes auf Examensniveau liefern unsere „Skripten". Sofern die RÜ zitiert wird, handelt es sich um unsere Zeitschrift „RechtsprechungsÜbersicht", in der monatlich aktuelle, examensverdächtige Fälle gutachterlich gelöst erscheinen.

Viel Erfolg!

INHALTSVERZEICHNIS

1. Teil: Allgemeines Verwaltungsrecht

1. Abschnitt: Abgrenzung Öffentliches Recht – Privatrecht

Fall 1: Öffentlich-rechtliche Streitigkeit

B ist Journalist einer überörtlichen Tageszeitung und im politischen Ressort tätig. Um über möglichst brisante Themen berichten zu können, verschafft er sich wiederholt Zutritt zu einer Nebenstelle des Bundesministeriums für Gesundheit und befragt unter einem Vorwand Behördenmitarbeiter zu bestimmten Gesetzgebungsvorhaben. Bei seinen Besuchen steckt er auch das „ein oder andere" Diskussionspapier ein. Nachdem dies bekannt wird, verhängt der Behördenleiter ein Hausverbot gegen B. B ist damit nicht einverstanden und meint, bei dem Gebäude handele es sich um Räumlichkeiten, die allgemein für die Öffentlichkeit zugänglich seien. B möchte sich gegen das Hausverbot zur Wehr setzen und fragt, vor welchem Gericht er klagen muss.

§ 40 Abs. 1 S. 1 VwGO:
- öffentlich-rechtliche Streitigkeit
- nichtverfassungsrechtlicher Art
- keine anderweitige Zuweisung

Handelt es sich um eine zivilrechtliche Streitigkeit, so ist der Rechtsweg zu den ordentlichen Gerichten eröffnet (§ 13 GVG). Liegt dagegen eine öffentlich-rechtliche Streitigkeit vor, so sind hierfür grds. die **Verwaltungsgerichte** zuständig. Nach § 40 Abs. 1 S. 1 VwGO ist der Verwaltungsrechtsweg eröffnet, wenn es sich um eine öffentlich-rechtliche Streitigkeit nichtverfassungsrechtlicher Art handelt, die keinem anderen Gericht ausdrücklich zugewiesen ist.

I. Eine **öffentlich-rechtliche Streitigkeit** liegt vor, wenn der Streitgegenstand unmittelbare Folge des öffentlichen Rechts ist. Dies ist der Fall, wenn die streitentscheidenden Normen dem öffentlichen Recht zuzuordnen sind.

1. Gegenstand des gerichtlichen Verfahrens ist hier die Rechtmäßigkeit eines **Hausverbots**. Ein solches kann seine Grundlage in den zivilrechtlichen Besitz- und Eigentumsrechten (§§ 859 ff., 903, 1004 BGB) finden, aber auch aus der öffentlich-rechtlichen Sachherrschaft über die öffentliche Einrichtung resultieren. Damit können sowohl Normen des öffentlichen Rechts als auch solche des Zivilrechts streitentscheidend sein. Aus diesem Grund lässt sich die Zuordnung des Streitgegenstandes allein auf Grundlage der das Hausverbot tragenden Rechtsnormen nicht beantworten.

2. Deshalb ist auf weitere Abgrenzungskriterien zurückzugreifen. Hierbei kann zunächst auf die **Rechtsnatur** der streitbetroffenen Handlung abgestellt werden. Denn im Abwehrfall richtet sich die Rechtsnatur der Streitigkeit nach der Rechtsnatur des abzuwehrenden Verwaltungshandelns. Damit stellt sich die Frage, welche Rechtsnatur das Hausverbot hat. Diese Frage wird in Rechtsprechung und Literatur unterschiedlich beurteilt.[1]

a) Zunächst könnte die Rechtsnatur des Hausverbots danach beurteilt werden, welchen **Zweck der Besucher** verfolgt hat.[2] Steht der Besuch im Sachzusammenhang mit hoheitlicher Tätigkeit (z.B. eines Verwaltungsverfah-

---

1 Zur umstrittenen Herleitung des Hausrechts vgl. Günther DVBl. 2015, 1147 ff.

2 Vgl. OVG NRW NVwZ-RR 1998, 595, 596.

rens i.S.d. § 9 VwVfG), handelt es sich nach diesem Ansatz um ein öffentlich-rechtliches Hausverbot, während bei der Wahrnehmung privater Interessen ein privatrechtliches Hausverbot vorliegt.

B hat das Gebäude betreten, um in eigener Sache kommerzielle und damit private Interessen zu verfolgen. Stellt man darauf ab, welchen **Zweck der Adressat** des Hausverbots verfolgt hat, läge im vorliegenden Fall ein zivilrechtliches Hausverbot vor, für das der Rechtsweg zu den ordentlichen Gerichten gemäß § 13 GVG eröffnet wäre.

b) Demgegenüber vertritt die Literatur[3] und die neuere Rechtsprechung[4] die Ansicht, dass nicht der Zweck des Besuchs maßgebend sei, sondern vielmehr der **Zweck des Hausverbotes**. Wenn das Verbot dazu dienen soll, den öffentlich-rechtlichen Widmungszweck sicherzustellen bzw. wiederherzustellen, liegt nach dieser Auffassung ein öffentlich-rechtliches Hausverbot vor.

Gedankengang bei der Abgrenzung:
- eindeutige Zuordnung
- Indizien, insbes. Sachzusammenhang
- Abgrenzungstheorien
- Zweifelsregelung

Zweck des gegenüber B ausgesprochenen Hausverbotes war es, die ordnungsgemäße Nutzung des Verwaltungsgebäudes zu gewährleisten. Stellt man auf den Zweck des Hausverbotes ab, läge folglich eine öffentlich-rechtliche Streitigkeit i.S.d. § 40 Abs. 1 S. 1 VwGO vor.

c) Gegen den erst genannten Ansatz spricht insbesondere, dass der Hausrechtsinhaber bei der Wahrnehmung der ihm zustehenden Befugnisse regelmäßig keine Kenntnis darüber haben dürfte, welche Interessen der Besucher im konkreten Einzelfall verfolgt. Die Frage des Motivs dürfte für den Inhaber des Hausrechts zudem auch von untergeordneter Bedeutung sein. Damit ist mit der überwiegend vertretenen Auffassung auf den **Zweck des Hausverbotes** abzustellen. Dieses diente hier der Sicherung der Erfüllung der öffentlichen Aufgaben in dem Verwaltungsgebäude und ist folglich öffentlich-rechtlicher Natur.

Damit liegt eine **öffentlich-rechtliche Streitigkeit** i.S.d. § 40 Abs. 1 S. 1 VwGO vor.

II. Der Verwaltungsrechtsweg ist gemäß § 40 Abs. 1 S. 1 VwGO nur in öffentlich-rechtlichen Streitigkeiten **nichtverfassungsrechtlicher Art** eröffnet. Verfassungsrechtlich sind grds. nur Streitigkeiten zwischen Verfassungsorganen oder sonst unmittelbar am Verfassungsleben beteiligten Personen, bei deren Hauptfrage es um die Auslegung und Anwendung von Verfassungsrecht geht (sog. doppelte Verfassungsunmittelbarkeit).[5] Dies ist hier nicht der Fall.

III. Eine **abdrängende Zuweisung** an ein anderes Gericht ist nicht ersichtlich.

Ergebnis: Damit sind die Voraussetzungen des § 40 Abs. 1 S. 1 VwGO erfüllt, sodass über die Rechtmäßigkeit des Hausverbotes im Verwaltungsrechtsweg zu befinden ist.

---

3 Maurer/Waldhoff § 3 Rn. 35.

4 VGH BW RÜ 2017, 670, 671; vgl. auch VG Leipzig RÜ 2020, 179 zum virtuellen Hausrecht bei einer Online-Plattform.

5 Vgl. AS-Skript VwGO (2019), Rn. 77.

Fall 2: Abgrenzungstheorien

Die Stadt S führt jährlich ein Volksfest als nach § 69 GewO festgesetzte Veranstaltung durch. Die Zulassung der Marktbeschicker regeln Vergaberichtlinien, die der Gemeinderat der Stadt S beschlossen hat. Die Richtlinien bestimmen u.a., dass die Stadt S das Volksfest veranstaltet und mit der Durchführung und Organisation des Festes die V-GmbH beauftragt hat, eine zu 100 % der Stadt S gehörende Gesellschaft. Die Vergabe der Standplätze erfolgt durch Abschluss entsprechender Mietverträge.

K hat sich um einen Stand mit Weinausschank für das Volksfest im Frühjahr 2020 beworben. Am 06.08.2019 erhält er einen Ablehnungsbescheid des Bürgermeisters der Stadt S. Dieser verweist darauf, dass die von der V-GmbH durchgeführte Attraktivitätsprüfung zugunsten des Mitbewerbers X ausgefallen sei. Aus Platzgründen sei lediglich ein Stand mit Weinausschank vorgesehen. K hält dies für rechtswidrig und möchte deswegen gegen die Stadt vor dem Verwaltungsgericht klagen. Die Stadt meint, K müsse sich zivilrechtlich mit V auseinandersetzen. Wessen Auffassung ist zutreffend?

Für eine Klage des K gegen die Stadt könnte der Verwaltungsrechtsweg mangels aufdrängender Spezialzuweisung gemäß § 40 Abs. 1 S. 1 VwGO eröffnet sein. Voraussetzung dafür ist vor allem, dass es sich um eine **öffentlich-rechtliche Streitigkeit** handelt.

Dies beurteilt sich nach der Rechtsnatur der **streitentscheidenden Norm**. Da es sich bei dem Volksfest um eine nach §§ 60 b Abs. 2, 69 Abs. 1 GewO festgesetzte Veranstaltung handelt, ist Rechtsgrundlage für das Zulassungsbegehren des K **§ 70 Abs. 1 GewO**. Danach ist jedermann, der dem Teilnehmerkreis der festgesetzten Veranstaltung angehört, nach Maßgabe der für alle Veranstaltungsteilnehmer geltenden Bestimmungen zur Teilnahme an der Veranstaltung berechtigt.

Die in §§ 60 b, 64 ff. GewO genannten Veranstaltungen können durch eine sog. Festsetzung privilegiert werden (§ 69 GewO). Eine Veranstaltung kann zwar auch ohne Festsetzung durchgeführt werden, genießt dann jedoch nicht die sog. Marktprivilegien.

I. Ob es sich hierbei um eine öffentlich-rechtliche Norm handelt, lässt sich **nicht eindeutig** feststellen.

1. Dafür könnte die systematische Stellung des § 70 GewO innerhalb der öffentlich-rechtlichen Normen der GewO sprechen. Allerdings können Veranstalter eines festgesetzten Marktes auch **Privatleute** sein, wie hier die V-GmbH. Da ein privater Veranstalter grds. nur privatrechtlich handeln kann, ist bei Streitigkeiten zwischen privaten Veranstaltern und Marktbeschickern nach § 13 GVG der Zivilrechtsweg gegeben.

2. Etwas anderes gilt nur im Fall der sog. **Beleihung**. Beliehene sind natürliche oder juristische Personen des Privatrechts, die durch oder aufgrund Gesetzes einzelne hoheitliche Verwaltungsaufgaben im eigenen Namen und in den Handlungsformen des öffentlichen Rechts wahrnehmen dürfen. Eine Beleihung bedarf stets einer gesetzlichen Grundlage, die in der GewO nicht enthalten ist.[6] Auch sonst ist für eine Beleihung der V-GmbH mit Hoheitsbefugnissen nichts ersichtlich.

---

6 Vgl. allgemein VGH Mannheim RÜ 2010, 123, 124.

Folgerichtig bedarf es für die Tätigkeit des Verwaltungshelfers auch keiner gesetzlichen Grundlage.

3. Die V-GmbH wird vielmehr nur als sog. **Verwaltungshelfer** tätig. Anders als der Beliehene übt ein Verwaltungshelfer selbst keine öffentliche Gewalt aus. Er wird nur unterstützend und vorbereitend für die öffentliche Verwaltung tätig, im Außenverhältnis zum Bürger handelt die Behörde.

So liegt es hier. V hat die Entscheidung der Stadt lediglich vorbereitet. Den endgültigen Ablehnungsbescheid hat der Bürgermeister als Verwaltungsbehörde erlassen. Dementsprechend ist rechtlich die Stadt als öffentlich-rechtliche Körperschaft Veranstalter des Volksfests.

II. Ist ein **Verwaltungsträger** Veranstalter, ist die Einordnung des Streitgegenstands umstritten. Während teilweise angenommen wird, dass in diesem Fall stets eine öffentlich-rechtliche Streitigkeit i.S.d. § 40 Abs. 1 S. 1 VwGO vorliege, wird überwiegend angenommen, dass die Vorschrift eine „ambivalente Rechtsnatur" habe. Zur Bestimmung der Rechtsnatur der Streitigkeit sei deshalb auf die sog. **Abgrenzungstheorien** abzustellen.

1. Hierbei nimmt die sog. **Subordinationstheorie** eine öffentlich-rechtliche Streitigkeit an, wenn zwischen den Beteiligten ein Über-/Unterordnungsverhältnis besteht. Dagegen könnte hier sprechen, dass über die Standplatzvergabe ein privatrechtlicher Mietvertrag geschlossen wird, der durch eine Gleichordnung der Vertragspartner geprägt wird.

2. Nach der **Interessentheorie** liegt eine öffentlich-rechtliche Streitigkeit vor, wenn die zugrunde liegenden Rechtsnormen überwiegend dem öffentlichen Interesse dienen. § 70 GewO dient aber sowohl dem öffentlichen Interesse an einer geordneten Durchführung der Veranstaltung als auch den privaten Interessen der Teilnehmer.

3. Nach der **modifizierten Subjektstheorie** zählen nur die Rechtsnormen zum öffentlichen Recht, aus denen ein Hoheitsträger als solcher, d.h. gerade in seiner hoheitlichen Funktion, berechtigt und verpflichtet wird. Auch dies lässt sich hier nicht feststellen, da aus § 70 GewO auch Privatleute als Veranstalter berechtigt und verpflichtet sein können. Zuordnungssubjekt ist deshalb nicht notwendigerweise ein Träger hoheitlicher Gewalt.

4. Da keine der vorgenannten Theorien zu einem eindeutigen Ergebnis führt, stellt die Rspr. – wenn ein Hoheitsträger Veranstalter ist – für die Rechtsnatur des Zulassungsanspruchs und damit für den Rechtsweg auf die sog. Zwei-Stufen-Theorie ab:[7]

Die Entscheidung über die Zulassung (das „Ob") richtet sich nach öffentlichem Recht, wenn die „für alle Veranstaltungsteilnehmer geltenden Bestimmungen" i.S.d. § 70 Abs. 1 GewO und damit das **Zulassungsverhältnis** öffentlich-rechtlich sind, während Streitigkeiten über das **Benutzungsverhältnis** (das „Wie") im Hinblick auf die Wahlfreiheit der Behörde im Bereich der Leistungsverwaltung öffentlich-rechtlich oder privatrechtlich sein können.

Streitigkeiten mit der V-GmbH über den Abschluss eines Mietvertrages sind dagegen privatrechtlicher Natur und im Zivilrechtsweg (§ 13 GVG) zu klären.

K geht es nicht um die bloße Abwicklung, sondern um die **Zulassung als solche**. Diese erfolgte nach den öffentlich-rechtlichen Vergaberichtlinien des Gemeinderats durch öffentlich-rechtliche Auswahlentscheidung. Es liegt damit eine öffentlich-rechtliche Streitigkeit nichtverfassungsrechtlicher Art vor, die mangels anderweitiger Zuweisung gemäß § 40 Abs. 1 S. 1 VwGO den **Verwaltungsrechtsweg** eröffnet.

---

7 Vgl. OVG NRW RÜ 2019, 804, 805.

2. Abschnitt: Gesetzmäßigkeit der Verwaltung

Fall 3: Vorbehalt des Gesetzes

A ist Sachverständiger im Bereich des Baugewerbes und durch die nach Landesrecht zuständige Handwerkskammer H zum öffentlichen Sachverständigen bestellt worden. In einer Satzung hat die Handwerkskammer nach § 36 Abs. 4 Gewerbeordnung (GewO) die Voraussetzungen für die Bestellung von Sachverständigen geregelt. Weitere Bestimmungen enthält die Satzung nicht.

In der Folgezeit gehen bei der Handwerkskammer Beschwerden darüber ein, dass A unter seinem Briefkopf als öffentlich bestellter Sachverständiger private Gutachten gefertigt haben soll. Mit Schreiben vom 29.06.2019 gab die Handwerkskammer dem A „vor der Ergreifung aufsichtsrechtlicher Maßnahmen" Gelegenheit zur Stellungnahme.

A wies den Vorwurf zurück. Dennoch sprach die Handwerkskammer am 19.07.2019 eine Rüge aus. In dem Bescheid führt die Kammer aus, dass das Verhalten einen „schweren Verstoß gegen die Berufspflichten beinhalte und aus diesem Grund eine Verwarnung" zu erteilen sei.

A hält die Maßnahme für rechtswidrig und bittet um gutachtliche Prüfung.

Die Rüge könnte bereits deswegen rechtswidrig sein, weil es an der dafür erforderlichen wirksamen **Ermächtigungsgrundlage** fehlt. Ein dahingehendes Erfordernis könnte aus dem sog. **Grundsatz vom Vorbehalt des Gesetzes** folgen.

Vorbehalt des Gesetzes: Kein Handeln ohne gesetzliche Grundlage

Vorrang des Gesetzes: Kein Handeln gegen das Gesetz

I. Zwar ist der Grundsatz vom Vorbehalt des Gesetzes **nicht ausdrücklich normiert**, er ergibt sich jedoch als übergeordnetes Gebot für rechtmäßiges Verwaltungshandeln unmittelbar aus der **Gesetzesbindung der Verwaltung** nach Art. 20 Abs. 3 GG und dem Demokratie- und Rechtsstaatsprinzip.[8]

II. Der **Anwendungsbereich** dieses Grundsatzes ist zwar nicht eindeutig und abschließend geklärt. Im Bereich der **Eingriffsverwaltung** gilt er jedenfalls, wenn durch das staatliche Handeln belastend in die Grundrechte des Einzelnen eingegriffen wird. Denn Eingriffe in Grundrechte dürfen nur durch oder aufgrund eines Gesetzes erfolgen.[9]

1. Die Handwerkskammer ist eine **Körperschaft des öffentlichen Rechts** (§ 90 HandwO) und nimmt Aufgaben der öffentlichen Verwaltung wahr. Sie ist daher dem Grundsatz vom Vorbehalt des Gesetzes unterworfen.

2. Im vorliegenden Fall könnte die Rüge durch die Handwerkskammer einen **Eingriff in die Berufsfreiheit** gemäß Art. 12 Abs. 1 GG beinhalten und daher nach Art. 12 Abs. 1 S. 2 GG einer gesetzlichen Grundlage bedürfen.

a) Dies wäre unproblematisch, wenn die Maßnahme **final-unmittelbar**[10] oder zumindest **mittelbar** oder **faktisch**[11] in den grundrechtlichen Schutzbereich eingreifen würde. Dagegen würde es an einem Eingriff fehlen, wenn die Rüge einen bloßen „Hinweis" ohne Regelungswirkung enthält.

---

8 BVerfGE 77, 170, 230 und AS-Skript Verwaltungsrecht AT 1 (2019), Rn. 97.
9 Vgl. AS-Skript Grundrechte (2020), Rn. 73 ff.
10 Sog. klassischer Eingriff; vgl. AS-Skript Grundrechte (2020), Rn. 66.
11 So der heute herrschende weite Eingriffsbegriff, vgl. AS-Skript Grundrechte (2020), Rn. 67 ff.

b) Vorliegend spricht bereits die von der Handwerkskammer gewählte Förmlichkeit des Verfahrens einschließlich der Anhörung dafür, dass eine Disziplinierung des A bezweckt wurde, die eindeutig über einen bloßen Hinweis hinausgeht. Damit liegt ein Grundrechtseingriff vor, sodass eine Ermächtigungsgrundlage erforderlich ist.

III. Vorliegen einer wirksamen Ermächtigungsgrundlage

1. Als **Ermächtigungsgrundlage** kommt zunächst § 36 GewO in Betracht. Danach können in bestimmten Bereichen Personen als Sachverständige öffentlich bestellt werden. Allerdings ermächtigt diese Norm nicht zu etwaigen Disziplinarmaßnahmen. Vielmehr überlässt die Vorschrift entsprechende Sanktionen ausdrücklich einer untergesetzlichen Ausgestaltung (vgl. § 36 Abs. 3 u. Abs. 4 GewO). § 36 GewO kommt damit als Ermächtigungsgrundlage nicht in Betracht.

2. Die Rüge könnte jedoch ihre Grundlage in der **Satzung** der Handwerkskammer finden.

Parlamentsvorbehalt: Das „Wesentliche vom Wesentlichen" muss der parlamentarische Gesetzgeber selbst regeln.

a) Fraglich ist, ob die Verhängung von Disziplinarmaßnahmen überhaupt auf **untergesetzliche Normen** gestützt werden kann. Der Grundsatz vom Vorbehalt des Gesetzes verlangt zunächst, dass das Verwaltungshandeln überhaupt auf eine Rechtsgrundlage gestützt werden kann. Daher können belastende Eingriffe grundsätzlich auch auf einer untergesetzlichen Ermächtigungsgrundlage (RechtsVO, Satzung) beruhen. Etwas anderes gilt nur dann, wenn aus Gründen der Wesentlichkeit und im Hinblick auf das Demokratieprinzip die Ausgestaltung der Eingriffsbefugnisse dem parlamentarischen Gesetzgeber vorbehalten ist (sog. **Parlamentsvorbehalt**).[12]

Soweit es sich, wie im vorliegenden Fall bei der Rüge, um eine nicht weitreichende Disziplinarmaßnahme wegen einfacher Pflichtverstöße handelt, ist die Maßnahme nicht so wesentlich, dass der Parlamentsgesetzgeber sie selbst regeln müsste. Daher ist es grds. nicht zu beanstanden, dass die Rüge auf eine satzungsrechtliche Grundlage gestützt wird.

Die Bestimmtheitstrias des Art. 80 Abs. 1 S. 2 GG gilt nur bei RechtsVOen, nicht bei Satzungen. Bei letzteren ist auf die allgemeinen Anforderungen des Rechtsstaatsprinzips zurückzugreifen.

b) Inhaltlich ist es allerdings nach dem **Bestimmtheitsgebot**, das aus dem Rechtsstaatsprinzip (Art. 20 Abs. 3 GG) folgt, erforderlich, dass die Ermächtigungsgrundlage die Eingriffsbefugnisse der Behörde **hinreichend klar** ausgestaltet. Sie müssen nach Inhalt, Zweck und Ausmaß bestimmt und begrenzt sein, damit die Beschränkungen voraussehbar und berechenbar sind **(Grundsatz der Normenklarheit)**.

Im vorliegenden Fall hat die Handwerkskammer die Satzung auf der Grundlage des § 36 Abs. 4 i.V.m. Abs. 3 Nr. 3 a GewO erlassen. Diese konkretisiert aber lediglich die Voraussetzungen für eine Bestellung von Sachverständigen und den Umfang seiner Verpflichtungen, ohne selbst etwaige disziplinarrechtliche Regelungen zu treffen.[13] Aus diesem Grund kommt die Satzung der Handwerkskammer ebenfalls nicht als Ermächtigung in Betracht.

Ergebnis: Damit fehlt es der Handwerkskammer für eine Rüge an einer hinreichenden Ermächtigungsgrundlage. Die Rüge ist daher wegen Verstoßes gegen den Grundsatz vom Vorbehalt des Gesetzes **rechtswidrig**.

---

12 BVerwG RÜ 2014, 115, 119.
13 VG Neustadt NVwZ-RR 2002, 272.

Fall 4: Verwaltungsvorschriften

Angesichts eines immer stärker werdenden Konkurrenzdrucks im Bereich der Printmedien entschließt sich das Bundeswirtschaftsministerium, Zeitungsverlage, die unverschuldet in eine wirtschaftliche Notlage geraten, durch eine Subvention zu unterstützen. Eine besondere gesetzliche Grundlage für diese Subventionsgewährung existiert nicht. Die Mittel sind lediglich im Haushaltsplan ausgewiesen und die Förderung im Einzelnen durch eine Verwaltungsvorschrift ausgestaltet. Auch der K-Verlag, der seit längerem insolvenzgefährdet ist, erhält einen Betrag von 50.000 € zur Sicherung der bei ihm bestehenden Arbeitsplätze. Diese Subventionsgewährung stößt beim B-Verlag, einem der insgesamt nur wenigen Konkurrenten, auf wenig Gegenliebe. B befürchtet eine massive Verzerrung des Wettbewerbs auf dem ohnehin eng umkämpften Zeitschriftenmarkt. Zudem ist er der Ansicht, dass die Subvention an den K-Verlag nur deshalb erfolgt sei, weil dessen Chefredakteur mit dem Bundesminister befreundet sei. Der Justiziar J des B-Verlages äußert daher Bedenken, ob die Subventionsgewährung an den K-Verlag materiell rechtmäßig ist. Zu Recht?

Die Subventionsgewährung an den K-Verlag ist **mangels Ermächtigungsgrundlage** wegen Verstoßes gegen Art. 20 Abs. 3 GG rechtswidrig, wenn die Anforderungen des Grundsatzes vom **Vorbehalt des Gesetzes** nicht eingehalten wurden.

I. Im Bereich der **Eingriffsverwaltung** ist allgemein anerkannt, dass das Verwaltungshandeln jedenfalls dann einer ausdrücklichen Ermächtigung bedarf, wenn das staatliche Handeln Grundrechtsrelevanz entfaltet.

II. Bei der hier in Rede stehenden Subventionsgewährung handelt es sich jedoch nicht um eine hoheitliche Eingriffsmaßnahme, sondern um einen Fall der **Leistungsverwaltung**. Ob und ggf. in welchem Umfang der Grundsatz vom Vorbehalt des Gesetzes in diesem Bereich der Staatsverwaltung Anwendung findet, ist umstritten.

1. Der Anwendungsbereich des Grundsatzes vom Vorbehalt des Gesetzes ist jedenfalls dann eröffnet, wenn eine **gesetzliche Regelung** dies ausdrücklich bestimmt. Anders als im Sozialleistungsrecht, wo Rechte nur begründet werden dürfen, soweit ein Gesetz dies ausdrücklich vorschreibt oder zulässt (§ 31 SGB I), ist dies bei Wirtschaftssubventionen nicht der Fall.

2. Dennoch könnte aus **allgemeinen Erwägungen** der Grundsatz vom Vorbehalt des Gesetzes Anwendung finden.

a) Teilweise wird die Auffassung vertreten, dass die Gewährung finanzieller Leistungen durch den Staat generell einer gesetzlichen Ermächtigung bedürfe. Diese sog. **Lehre vom Totalvorbehalt** hält eine Subventionsgewährung nur dann für materiell rechtmäßig, wenn in besonderen Subventionsgesetzen die Art und das Ausmaß der Subvention, der Kreis der Begünstigten sowie die wesentlichen Vergabevoraussetzungen bestimmt werden.[14]

---

14 Vgl. AS-Skript Verwaltungsrecht AT 1 (2019), Rn. 162.

Im vorliegenden Fall existiert eine ausdrückliche gesetzliche Ermächtigungsgrundlage nicht. Vielmehr erfolgte die inhaltliche Ausgestaltung lediglich durch **Verwaltungsvorschriften**. Verwaltungsvorschriften haben anders als Rechtsnormen grds. nur verwaltungsinterne Bedeutung. Sie sind bloßes Innenrecht und haben keine unmittelbare Außenwirkung gegenüber dem Bürger und sind deshalb keine Gesetze i.S.d. Art. 20 Abs. 3 GG. Folgt man der Lehre vom Totalvorbehalt, wäre die Gewährung der Geldleistungen an den K-Verlag bereits mangels gesetzlicher Grundlage materiell rechtswidrig.

b) Die h.Rspr. vertritt demgegenüber die Ansicht, dass die Gewährung finanzieller Zuwendungen nicht generell einer gesetzlichen Grundlage bedürfe. Danach reicht es vielmehr aus, dass eine parlamentarische Willensäußerung die Leistungsgewährung trägt. Ausreichend als **Legitimation** des Verwaltungshandels ist danach grds. bereits die haushaltsmäßige Bereitstellung der für die Subventionierung erforderlichen Mittel.[15]

Dieser Auffassung folgt auch die Verwaltungspraxis. Danach erfolgt die Entscheidung, ob überhaupt zu bestimmten Zwecken staatliche Mittel gewährt werden dürfen, durch Ausweisung im Haushaltsplan, der durch das Haushaltsgesetz festgestellt wird; die einzelnen Vergabevoraussetzungen (das „Wie") und die Abwicklung der Förderung können dann in Verwaltungsvorschriften konkretisiert werden.

c) Allerdings gilt diese Rspr. **nicht ausnahmslos.** Eine besondere gesetzliche Bestimmung ist dann erforderlich, wenn die Vergabe z.B. im Hinblick auf Grundrechte Dritter „wesentlich" ist.

Dies hat die Rspr. z.B. bei der Förderung von Vereinen zur gezielten Sektenbekämpfung im Hinblick auf Art. 4 GG angenommen (BVerwG NJW 1992, 2496, 2499).

aa) Das ist zum einen der Fall, wenn sich die Gewährung der Leistung als **Eingriff in Grundrechte** darstellt, z.B. wenn die Leistung gewährt wird, um den Empfänger in die Lage zu versetzen, gegen Dritte vorzugehen.

bb) Wesentlich in diesem Sinne können aber auch Maßnahmen sein, die für die Grundrechtsverwirklichung sonst allgemein von Bedeutung sind. Pressesubventionen können zur Folge haben, dass die Presse vom staatlichen Einfluss abhängig und dadurch die grundrechtlich durch Art. 5 Abs. 1 S. 2 GG gewährleistete Pressefreiheit gefährdet wird. Die Presse kann ihre öffentliche Aufgabe als Kontrollorgan und als Medium der öffentlichen Meinung in einer freiheitlichen Demokratie sachgemäß nur unabhängig von staatlichen Einflüssen erfüllen. Unmittelbare Subventionen an Presseunternehmen dürfen, sofern sie überhaupt zulässig sind, nur auf der Grundlage eines Gesetzes vergeben werden, welches präzise die Voraussetzungen der Gewährung festlegt. In diesem grundrechtssensiblen Bereich darf es nicht dem Ermessen der Exekutive überlassen bleiben, die Grenzen der Grundrechtsausübung nach ihren Vorstellungen zu bestimmen.[16]

Daher genügten die Mittelbereitstellung in einem Haushaltsplan sowie die ergänzenden Bestimmungen in Verwaltungsvorschriften auch nach h.Rspr. hier ausnahmsweise nicht, sodass es einer Streitentscheidung nicht bedarf, ob generell eine besondere gesetzliche Ermächtigung erforderlich ist.

Ergebnis: Die Subventionsgewährung an den K-Verlag verstößt gegen den Grundsatz vom Vorbehalt des Gesetzes und ist damit materiell rechtswidrig.

---

15 BVerwG DVBl. 2003, 139, 140.

16 BVerfGE 80, 124, 131.

3. Abschnitt: Der Verwaltungsakt

1. Definition

Fall 5: Begriffsmerkmale des Verwaltungsakts

A ist Schüler des Albert-Einstein-Gymnasiums in M im Bundesland L. In dem zum Ende des 11. Schuljahres erteilten und von dem Schulleiter S unterzeichneten Zeugnis erhielt A in dem zu seinem Wahlbereich gehörenden Fach Englisch die Note „mangelhaft". A, der nach Ablegung der Reifeprüfung das Fach Anglistik studieren möchte, ist mit dieser Bewertung nicht einverstanden und befürchtet, dass diese Note negative Auswirkungen auf den Erwerb eines Studienplatzes hat. A überlegt, ob er vor einem verwaltungsgerichtlichen Verfahren Widerspruch gegen die Note im Fach Englisch einlegen muss oder unmittelbar das Verwaltungsgericht anrufen kann.

Auszug aus dem Schulgesetz (SchulG) des Landes L

§ 20 SchulG

(1) Jede Schule hat einen Schulleiter, der zugleich Lehrer ist.

(2) Der Schulleiter leitet die Schule und vertritt sie nach außen. Er ist verantwortlich für die Erfüllung des Bildungs- und Erziehungsauftrags der Schule. ...

§ 49 SchulG

(1) Schülerinnen und Schüler erhalten am Ende des Schuljahres und in der Regel am Ende des Schulhalbjahres oder des entsprechenden Ausbildungsabschnittes ein Zeugnis über die erbrachten Leistungen. ...

Hinweise: Im Land L ist von der Ermächtigung des § 68 Abs. 1 S. 2 Hs. 1 VwGO (gesetzlicher Verzicht auf das Vorverfahren) kein Gebrauch gemacht worden. Die Vorschriften des LVwVfG sind identisch mit dem VwVfG des Bundes.

Die Notwendigkeit eines **Widerspruchs** könnte sich aus § 68 Abs. 1 S. 1 VwGO ergeben, wonach vor Erhebung einer Anfechtungsklage grds. die Durchführung eines Vorverfahrens erforderlich ist. Dann müsste die Anfechtungsklage im gerichtlichen Verfahren die statthafte Klageart sein.

Gemäß § 42 Abs. 1 Fall 1 VwGO ist dies der Fall, wenn A die Aufhebung eines **Verwaltungsaktes** begehrt. Folglich müsste A zunächst Widerspruch erheben, wenn die Einzelnote im Fach Englisch einen ihn belastenden Verwaltungsakt darstellt. Nach § 35 S. 1 VwVfG ist Verwaltungsakt jede Verfügung, Entscheidung oder andere hoheitliche Maßnahme, die eine Behörde zur Regelung eines Einzelfalles auf dem Gebiet des öffentlichen Rechts trifft und die auf unmittelbare Rechtswirkung nach außen gerichtet ist.

Verwaltungsakt:
- Maßnahme
- einer Behörde
- auf dem Gebiet des öffentlichen Rechts
- zur Regelung
- eines Einzelfalls
- mit Außenwirkung

1. Maßnahme ist jede Handlung, die einen eigenen Erklärungsgehalt hat, hier die Benotung im Fach Englisch.

2. Die Maßnahme müsste von einer **Behörde** erlassen worden sein. Nach § 1 Abs. 4 VwVfG ist Behörde jede Stelle, die Aufgaben der öffentlichen Verwaltung wahrnimmt. Dies erfasst jede Einrichtung, die befugt ist, unter eigenem Namen nach außen eigenständig Aufgaben der öffentlichen Verwaltung wahrzunehmen.[17]

---

17 Vgl. BVerwG NVwZ 2003, 995.

Gemäß § 20 Abs. 2 des Schulgesetzes des Landes L ist der Schulleiter für die Erfüllung des Bildungsauftrages verantwortlich und vertritt die Schule nach außen. Damit ist der Schulleiter als „Behörde" tätig geworden.

3. Die Maßnahme muss zudem **auf dem Gebiet des öffentlichen Rechts** ergangen sein. Auf dem Gebiet des öffentlichen Rechts ergeht eine Entscheidung dann, wenn Rechtsgrundlage eine Vorschrift des öffentlichen Rechts ist. Das im vorliegenden Fall erteilte Zeugnis beruht auf der eindeutig öffentlich-rechtlichen Grundlage des § 49 Abs. 1 SchulG. Damit liegt eine Maßnahme auf dem Gebiet des öffentlichen Rechts vor.

4. Zudem müsste die Einzelnote eine **Regelung** enthalten. Eine solche Regelungswirkung ist anzunehmen, wenn die Maßnahme ihrem Ausspruch nach **unmittelbar auf die Herbeiführung einer Rechtsfolge gerichtet** ist. Hieran fehlt es, wenn die behördliche Maßnahme selbst keine rechtlich abschließende Rechtsfolge setzt, sondern eine andere Regelung bloß vorbereitet. Dies ist etwa dann anzunehmen, wenn einzelne Prüfungsleistungen bewertet werden, die in eine Endnote einfließen. Ob danach auch einzelne Zeugnisnoten Regelungscharakter entfalten, wird in Rechtsprechung und Literatur unterschiedlich beurteilt.

a) Teilweise wird die Ansicht vertreten, dass der Benotung einzelner Leistungen keine regelnde, sondern lediglich eine über den Leistungsstand **informierende Bedeutung** zukommt.[18] Hierbei spiele es auch keine Rolle, ob die Benotung für den Betroffenen von individuell erheblicher Bedeutung sei, da dies keine rechtlichen, sondern lediglich faktische Wirkungen entfalte. Folgt man dieser Ansicht, stellt die Einzelnote im Fach Englisch mangels Regelungswirkung keinen Verwaltungsakt dar.

b) Nach anderer Ansicht kann dagegen besonders wichtigen Einzelnoten eine regelnde Wirkung zukommen, wenn die Einzelnote die **Chancen** des Schülers im Berufsleben verbessert bzw. verschlechtert.[19]

A strebt nach Ablegung der Reifeprüfung ein Studium der Anglistik an. Für die Erteilung eines Studienplatzes, aber auch für die späteren Perspektiven im Berufsleben wird die Einzelnote im Fach Englisch eine erhebliche Bedeutung haben. Nach dieser Auffassung entfaltet die Einzelnote daher regelnde Wirkung.

Im Einzelnen ist hier vieles streitig. Teilweise wird die VA-Qualität nur bei versetzungsrelevanten Einzelnoten bejaht.

c) In welchen Fällen eine Note nach ihrem objektiven Sinngehalt eine Regelung enthält, lässt sich nicht abstrakt feststellen. Dies hängt vielmehr entscheidend davon ab, ob die Note für sich gesehen **rechtserhebliche Bedeutung** hat, z.B. in Bezug auf die weitere Schullaufbahn und das Berufsleben. Für die zuletzt genannte Ansicht spricht, dass in diesem Fall mit der Einzelnote eine verbindliche Aussage über die Qualifikation des Schülers getroffen wird. Insoweit liegt dann – wie im vorliegenden Fall – die von § 35 S. 1 VwVfG vorausgesetzte Regelungswirkung vor.

5. Die Regelung ist konkret-individuell und betrifft damit auch einen **Einzelfall.**

---

18 Stelkens/Bonk/Sachs, VwVfG, § 35 Rn. 204.

19 OVG NRW DVBl. 2001, 823; Maurer/Waldhoff § 9 Rn. 9.

6. Schließlich muss die Regelung auf eine unmittelbare Rechtswirkung nach außen gerichtet sein. Diese **Außenwirkung** ist zu bejahen, wenn durch die Maßnahme Rechtswirkungen bei einer Person herbeigeführt werden sollen, die außerhalb der Verwaltung steht. Problematisch ist die Außenwirkung insbesondere, wenn der Adressat in einer besonders engen Beziehung zum Träger der öffentlichen Verwaltung steht (**Sonderrechtsverhältnis**, auch Sonderstatusverhältnis, früher besonderes Gewaltverhältnis).[20]

a) Zwar ist A nicht Teil der Schulverwaltung, jedoch steht er in einer engeren Beziehung zur Verwaltung als es etwa bei sonstigen Bürgern der Fall ist. Für die Beantwortung der Frage, ob eine hoheit-liche Maßnahme in solchen Sonderrechtsverhältnissen Außenwirkung entfaltet, wird heute überwiegend darauf abgestellt, ob die Maßnahme in die persönliche Rechtsstellung des Schülers eingreift (dann Verwaltungsakt) oder nur die Regelung des internen Schulbetriebes erfolgt (dann kein Verwaltungsakt).

b) Die Erteilung einer Abschlussnote im Fach Englisch wirkt sich nicht lediglich auf das schulinterne Verhältnis aus. Vielmehr betrifft sie auch die persönliche Rechtsstellung des A, indem dessen Chancen zum Erwerb eines Studienplatzes betroffen sind. Damit hat die Erteilung der Zeugnisnote auch Außenwirkung, sodass ein Verwaltungsakt im Sinne des § 35 S. 1 VwVfG vorliegt.

Schulintern in diesem Sinne sind z.B. das Stellen von Hausarbeiten und erzieherische Maßnahmen zur Wahrung der Unterrichtsdisziplin (Eintragung ins Klassenbuch).

Ergebnis: Da die Aufhebung eines Verwaltungsaktes nur mittels Anfechtungsklage gemäß § 42 Abs. 1 Fall 1 VwGO begehrt werden kann, muss A vor der Erhebung der verwaltungsgerichtlichen Klage gemäß § 68 Abs. 1 S. 1 VwGO grds. form- und fristgerecht Widerspruch erheben (vorbehaltlich einer gesetzlichen Ausnahme nach § 68 Abs. 1 S. 2 VwGO).

---

20 Vgl. allgemein zur Außenwirkung in Sonderrechtsverhältnissen AS-Skript Verwaltungsrecht AT 1 (2019), Rn. 315 und näher unten Fall 8.

Fall 6: Vorbereitende Maßnahmen

B liebt schnelle Autos und hat seine Fahrweise diesen Fahrzeugen angepasst. Dies bringt ihn häufig in Konflikt mit der Polizei. In den vergangenen Jahren ist er insgesamt sechsmal wegen verkehrsrechtlicher Verfehlungen verfolgt worden. Aufgrund dieser Sachlage fordert die zuständige Behörde den B schriftlich auf, ein medizinisch-psychologisches Gutachten beizubringen, um die Bedenken gegen die Geeignetheit des B zum Führen von Kraftfahrzeugen zu entkräften. B ist nicht bereit, sich diesem – wie er ihn nennt – „Idiotentest" zu beugen.

1. Kann B gegen die Aufforderung Widerspruch erheben?
2. Wäre eine Klage gegen die Aufforderung zulässig?

Auszug aus der Fahrerlaubnis-Verordnung (FeV):

§ 11 FeV

(2) Werden Tatsachen bekannt, die Bedenken gegen die körperliche oder geistige Eignung des Fahrerlaubnisbewerbers begründen, kann die Fahrerlaubnisbehörde … die Beibringung eines ärztlichen Gutachtens durch den Bewerber anordnen.

(8) Weigert sich der Betroffene, sich untersuchen zu lassen, oder bringt er der Fahrerlaubnisbehörde das von ihr geforderte Gutachten nicht fristgerecht bei, darf sie bei ihrer Entscheidung auf die Nichteignung des Betroffenen schließen.

§ 46 FeV

(1) Erweist sich der Inhaber einer Fahrerlaubnis als ungeeignet zum Führen von Kraftfahrzeugen, hat ihm die Fahrerlaubnisbehörde die Fahrerlaubnis zu entziehen. …

(3) Werden Tatsachen bekannt, die Bedenken begründen, dass der Inhaber einer Fahrerlaubnis zum Führen eines Kraftfahrzeugs ungeeignet oder bedingt geeignet ist, finden die §§ 11 bis 14 entsprechend Anwendung.

Frage 1: Ein **Anfechtungswiderspruch** gemäß § 68 Abs. 1 S. 1 VwGO ist statthaft, wenn es sich bei der Aufforderung zur Beibringung des Gutachtens um einen **Verwaltungsakt** i.S.d. § 35 S. 1 VwVfG handelt.

1. Das Schreiben der Fahrerlaubnisbehörde stellt die **Maßnahme** einer **Behörde** auf dem **Gebiet des öffentlichen Rechts** dar, da die Aufforderung auf der Grundlage der öffentlich-rechtlichen Vorschriften der FeV ergangen ist.

2. Fraglich ist indes, ob diese Maßnahme eine **Regelung** enthält, also unmittelbar auf die Herbeiführung einer Rechtsfolge gerichtet ist.

a) Stellt man auf die Aufforderung als solche ab, so ergibt sich daraus das **Gebot**, ein medizinisch-psychologisches Gutachten vorzulegen.

b) Regelung i.S.d. § 35 VwVfG ist grds. aber nur die **endgültige** Regelung. Maßnahmen, die einen Verwaltungsakt bloß vorbereiten, sind nicht **unmittelbar** auf die Herbeiführung einer Rechtsfolge gerichtet, sondern dienen lediglich der Vorbereitung einer abschließenden Regelung. Etwas anderes gilt nur dann, wenn ausnahmsweise einzelne Aspekte der Maßnahme vorab, aber endgültig geregelt werden.[21]

---

21 Vgl. AS-Skript Verwaltungsrecht AT 1 (2019), Rn. 249 ff.

aa) Im vorliegenden Fall wird durch die Aufforderung zur Vorlage des Gutachtens weder ein Teil der später zu treffenden Verwaltungsentscheidung über die Entziehung der Fahrerlaubnis vorab entschieden, noch werden einzelne Vorfragen, wie z.B. die Geeignetheit des Fahrerlaubnisinhabers, abschließend beurteilt. Vielmehr soll die Behörde durch die Vorlage des Gutachtens erst in die Lage versetzt werden, bei ihrer Entscheidung über die Entziehung der Fahrerlaubnis eine sichere Tatsachenbasis zugrunde legen zu können. Diesen Erwägungen folgend entfaltet die Aufforderung zur Vorlage des medizinisch-psychologischen Gutachtens keine regelnde Wirkung, sodass nach dieser Auffassung kein Verwaltungsakt gemäß § 35 S. 1 VwVfG vorliegt.[22] Ein Widerspruch wäre unstatthaft und damit unzulässig.

Anders ist dies z.B. bei Teilgenehmigungen oder Vorbescheiden. So sind z.B. Bauvorbescheide Verwaltungsakte, weil hier einzelne Fragen, wie z.B. die Bebaubarkeit des Grundstücks vorab abschließend beurteilt werden.

bb) Demgegenüber wird in der Lit. die VA-Qualität teilweise bejaht, weil die Anordnung verbunden mit der Ankündigung der Entziehung der Fahrerlaubnis bereits einen **Eingriff** in das grundrechtlich geschützte allgemeine Persönlichkeitsrecht (Art. 2 Abs. 1 i.V.m. Art. 1 Abs. 1 GG) darstellt.

Dagegen spricht jedoch, dass die Regelungswirkung beim Verwaltungsakt **final**, d.h. gezielt ausgerichtet sein muss, während für einen Grundrechtseingriff auch faktische und mittelbare Auswirkungen ausreichen können. Die Bejahung des Eingriffscharakters einer Maßnahme hat daher nicht notwendig zur Folge, dass diese auch eine Regelung i.S.d. § 35 S. 1 VwVfG beinhaltet.

c) Eine Regelungswirkung könnte sich allenfalls dann ergeben, wenn die Mitwirkungspflicht **zwangsweise** durchgesetzt werden könnte. Dies ist jedoch nicht der Fall. Nach § 11 Abs. 8 FeV darf die Behörde, wenn die Anordnung nicht befolgt wird, lediglich auf die Nichteignung des Betroffenen schließen. Selbstständige Zwangsmaßnahmen sind daneben nicht vorgesehen.[23]

Ergebnis zu Frage 1: Mangels VA-Qualität ist ein Widerspruch gegen die Aufforderung, ein medizinisch-psychologisches Gutachten vorzulegen, daher unzulässig. Da kein Verwaltungsakt vorliegt, gilt dasselbe auch für die Anfechtungsklage.

Der Betroffene kann daher erst gegen die Entziehung der Fahrerlaubnis selbst vorgehen. Im Rahmen des Widerspruchs bzw. der Anfechtungsklage gegen die Entziehungsverfügung muss dann inzident geprüft werden, ob die Aufforderung, das Gutachten vorzulegen, rechtmäßig war.[24]

Frage 2:

Unabhängig von der statthaften Klageart könnte eine Klage gegen die Aufforderung zur Beibringung des Gutachtens nach **§ 44 a S. 1 VwGO** unzulässig sein. Danach können Verfahrenshandlungen nicht isoliert, sondern nur gleichzeitig mit der nachfolgenden Sachentscheidung angefochten werden. Die Aufforderung zur Gutachtenbeibringung ist eine Verfahrenshandlung zur Beweiserhebung. Ein Ausnahmefall nach § 44 a S. 2 VwGO ist nicht gegeben, da die Anordnung nicht zur zwangsweisen Durchsetzung vollstreckt werden kann, sondern nur die Rechtsfolgen des § 11 Abs. 8 FeV begründet. Im Hinblick auf die spätere Inzidentprüfung ist die isolierte Anfechtung auch mit Blick auf Art. 19 Abs. 4 GG nicht geboten.[25]

---

22 OVG Lüneburg NJW 2007, 454, 455; ebenso BVerwG RÜ 2012, 735, 737 zur Anordnung einer ärztlichen Untersuchung bei einem Beamten.

23 OVG NRW NWVBl. 2001, 478, 480; ebenso BVerwG NVwZ 2014, 530, 53.

24 BayVGH NJW 2017, 2695, 2696.

25 BayVGH, Beschl. v. 22.05.2017 – 11 ZB 17.637, BeckRS 2017, 113691; ebenso BVerwG RÜ 2019, 401, 402 ff. zur Anordnung einer ärztlichen Untersuchung eines Beamten.

Fall 7: Allgemeinverfügung
(„Endiviensalatfall" nach BVerwGE 12, 87 ff.)

In verschiedenen Landkreisen ist es zu einer verstärkten Ausbreitung von Typhus gekommen. Nach den Feststellungen der zuständigen Stellen kommt als Infektionsquelle insbesondere der Verzehr von Endiviensalat in Betracht. Nachdem die Zahl der Infizierten innerhalb kürzester Zeit auf fast 400 Personen angestiegen war, gab das Innenministerium bekannt, dass ab sofort der Groß- und Einzelhandel mit Endiviensalat verboten sei. Am gleichen Tag erfolgte im Rundfunk um 22.00 Uhr folgende Durchsage: „Die Bevölkerung wird nachdrücklich vor dem Genuss von Endiviensalat gewarnt. Der Verkauf von Endiviensalat ist ab sofort in allen von Typhus betroffenen Städten und Kreisen verboten." Anschließend wurde das Verkaufsverbot auch noch in diversen Presseerklärungen bekannt gegeben. Wie ist das Verkaufsverbot rechtlich zu qualifizieren?

Das Verkaufsverbot stellt einen **Verwaltungsakt** dar, wenn die Merkmale des § 35 VwVfG erfüllt sind.

1. Das Verkaufsverbot ist eine **behördliche Maßnahme auf dem Gebiet des öffentlichen Rechts** nach § 17 Abs. 1 S. 1 IfSG.

Gemäß § 17 Abs. 1 S. 1 Infektionsschutzgesetz (IfSG) hat die zuständige Behörde die notwendigen Gefahrenabwehrmaßnahmen zu treffen, wenn anzunehmen ist, dass Gegenstände mit meldepflichtigen Krankheitserregern behaftet sind.

2. Die erforderliche **Regelung** ergibt sich daraus, dass das Verbot als verbindliche Anordnung unmittelbar auf die Herbeiführung einer Rechtsfolge gerichtet ist.

3. Weitere Voraussetzung ist, dass die Regelung einen **Einzelfall** betrifft.

a) Eine Einzelfallregelung setzt grds. voraus, dass ein **konkreter Sachverhalt** mit einem **individuellen Adressatenkreis** betroffen ist. An der Individualität fehlt es hier, da nicht feststand, wer und wie viele Personen von dem Verbot betroffen sind. Damit liegt ein Verwaltungsakt i.S.d. § 35 S. 1 VwVfG nicht vor.

b) Allerdings folgt aus § 35 S. 2 Fall 1 VwVfG, dass eine Einzelfallregelung auch dann anzunehmen ist, wenn sich die Regelung an einen nach allgemeinen Merkmalen bestimmten oder bestimmbaren Personenkreis richtet (sog. **Allgemeinverfügung**).

aa) Das Verbot richtet sich an alle Personen, die Endiviensalat in von Typhus betroffenen Städten und Kreisen veräußern. Der Adressatenkreis ist daher nach **allgemeinen Merkmalen** bezeichnet.

bb) Bestimmt ist der Personenkreis, wenn er zahlenmäßig feststeht. Das wäre der Fall, wenn der Geltungsbereich des Verkaufsverbots feststünde, denn dann würde sich das Verkaufsverbot gegen alle Gemüsehändler in einem bestimmten Gebiet richten. Jedoch betrifft die behördliche Maßnahme die „von Typhus betroffenen Städte und Kreise". Da sich die Epidemie noch ausbreiten konnte, konnte sich auch der Adressatenkreis noch erweitern, sodass der Adressatenkreis nicht bestimmt war.

cc) Der Adressatenkreis könnte jedoch **bestimmbar** sein.

(1) Zum Teil wird darauf abgestellt, dass die Bestimmbarkeit bereits im Zeitpunkt des Erlasses der Maßnahme gegeben sein muss, d.h. der Adressatenkreis muss nach allgemeinen Merkmalen **abschließend feststellbar** sein und darf sich in der Zukunft nicht mehr verändern.[26]

Folgt man dieser Auffassung, kann das Verbot schon deswegen keinen Verwaltungsakt darstellen, weil sich nicht sagen lässt, wer im Ergebnis von der Maßnahme betroffen sein wird. Die Händler in den erst später betroffenen Gebieten waren weder bestimmt noch nach irgendwelchen Kriterien bestimmbar. Dies hätte zur Folge, dass ein Verkaufsverbot nicht als Verwaltungsakt in Form einer Allgemeinverfügung, sondern nur als **Rechtsverordnung** hätte erlassen werden dürfen.

(2) Die Rspr. hält es dagegen für ausreichend, wenn der Adressatenkreis bei Erlass der Verfügung „im Wesentlichen" bestimmt ist. Dies sei der Fall, wenn der Kreis der Betroffenen zumindest gattungsmäßig bezeichnet und damit objektiv bestimmbar ist. Hierfür reiche es aus, dass sich die Bestimmbarkeit der Adressaten aus der Verbindung mit einem bestimmten eindeutig konkreten Fall ergibt. Eine partielle Unbestimmtheit schließe die Allgemeinverfügung begrifflich nicht aus.[27]

(3) Die Lit. lehnt demgegenüber quantitative Erwägungen bei der Einordnung ab. Anders als bei einer Rechtsnorm seien die potenziell Betroffenen bei der Allgemeinverfügung nach § 35 S. 2 Fall 1 VwVfG durch ihre **Beziehung zu einem konkreten Fall** bestimmbar. Das Merkmal des Einzelfalls sei hier weniger durch die Adressaten als vielmehr durch den Bezug zu einem konkreten Sachverhalt bestimmt.[28]

Danach ist für eine Allgemeinverfügung ausreichend, dass sich die Regelung auf einen konkreten Sachverhalt bezieht. Im Unterschied zur Rechtsnorm, die künftige Ereignisse zum Gegenstand hat und für den Fall ihres Eintritts abstrakte Regelungen enthält, betrifft der Verwaltungsakt ein reales Geschehen und regelt dieses. Nur wenn von der Regelung praktisch jedermann erfasst werde, liege eine Allgemeinverfügung nicht vor.

Hier könnte man zwar darauf abstellen, dass die Möglichkeit weiterer Fälle besteht, weil sich die Seuche weiter ausbreiten kann und daher weitere Gebiete und Personenkreise einbezogen werden. Diese mögliche Ausbreitung war aber bei Erlass der Maßnahme kein gedachter, zukünftiger Fall, sondern bereits ein reales Geschehen. Eine Typhusepidemie war bereits ausgebrochen und konnte auch die bisher noch verschont gebliebenen Bezirke erfassen. Diese aus der konkreten Epidemie resultierende **konkrete Gefahr** bestimmt den Charakter der behördlichen Maßnahme. Es handelt sich also um die Regelung eines konkreten Falles.

Ergebnis: Das Verkaufsverbot ist damit rechtlich als Verwaltungsakt in Form der Allgemeinverfügung i.S.d. § 35 S. 2 Fall 1 VwVfG zu qualifizieren.

---

26 Vgl. Schoch Jura 2012, 26, 27.
27 BVerwGE 12, 87, 89; Maurer/Waldhoff § 9 Rn. 31.
28 Vgl. Stelkens/Bonk/Sachs, VwvfG, § 35 Rn. 287.

Fall 8: Außenwirkung

Der Beamte B ist Regierungsrat beim Regierungspräsidium R, wo er seit 2014 im Schuldezernat eingesetzt wird. Im August 2019 ordnete sein Dienstherr dem B mit Wirkung zum 01.10.2019 eine Stelle in der Abteilung für Finanzwesen zu. Obwohl auch diese Stelle im Stellenplan nach der Besoldungsgruppe A 13 ausgewiesen ist, ist B damit nicht einverstanden und möchte gegen die Maßnahme vorgehen.

Was muss er bei der Einlegung von Rechtsbehelfen beachten?

Die VA-Qualität hat darüber hinaus Bedeutung für die Frage des Suspensiveffekts (§ 80 Abs. 1 VwGO). Auch im Beamtenrecht haben nur der Anfechtungswiderspruch und die Anfechtungsklage aufschiebende Wirkung.

Unabhängig von der **Rechtsnatur der Maßnahme** muss im Beamtenrecht gemäß § 54 Abs. 2 S. 1 BeamtStG grds. vor allen verwaltungsgerichtlichen Klagen ein **Widerspruchsverfahren** durchgeführt werden (vorbehaltlich landesrechtlicher Ausnahmen, § 54 Abs. 2 S. 3 BeamtStG, für Bundesbeamte gilt § 126 Abs. 2 S. 1 BBG). Die **Widerspruchsfrist** gemäß § 70 Abs. 1 VwGO gilt allerdings auch im Beamtenrecht nur bei Anfechtungs- und Verpflichtungswidersprüchen, da die Vorschrift an die Bekanntgabe eines „Verwaltungsakts" anknüpft.[29] Die Anordnung muss daher die Merkmale des § 35 VwVfG erfüllen.

1. Unproblematisch handelt es sich um eine **behördliche Maßnahme** des Dienstherrn **auf dem Gebiet des öffentlich-rechtlichen Beamtenrechts.**

2. Die Anordnung ist auf die Veränderung des funktionellen Aufgabenbereichs des B gerichtet, sodass die **Regelung eines Einzelfalls** vorliegt.

3. Fraglich ist, ob diese Regelung auch **Außenwirkung** entfaltet. Dies ist zu bejahen, wenn die Maßnahme Rechtswirkungen bei einer außerhalb der Verwaltung stehenden Person erzeugen soll, indem deren Rechtsposition erweitert, eingeschränkt, festgestellt oder sonst regelnd in sie eingegriffen wird. Problematisch ist die Außenwirkung insbesondere, wenn der Adressat in einer besonders engen Beziehung zum Träger der öffentlichen Verwaltung steht (Sonderrechtsverhältnis, auch Sonderstatusverhältnis, früher besonderes Gewaltverhältnis genannt).

a) Ursprünglich wurde die Ansicht vertreten, dass Entscheidungen innerhalb eines besonderen Gewaltverhältnisses ein bloßes **Verwaltungsinternum** darstellen. Daher konnte die Verwaltung die erforderlichen Maßnahmen treffen, ohne dass diese Außenwirkung entfaltet hätten.

b) Aus rechtsstaatlichen Gründen hat das BVerfG demgegenüber in der sog. **Strafgefangenenentscheidung**[30] festgestellt, dass die Grundrechte auch in Sonderrechtsverhältnissen Geltung beanspruchen und aus diesem Grund auch nur unter den sonst üblichen Voraussetzungen eingeschränkt werden können. Deshalb hat die Rspr. bezüglich der Rechtswirkungen danach unterschieden, ob die Maßnahme das (externe) Grundverhältnis zum Staat oder nur das (interne) Betriebsverhältnis betrifft.[31] Die Lit. hat hieran stets kritisiert, dass die Abgrenzung zwischen Grund- und Betriebsverhältnis auf dem überholten „besonderen Gewaltverhältnis" beruhe.

---

29 BVerwGE 49, 351, 357.

30 BVerfGE 33, 1 ff.; ebenso BVerfG NJW 2006, 2093, 2094 zum Jugendstrafvollzug.

31 Vgl. OLG Hamburg NJW 1978, 2520, 2521.

aa) Deshalb wird heute überwiegend danach differenziert, ob die Maßnahme die **Amtsstellung** oder die **persönliche Rechtsstellung** des Beamten betrifft.[32] **Außenwirkung** haben nur solche Maßnahmen gegenüber einem Beamten, die sich auf dessen Stellung als eine dem Dienstherrn mit selbstständigen Rechten gegenüberstehende Rechtspersönlichkeit erstrecken. Maßnahmen des Dienstherrn, die den Beamten allein in seiner Eigenschaft als Amtsträger und Glied der Verwaltung betreffen, wirken dagegen bloß verwaltungsintern und sind deshalb keine Verwaltungsakte.

bb) Bei der Veränderung des Tätigkeitsbereichs eines Beamten wirken nur die **Versetzung** und die **Abordnung** an eine andere Behörde über den behördeninternen Bereich hinaus. Keine Außenwirkung hat dagegen die bloße **Umsetzung**, bei der nur der konkrete Tätigkeitsbereich des Beamten innerhalb derselben Behörde verändert wird. Die persönliche Rechtsstellung des Beamten wird hierdurch nicht betroffen.

Im vorliegenden Fall bleibt B bei derselben Behörde (Regierungspräsidium). Also liegt eine bloße **Umsetzung** vor, die mangels Außenwirkung grds. keinen Verwaltungsakt darstellt.

c) Früher wurde allerdings angenommen, dass auch Maßnahmen ohne Außenwirkung im Einzelfall als Verwaltungsakt zu qualifizieren seien, wenn sie **faktisch** in die Rechtssphäre des Beamten eingreifen.[33] Ein Verwaltungsakt kann indes nur dann vorliegen, wenn die Herbeiführung der Außenwirkung **bezweckt** ist. Nur wenn die Regelung **final** auf die Herbeiführung von Rechtswirkungen nach außen gerichtet ist, handelt es sich um einen Verwaltungsakt.[34]

Eine **faktische Außenwirkung** reicht daher nicht aus, um einen Verwaltungsakt zu begründen. Die Umsetzung ist daher **kein Verwaltungsakt**, kann also nicht mit der Anfechtungsklage, sondern nur mit der allgemeinen Leistungsklage angegriffen werden.

Zwar muss B bei einer beamtenrechtlichen Leistungsklage gleichwohl gemäß § 54 Abs. 2 S. 1 BeamtStG Widerspruch erheben (vorbehaltlich landesgesetzlicher Ausnahmen, § 54 Abs. 2 S. 3 BeamtStG), dieser Leistungswiderspruch ist jedoch **nicht** gemäß § 70 Abs. 1 VwGO **fristgebunden**, da kein Verwaltungsakt vorliegt. Allerdings hat der (Leistungs-)Widerspruch anders als der Anfechtungswiderspruch auch keine aufschiebende Wirkung gemäß § 80 Abs. 1 S. 1 VwGO, sodass B die Anordnung (zunächst) trotz seines Widerspruchs und einer späteren Leistungsklage beachten muss.

---

32 Grundlegend BVerwGE 60, 144, 160; allgemein AS-Skript Verwaltungsrecht AT 1 (2019), Rn. 320 ff.

33 BVerwGE 14, 84, 87.

34 Vgl. auch BVerwG RÜ 2016, 323, 324.

2. Rechtmäßigkeitsvoraussetzungen

Fall 9: Zuständigkeit und Ermächtigungsgrundlage

E möchte die Zufahrt zu seiner Garage neu pflastern. Den anfallenden Bauschutt hat er auf dem Gehweg vor seinem Grundstück abgelagert. Fußgänger müssen daher die Fahrbahn der viel befahrenen Durchgangsstraße betreten. E hat vorsorglich Warnbaken aufgestellt. Der Bürgermeister der kreisangehörigen Gemeinde G hat dem E nach Rücksprache mit dem Kreis als Straßenverkehrsbehörde die Beseitigung der Hindernisse aufgegeben. Zu Recht?

Hinweise: Die Gemeinde G ist Ortspolizeibehörde (örtliche Ordnungsbehörde). Straßenverkehrsbehörde sind im Land L ausnahmslos die Kreise und kreisfreien Städte. Nach § 1 SOG (Sicherheits- und Ordnungsgesetz) hat die Polizei die Aufgabe, Gefahren für die öffentliche Sicherheit oder Ordnung zu beseitigen. Nach § 3 SOG kann sie die zu diesem Zweck erforderlichen Maßnahmen treffen. Das LVwVfG entspricht dem VwVfG des Bundes. Auf §§ 32 und 44 StVO wird hingewiesen.

I. Als belastende Maßnahme bedarf die Anordnung, die Hindernisse zu beseitigen, nach dem Grundsatz vom Vorbehalt des Gesetzes als Ausprägung der Gesetzesbindung der Verwaltung (Art. 20 Abs. 3 GG) einer **Ermächtigungsgrundlage.**

1. § 44 Abs. 1 S. 1 StVO regelt zwar die Zuständigkeit der Straßenverkehrsbehörde. Zuständigkeitsvorschriften besagen aber nur, dass die Behörde eine Aufgabe wahrnehmen darf, als Ermächtigungsgrundlage (Befugnisnorm) reichen sie nicht aus.[35] Dies gilt ebenso für die bloße Aufgabenzuweisung in § 1 SOG.

2. § 32 Abs. 1 StVO enthält zwar das Verbot, Gegenstände auf Straßen zu bringen, wenn dadurch der Verkehr gefährdet oder erschwert werden kann. Die Vorschrift beinhaltet jedoch keine Ermächtigungsgrundlage für den Erlass einer Verfügung, wenn gegen die Vorschrift verstoßen wird.[36]

3. Besteht keine spezialgesetzliche Ermächtigungsgrundlage, so ist auf die polizei-/ordnungsbehördliche Generalklausel zurückzugreifen (hier § 3 SOG). Die erforderliche Gefahr für die öffentliche Sicherheit ergibt sich dann aus dem Verstoß gegen das Spezialgesetz, hier § 32 Abs. 1 StVO (sog. **unselbstständige Verfügung**).[37]

Ermächtigungsgrundlage für die vorliegende Anordnung ist damit § 3 SOG i.V.m. § 32 Abs. 1 StVO.

II. Formell rechtmäßig ist die Verfügung nur, wenn im Hinblick auf diese Ermächtigungsgrundlage die **zuständige Behörde** gehandelt hat.

1. Nach § 1 SOG hat die Ortspolizeibehörde (örtliche Ordnungsbehörde) die Aufgabe, Gefahren für die öffentliche Sicherheit oder Ordnung abzuwehren. Ein Rückgriff auf diese allgemeine Zuständigkeitsvorschrift ist aber nur zulässig, wenn **keine spezialgesetzlichen Regelungen** bestehen (Sub-

35 BVerwG NVwZ-RR 2006, 178, 179.
36 BVerwG NVwZ-RR 2006, 178, 179.
37 BVerwG RÜ 2016, 123, 125.

sidiarität des allgemeinen Ordnungsrechts). Hier könnte sich eine vorrangige Zuständigkeit des Kreises als **Straßenverkehrsbehörde** aus **§ 44 Abs. 1 S. 1 StVO** ergeben.

2. Dann müsste es sich bei dem Erlass einer unselbstständigen Verfügung aufgrund der ordnungsbehördlichen Generalklausel um **„die Ausführung dieser Verordnung"**, also des § 32 StVO, handeln.

a) Dagegen könnte bereits sprechen, dass E **kein Verkehrsteilnehmer**, sondern Bauherr ist. § 32 StVO richtet sich aber nicht nur an Verkehrsteilnehmer, sondern betrifft alle Hindernisse im Verkehrsraum, unabhängig davon, wer diese verursacht hat.[38] Das Straßenverkehrsrecht will nicht nur Gefahren begegnen, die dem Verkehr und den Verkehrsteilnehmern von anderen Verkehrsteilnehmern drohen, sondern auch Gefahren, die von außerhalb auf den Verkehr einwirken.

b) Teilweise wird die Zuständigkeit der Straßenverkehrsbehörde nach § 44 Abs. 1 S. 1 StVO gleichwohl verneint. Da die StVO keine Rechtsgrundlage für die Beseitigungsanordnung enthalte, müsse sowohl hinsichtlich der Ermächtigungsgrundlage als auch der Zuständigkeit auf das OBG zurückgegriffen werden. Die **Zuständigkeit folge der Ermächtigungsgrundlage**, auch wenn sich der Gefahrentatbestand aus einem Spezialgesetz ergebe.[39]

c) Nach der Gegenansicht liegt **ein Handeln zur Ausführung** der StVO i.S.v. § 44 Abs. 1 S. 1 StVO dagegen auch bei einer sog. unselbstständigen Verfügung vor, bei der sich nur das Verbot oder Gebot aus der StVO ergibt, nicht aber die für das behördliche Einschreiten erforderliche Ermächtigungsgrundlage.[40]

Grammatikalische Auslegung

aa) Dafür spricht zum einen der **Wortlaut** des § 44 Abs. 1 S. 1 StVO, der eine Einschränkung, dass die für das Handeln der Straßenverkehrsbehörde erforderliche Ermächtigungsgrundlage in der StVO selbst enthalten ist, nicht kennt. Vielmehr reicht es aus, dass mit der Anordnung in der StVO normierte Verhaltenspflichten durchgesetzt werden sollen.

Systematische Auslegung

bb) Auch der **systematische Zusammenhang** mit den übrigen Vorschriften der StVO spricht für eine umfassende sachliche Zuständigkeit der Straßenverkehrsbehörde. Denn in anderen Vorschriften wird ausdrücklich die Zuständigkeit anderer Behörden begründet (vgl. § 44 Abs. 2 StVO: Polizei, § 45 Abs. 2 StVO: Straßenbaubehörde, § 45 Abs. 5 StVO: Straßenbaulastträger).

Teleologische Auslegung

cc) Gegen eine weit gefasste Zuständigkeit der Straßenverkehrsbehörde könnten allerdings Sinn und Zweck der Vorschrift sprechen. Denn die Zuständigkeit der Ortspolizeibehörde (örtliche Ordnungsbehörde) könnte dem Gebot einer effektiven Gefahrenabwehr aufgrund einer größeren Orts- und Sachnähe besser Rechnung tragen als die Zuständigkeit des Kreises als Straßenverkehrsbehörde. Allerdings hat der Verordnungsgeber mit der umfassenden Zuständigkeitszuweisung des § 44 Abs. 1 S. 1 StVO deutlich gemacht, dass bei der Ausführung der StVO grundsätzlich die mit entsprechendem Fachpersonal und Fachwissen ausgestattete **Spezialbehörde**

---

38 BVerwG RÜ 2015, 404, 407; Waldhoff JuS 2014, 94.

39 VGH BW VRS 2009, 225.

40 BVerwG RÜ 2016, 123, 126.

tätig werden soll. Auch dies entspricht dem Gebot effektiver Gefahrenabwehr. Lediglich bei Gefahr im Verzug verlagert § 44 Abs. 2 S. 2 StVO die sachliche Zuständigkeit auf die Polizei, die dann anstelle der an sich zuständigen Straßenverkehrsbehörde tätig werden darf, dabei aber ausdrücklich auf vorläufige Maßnahmen beschränkt ist.

d) Nach alledem hat der Verordnungsgeber mit § 44 Abs. 1 S. 1 StVO eine **umfassende Zuständigkeit der Straßenverkehrsbehörde** begründet. Das schließt die Durchsetzung von in der StVO begründeten Verhaltenspflichten im Wege einer sog. unselbstständigen Verfügung ein.

Damit ist durch § 44 Abs. 1 S. 1 StVO ein Rückgriff auf die Zuständigkeitsregelungen des allgemeinen Polizei- und Ordnungsrechts ausgeschlossen, auch wenn die Ermächtigungsgrundlage für das behördliche Handeln der ordnungsbehördlichen Generalklausel (hier § 3 SOG) entnommen werden muss.

Zuständig war daher nicht die Gemeinde als örtliche Ordnungsbehörde, sondern nach § 44 Abs. 1 S. 1 StVO der Kreis K als Straßenverkehrsbehörde. Dass die Anordnung der Stadt nach Rücksprache mit dem Kreis getroffen wurde, ändert an der Unzuständigkeit nichts. Denn Zuständigkeitsvorschriften sind grds. nicht disponibel.

3. Zwar lässt § 44 Abs. 1 S. 1 StVO **Ausnahmen** zu („soweit nichts anderes bestimmt ist"), diese sind im vorliegenden Fall jedoch nicht vorgesehen (vgl. den Hinweis „ausnahmslos").

Damit fehlt es an der sachlichen Zuständigkeit der Gemeinde G. Der Bescheid ist formell rechtswidrig.

4. Eine **Heilung** nach § 45 Abs. 1 VwVfG ist bei sachlichen Zuständigkeitsfehlern nicht vorgesehen.

5. Ebenso können nach § 46 VwVfG nur Verstöße gegen die örtliche Zuständigkeit **unbeachtlich** sein, nicht dagegen Fehler in der sachlichen Zuständigkeit.

Ergebnis: Die Anordnung ist **rechtswidrig**.

3. Formelle Rechtmäßigkeit eines VA

Fall 10: Anhörung – Heilung im Widerspruchsverfahren

B liebt die Natur Südamerikas. Um die Fauna dieses Teils der Erde in seiner Nähe zu haben, errichtet er auf seinem ca. 1000 qm großen Grundstück einen Drahtkäfig, in dem er mehrere Ozelote hält. Der Käfig hat einen Grundriss von 10 m x 8 m und beherbergt 5 dieser ursprünglich in den tropischen Wäldern Südamerikas beheimateten Tiere. Nach mehreren Beschwerden der Nachbarn wegen Lärm- und Geruchsbelästigungen ordnet die zuständige Bauaufsichtsbehörde die Beseitigung der ohne die erforderliche Baugenehmigung und unter Verstoß gegen materielle Bauvorschriften errichteten Anlage an, ohne B zuvor anzuhören. Sie hält ein sofortiges Einschreiten für erforderlich, um Nachahmungseffekte zu verhindern.

Gegen die schriftlich erlassene Beseitigungsverfügung hat B ordnungsgemäß Widerspruch erhoben, mit dem er geltend macht, dass sein Nachbar N eine Baugenehmigung für die Errichtung einer ebenso großen Vogelvoliere mit tropischen Vögeln erhalten habe.

Die Ausgangsbehörde lehnt ohne nähere Begründung eine Abhilfe ab und legt den Widerspruch der zuständigen Widerspruchsbehörde zur Entscheidung vor. Diese weist den Widerspruch als unbegründet zurück und verweist darauf, dass aufgrund in der Vergangenheit vielfach aufgetretenen „Wildwuchses" konsequent gegen illegale Bauvorhaben vorgegangen werde. Dies gelte vor allem, wenn die Beseitigung zu keinem nennenswerten Substanzverlust führe.

Hat eine zulässige Anfechtungsklage des B in der Sache Erfolg?

§ 87 BauO des Landes L (LBauO) lautet: „Werden Anlagen im Widerspruch zu öffentlich-rechtlichen Vorschriften errichtet oder geändert, so kann die Bauaufsichtsbehörde die teilweise oder vollständige Beseitigung der Anlagen anordnen, wenn nicht auf andere Weise rechtmäßige Zustände hergestellt werden können."

Die gemäß §§ 40 Abs. 1 S. 1, 42 Abs. 1 Fall 1, 42 Abs. 2, 68 Abs. 1 S. 1, 74 Abs. 1 S. 1 VwGO **zulässige Anfechtungsklage** ist begründet, soweit der angefochtene Verwaltungsakt rechtswidrig und der Kläger dadurch in seinen Rechten verletzt ist (§ 113 Abs. 1 S. 1 VwGO).

Die Beseitigungsverfügung müsste rechtswidrig sein.

I. Ermächtigungsgrundlage ist § 87 LBauO.

II. Der Verwaltungsakt müsste **formell rechtmäßig** sein.

1. Nach dem Sachverhalt hat die **zuständige** Bauaufsichtsbehörde gehandelt.

2. Möglicherweise liegt jedoch ein Verstoß gegen § 28 VwVfG vor, sodass das **Verwaltungsverfahren** nicht ordnungsgemäß durchgeführt worden ist.

a) Dann müsste eine Anhörung **erforderlich** gewesen sein. Das ist nach § 28 Abs. 1 VwVfG der Fall, wenn die Behörde einen Verwaltungsakt erlassen will, der in die Rechte eines Beteiligten eingreift.

aa) Die Beseitigungsverfügung stellt einen **Verwaltungsakt** gemäß § 35 S. 1 VwVfG dar.

bb) B ist als Adressat **Beteiligter** i.S.d. § 13 Abs. 1 Nr. 2 VwVfG.

Ob die Ablehnung eines begünstigenden VA ebenfalls zur Anhörung verpflichtet, ist umstritten und wird von der h.M. verneint.

cc) Ein **Eingriff** in die Rechte des B liegt jedenfalls vor, wenn der Verwaltungsakt, wie hier die Beseitigungsverfügung, für den Adressaten belastende Wirkung entfaltet. Damit war gemäß § 28 Abs. 1 VwVfG eine Anhörung des B grundsätzlich erforderlich.

b) Die Anhörung könnte jedoch ausnahmsweise gemäß § 28 Abs. 2 VwVfG **entbehrlich** gewesen sein. In Betracht kommt § 28 Abs. 2 Nr. 1 VwVfG, wonach von einer Anhörung abgesehen werden kann, wenn eine sofortige Entscheidung wegen Gefahr im Verzug oder im öffentlichen Interesse notwendig erscheint.

aa) Gefahr im Verzug i.S.d. § 28 Abs. 2 Nr. 1 Alt. 1 VwVfG ist anzunehmen, wenn eine vorherige Anhörung die notwendige Maßnahme in unvertretbarem Maße verzögern würde, insbes. weil der mit der Maßnahme verfolgte Zweck vereitelt oder wesentlich erschwert würde.[41] Hierbei ist allerdings zu berücksichtigen, dass die Anhörung auch mündlich erfolgen kann, sodass ein Fall des § 28 Abs. 2 Nr. 1 Alt. 1 VwVfG nur dann vorliegt, wenn selbst eine solche **formlose Anhörung** aus zeitlichen Gründen ausscheidet. Zudem ist zu berücksichtigen, dass § 28 VwVfG den rechtsstaatlichen Anspruch auf rechtliches Gehör (Art. 103 Abs. 1 GG) ausgestaltet und aus diesem Grund eng auszulegen ist.

Im vorliegenden Fall ließe sich eine Dringlichkeit allenfalls mit der Erwägung begründen, dass das Vorhaben **negative Vorbildwirkung** für Dritte haben könnte. Diese Überlegung hätte jedoch einer mündlichen Anhörung nicht entgegen gestanden, sodass eine Ausnahme nach § 28 Abs. 2 Nr. 1 Alt. 1 VwVfG nicht eingreift.

bb) Ebenso scheidet § 28 Abs. 2 Nr. 1 Alt. 2 VwVfG aus, da ein **sofortiges Einschreiten auch nicht im öffentlichen Interesse geboten** war.

cc) Erst recht stand der Anhörung kein **zwingendes öffentliches Interesse** i.S.d. § 28 Abs. 3 VwVfG entgegen, sodass keine Ausnahme vom Anhörungserfordernis eingreift.

c) Da dem B keine Gelegenheit gegeben wurde, sich zu den entscheidungserheblichen Tatsachen zu äußern, liegt demzufolge ein **Verstoß** gegen § 28 Abs. 1 VwVfG vor.

d) Dieser Verfahrensfehler könnte jedoch nach § 45 Abs. 1 Nr. 3 VwVfG **geheilt** worden sein.

Prüfungsfolge:
- absolute Nichtigkeitsgründe gemäß § 44 **Abs. 2** VwVfG
- Negative Ausschlussgründe gemäß § 44 **Abs. 3** VwVfG
- Generalklausel des § 44 **Abs. 1** VwVfG

aa) Die Vorschrift setzt zunächst voraus, dass der formelle Fehler **nicht zur Nichtigkeit** des Verwaltungsakts führt.

(1) Absolute Nichtigkeitsgründe nach § 44 Abs. 2 VwVfG greifen nicht ein.

(2) Auch der Negativkatalog des § 44 Abs. 3 VwVfG ist nicht einschlägig.

(3) Damit ist allenfalls eine **Nichtigkeit** gemäß § 44 Abs. 1 VwVfG denkbar. Das setzt voraus, dass der formelle Fehler besonders schwerwiegend und dies offensichtlich ist. **Besonders schwerwiegend** ist der Fehler nur, wenn

41 BVerwG RÜ 2012, 461, 463.

er mit tragenden rechtsstaatlichen Grundsätzen in Widerspruch steht. Das ist bei der Verletzung der Anhörungspflicht i.d.R. nicht der Fall, da dem rechtlichen Gehör (Art. 103 Abs. 1 GG) auch noch nach Erlass des VA Rechnung getragen werden kann. Mangels besonders schwerwiegenden Fehlers liegt eine Nichtigkeit gemäß § 44 Abs. 1 VwVfG nicht vor.

Dementsprechend ist eine Heilung nach § 45 Abs. 1 VwVfG grds. möglich.

bb) Die **Anhörung** müsste gemäß § 45 Abs. 1 Nr. 3 VwVfG **nachgeholt** worden sein. Da die Behörde dem B nicht ausdrücklich die Möglichkeit eingeräumt hat, sich zu den entscheidungserheblichen Tatsachen zu äußern, könnte die Heilung allenfalls in der **Durchführung des Widerspruchsverfahrens** gesehen werden, in dem B seine sachlichen Einwände gegen den Verwaltungsakt konkretisiert hat. Ob hierdurch ein Anhörungsmangel geheilt werden kann, wird allerdings unterschiedlich beurteilt.

(1) Teilweise wird die Ansicht vertreten, dass eine versäumte Anhörung nur dann wirksam nachgeholt wird, wenn die Behörde dem Bürger die Stellungnahme in einem **gesonderten Verfahren** ermöglicht. Die bloße Stellungnahme im Widerspruchsverfahren reiche nicht aus, da dies dem besonderen Sinngehalt verfahrensrechtlicher Normierungen nicht gerecht werde und eine Verletzung der Anhörungspflicht dann regelmäßig sanktionslos bliebe.[42] Folgt man dieser strengen Auslegung, wäre im vorliegenden Fall eine Heilung des Anhörungsmangels nicht erfolgt und die Beseitigungsverfügung folglich formell fehlerhaft.

(2) Demgegenüber vertritt die ganz herrschende Rechtsprechung die Ansicht, dass es für eine Heilung ausreiche, wenn die Anhörung im Rahmen des Widerspruchsverfahrens nachgeholt wird. Zwar reiche hierfür allein die Durchführung des Vorverfahrens nicht aus. Eine Heilung trete aber dann ein, wenn der Betroffene die Möglichkeit zur Stellungnahme hat und die Widerspruchsbehörde diese Stellungnahme zur Kenntnis nimmt, sich damit auseinandersetzt und bei der Entscheidungsfindung in ihre Erwägungen einbezogen hat.[43] Während diese Grundsätze bei gebundenen Verwaltungsakten uneingeschränkt Anwendung finden, ist innerhalb der h.M. allerdings umstritten, ob eine solche Heilung auch bei **Ermessensentscheidungen**, wie hier der Beseitigungsverfügung, möglich ist.

(a) Teilweise wird angenommen, dass eine Nachholung der Anhörung bei Ermessensakten von der **Ausgangsbehörde** durchgeführt werden müsse. Andernfalls werde dem Betroffenen eine Ermessensebene genommen.[44] Bei einem solchen Verständnis wäre die hier versäumte Anhörung nicht wirksam nachgeholt worden, da sich lediglich die Widerspruchsbehörde, nicht jedoch die Ausgangsbehörde mit den Einwänden des B auseinandergesetzt hat.

(b) Überwiegend wird dagegen auch bei Ermessensverwaltungsakten ein Nachholen des Anhörungsmangels im **Widerspruchsverfahren** für zulässig gehalten. Die Bedenken, die Ermessensausübung werde zu Lasten des Betroffenen verkürzt, seien unbegründet, da die Widerspruchsbehörde nicht

---

42 OVG NRW DVBl. 1981, 689, 690; Ehlers Jura 1996, 617, 621.
43 OVG NRW DVBl. 2010, 1243; Wolff/Decker, VwVfG, § 28 Rn. 27.
44 BVerwG DVBl. 1983, 271, 272.

nur eine umfassende Kontrolle der Rechtmäßigkeit des Verwaltungsaktes vornehme, sondern darüber auch im Rahmen der Zweckmäßigkeitskontrolle (§ 68 Abs. 1 VwGO) auch selbst Ermessenserwägungen anzustellen habe. Aus diesem Grund könnten die von dem Betroffenen vorgebrachten Einwände in ausreichendem Umfang in die Ermessensentscheidung der Widerspruchsbehörde einfließen.[45]

(c) Für die letztgenannte Auffassung spricht insbesondere § 72 VwGO, wonach sich auch im Widerspruchsverfahren zunächst die Ausgangsbehörde mit dem Widerspruch auseinanderzusetzen hat (sog. Abhilfeverfahren). Diese muss daher unter Berücksichtigung der Stellungnahme des Betroffenen auch ihre eigenen Ermessenserwägungen noch einmal überprüfen. Damit ist von Gesetzes wegen ausgeschlossen, dass dem Betroffenen eine Ermessensebene genommen wird. Falls die Ausgangsbehörde das Abhilfeverfahren nicht ordnungsgemäß durchführt, führt dies allenfalls zu einem Verfahrensfehler im Widerspruchsverfahren, schließt jedoch die Heilungsmöglichkeit durch die Widerspruchsbehörde nicht aus.

Im vorliegenden Fall hat die Widerspruchsbehörde die Stellungnahme des B zur Kenntnis genommen und sich mit dieser im Widerspruchsbescheid kritisch auseinandergesetzt. Dadurch ist die unterbliebene Anhörung gemäß § 45 Abs. 1 Nr. 3 VwVfG nachgeholt worden, sodass der formelle Fehler beseitigt wurde. Ein rechtlich relevanter Verfahrensfehler liegt damit nicht mehr vor.

3. Da die Verfügung schriftlich erlassen wurde, sind auch etwaige **Formvorschriften** eingehalten.

Die Beseitigungsverfügung ist formell rechtmäßig.

III. Materielle Rechtmäßigkeit

1. Es müssen die **tatbestandlichen Voraussetzungen** der Ermächtigungsgrundlage erfüllt sein. Dann müsste die Anlage unter Verstoß gegen öffentlich-rechtliche Vorschriften errichtet worden sein. Eine baurechtliche Beseitigungsverfügung setzt aus Gründen der Verhältnismäßigkeit die **formelle und materielle Illegalität** (Baurechtswidrigkeit) der baulichen Anlage voraus.[46] Der Vogelkäfig wurde hier formell ohne die erforderliche Baugenehmigung und unter Verstoß gegen materielle Bauvorschriften errichtet, sodass diese Voraussetzung erfüllt ist.

2. Als **Rechtsfolge** stellt § 87 LBauO die Beseitigungsverfügung in das Ermessen der Behörde (vgl. „kann").[47] Ermessensfehler sind nicht ersichtlich. Die Behörde hat sich aus sachgerechten Gründen entschieden, konsequent gegen illegale Bauten vorzugehen. Soweit B eine Ungleichbehandlung gegenüber seinem Nachbarn N und damit einen Verstoß gegen Art. 3 Abs. 1 GG rügt, fehlt es schon an einem gleichen Sachverhalt. Denn der Nachbar verfügt anders als B über eine Baugenehmigung.

Ergebnis: Damit ist der Verwaltungsakt auch materiell rechtmäßig und die Anfechtungsklage des B unbegründet.

---

45 BVerwG NVwZ 1984, 578, 579.

46 Vgl. AS-Skript Öffentl. Baurecht (2019), Rn. 171.

47 Zur Notwendigkeit eines Konzeptes beim Vorgehen gegen Schwarzbauten vgl. ThürOVG RÜ 2010, 533, 535.

Fall 11: Heilung im Prozess (Fortführung von Fall 10)

Die Widerspruchsbehörde hat den Widerspruch des B als unbegründet zurückgewiesen, ohne sich mit dessen Einwänden auseinanderzusetzen. Daraufhin erhebt B fristgerecht Anfechtungsklage vor dem Verwaltungsgericht. In der Klageerwiderung verteidigt die Behörde ihre Entscheidung auch unter Berücksichtigung der Einwände des B. Ist die zulässige Anfechtungsklage begründet, wenn die Beseitigungsverfügung in der Sache keinen Bedenken ausgesetzt ist?

Die Anfechtungsklage ist begründet, soweit der angefochtene Verwaltungsakt rechtswidrig und der Kläger dadurch in seinen Rechten verletzt ist (§ 113 Abs. 1 S. 1 VwGO).

I. Ermächtigungsgrundlage ist § 87 LBauO (s.o. Fall 10).

II. Der **formellen Rechtmäßigkeit** der Beseitigungsverfügung könnte auch hier ein Verstoß gegen § 28 VwVfG entgegenstehen.

1. Die nach § 28 Abs. 1 VwVfG erforderliche und nicht nach § 28 Abs. 2 bzw. Abs. 3 VwVfG entbehrliche **Anhörung** ist **nicht durchgeführt** worden (s.o.).

2. Der Verfahrensfehler könnte gemäß § 45 Abs. 1 Nr. 3 VwVfG **geheilt** worden sein.

a) Eine Heilung während des **Widerspruchsverfahrens** ist nicht erfolgt. Die Widerspruchsbehörde hat sich mit den Einwänden des B nicht auseinandergesetzt. Damit ist die fehlende Anhörung nicht nachgeholt worden. Die bloße Durchführung des Widerspruchsverfahrens reicht für eine Heilung nicht aus.[48]

b) Heilung könnte jedoch im **gerichtlichen Verfahren** eingetreten sein.

aa) Nach § 45 Abs. 2 VwVfG können Verfahrensfehler i.S.d. § 45 Abs. 1 VwVfG bis zum Abschluss der letzten Tatsacheninstanz nachgeholt werden.

bb) Fraglich ist indes, ob allein die Auseinandersetzung der Behörde mit der Stellungnahme des B in der Klageerwiderung für ein „Nachholen" i.S.d. § 45 Abs. 2 VwVfG ausreicht.

(1) Teilweise wird die **schriftsätzliche Stellungnahme** im gerichtlichen Verfahren als ausreichend angesehen, wenn sich der Beklagte im Prozess mit den Einwänden des Klägers auseinandersetzt,[49] sodass auch hier eine Heilung erfolgt wäre.

(2) Überwiegend wird dagegen für die Heilung verlangt, dass dem Bürger **außerprozessual** die Möglichkeit zur Stellungnahme eingeräumt wird.[50] Dies ist hier nicht geschehen, sodass der Anhörungsmangel nach dieser Auffassung nicht gemäß § 45 Abs. 1 Nr. 3, Abs. 2 VwVfG geheilt worden ist.

(3) Für diese Sichtweise spricht, dass die **bloße Verteidigung** der angefochtenen Entscheidung im gerichtlichen Verfahren für eine reale Fehlerbehebung nicht ausreichen kann. Eine wirksame Nachholung der Anhö-

---

48 Schoch Jura 2007, 28, 31.

49 Vgl. z.B. OVG NRW NWVBl. 2014, 322.

50 BVerwG RÜ 2012, 457, 460.

rung kann zwar **nicht nur außerprozessual** erfolgen, im gerichtlichen Verfahren darf sich die Behörde aber nicht nur auf die Verteidigung der einmal getroffenen Verwaltungsentscheidung beschränken, sondern muss das Vorbringen unabhängig von ihrer früheren Entscheidung würdigen und in einen neuen Entscheidungsvorgang einfließen lassen.[51] Zumindest daran fehlt es hier, sodass die Anhörung nicht ordnungsgemäß nachgeholt worden ist.

Der Verwaltungsakt ist formell rechtswidrig.

3. Die Anfechtungsklage bliebe dennoch erfolglos, wenn der formelle Fehler gemäß § 46 VwVfG **unbeachtlich** wäre.

a) Das Unterbleiben der Anhörung ist ein **Verfahrensfehler** i.S.d. § 46 VwVfG.

b) Ein Fall der **Nichtigkeit** nach § 44 VwVfG liegt nicht vor (s.o.)

c) Unbeachtlich ist der Verfahrensfehler nur, wenn **offensichtlich** ist, dass die Verletzung die **Entscheidung in der Sache nicht beeinflusst** hat.

Bei gebundenen Entscheidungen kann nur eine bestimmte Entscheidung in der Sache inhaltlich richtig sein. Wenn der VA im Übrigen rechtmäßig ist, kommt es nicht darauf an, ob der VA verfahrensfehlerhaft zustande gekommen ist.

aa) Der Fehler darf **keinen Einfluss** auf die Entscheidung in der Sache gehabt haben. Das ist unproblematisch bei gebundenen Entscheidungen, wenn der VA sachlich richtig ist. Dann „muss" die Maßnahme ergehen, sodass Verfahrensfehler keine Auswirkungen auf die Entscheidung in der Sache haben können. Bei der Beseitigungsverfügung nach § 87 LBauO handelt es sich indes um eine **Ermessensentscheidung** („kann"). Bei Ermessensentscheidungen ist für die Frage der fehlenden Kausalität zwischen Verfahrensfehler und Entscheidung wertend zu prüfen, ob im konkreten Fall der Fehler hinweg gedacht werden kann, ohne dass sich an dem Ergebnis etwas ändert.[52] An der Kausalität fehlt es nur dann, wenn feststeht, dass die Behörde bei Vermeidung des Fehlers dieselbe – materiell rechtmäßige Entscheidung – getroffen hätte.

Wäre B im vorliegenden Fall angehört worden, hätte dies an der konsequenten Verwaltungspraxis nichts geändert, nach der bei bestehender materieller Baurechtswidrigkeit regelmäßig eine Beseitigungsverfügung erlassen wird, wenn die Beseitigung ohne wesentlichen Substanzverlust herbeigeführt werden kann. Damit hätte eine Stellungnahme des B tatsächlich keinen Einfluss auf die behördliche Entscheidung gehabt.

bb) Dies müsste auch **offensichtlich** gewesen sein. Dies ist dann der Fall, wenn die fehlende Kausalität klar erkennbar ist, also gleichsam ins Auge springt. Angesichts der eindeutigen Verwaltungspraxis war eine andere Entscheidung in der Sache ausgeschlossen, sodass der formelle Fehler offensichtlich keinen Einfluss auf die Sachentscheidung gehabt hat.

Damit ist der Anhörungsfehler gemäß § 46 VwVfG unbeachtlich. Dies ändert zwar nichts an der Rechtswidrigkeit des Verwaltungsakts. Allerdings kann B nicht allein wegen des Verfahrensfehlers die Aufhebung des Verwaltungsaktes beanspruchen.

III. Bedenken gegen die **materielle Rechtmäßigkeit** bestehen nicht (s.o.). Die Beseitigungsverfügung ist damit rechtmäßig.

Ergebnis: Die Klage des B ist demzufolge unbegründet.

---

51 BVerwG NVwZ-RR 2016, 449; VG Neustadt RÜ 2017, 52, 55.

52 Wolff/Decker, VwVfG, § 46 Rn. 14.

4. Materielle Rechtmäßigkeit eines VA

Fall 12: Ermächtigungsgrundlage und Verhältnismäßigkeit

Die Stadt F betreibt eine öffentliche Bibliothek, deren Nutzung durch eine Benutzungssatzung geregelt wurde. § 4 dieser (formell ordnungsgemäß erlassenen) Satzung enthält seit dem 01.01.2020 ein Benutzungsverbot für Mobiltelefone im Lesesaal der Bibliothek. Nach § 9 der Benutzungssatzung kann derjenige, der gegen die Satzung verstößt, vorübergehend oder dauerhaft von der Benutzung der Stadtbibliothek ausgeschlossen werden.

B nutzt das Angebot der Bibliothek seit langem. Die Begeisterung für die Literatur teilt er jedoch mit einer ebenso großen Leidenschaft für das Telefonieren. Auch im Lesesaal benutzt er wiederholt sein Handy und wird vom Personal mehrfach aufgefordert, das Telefonieren in diesem Raum zu unterlassen. Nachdem auch diese Ermahnungen fruchtlos verliefen, wird B durch die zuständige Behörde der Stadt F mündlich die Benutzung der Bibliothek für die Dauer eines Monats verboten. B hält das Hausverbot für rechtswidrig. Er meint, die Benutzungssatzung sei schon unwirksam, da sie zu unbestimmt sei. Zudem sei die Dauer des Hausverbots von einem Monat unverhältnismäßig lang.

Ist das Hausverbot rechtmäßig?

§ 8 der Gemeindeordnung des Landes N (GO) lautet: „Die Gemeinden können die Benutzung ihrer öffentlichen Einrichtungen durch Satzung regeln."

Das Hausverbot ist rechtmäßig, wenn es auf einer wirksamen Ermächtigungsgrundlage beruht und diese in formeller und materieller Hinsicht ordnungsgemäß angewendet worden ist.

I. Als **Ermächtigungsgrundlage** kommt § 9 der Benutzungssatzung in Betracht. Diese untergesetzliche Norm kann das Verbot allerdings nur dann rechtfertigen, wenn diese Bestimmung ihrerseits **wirksam** ist.

1. Untergesetzliche Rechtsnormen wie die Satzung bedürfen **ihrerseits** einer **gesetzlichen Ermächtigungsgrundlage**. Dies ist hier § 8 GO, wonach Gemeinden die Benutzung ihrer öffentlichen Einrichtungen durch Satzung regeln können. Bedenken gegen die Wirksamkeit der gesetzlichen Regelung bestehen nicht. Die Benutzungssatzung muss aber auch im Übrigen rechtmäßig als Satzung zustande gekommen sein.

2. Bedenken gegen die **formelle Rechtmäßigkeit** der Satzung bestehen nicht.

3. Die Benutzungssatzung ist **materiell rechtmäßig**, wenn sie sich im Rahmen der sie tragenden gesetzlichen Ermächtigung bewegt und nicht gegen höherrangiges Recht verstößt.

a) Gemäß § 8 GO können Gemeinden die Benutzung ihrer Einrichtungen **durch Satzung** regeln.

aa) Bei der städtischen Bibliothek handelt es sich um eine öffentliche **Einrichtung** der Gemeinde i.S.d. § 8 GO.

bb) Zudem müsste der in § 9 der Satzung geregelte Ausschluss auch die **Benutzung** der Einrichtung betreffen.

3-stufiger Aufbau:

Beruht ein VA nicht unmittelbar auf einem Gesetz, sondern auf einer Satzung (oder RechtsVO), ergeben sich folgende drei Prüfungsschritte:

- Der **Einzelakt** ist nur rechtmäßig, wenn die Ermächtigungsgrundlage in der Satzung wirksam ist.
- Die Ermächtigungsgrundlage ist nur wirksam, wenn die **Satzung** rechtmäßig ist.
- Die Satzung kann nur wirksam sein, wenn das zum Erlass der Satzung ermächtigende **Gesetz** seinerseits (wirksam) verfassungsgemäß ist.

Rechtmäßigkeit des VA
I. (wirksame) Ermächtigungsgrundlage
II. Formelle Rechtmäßigkeit
1. Zuständigkeit
2. Verfahren
3. Form
III. Materielle Rechtmäßigkeit
1. Voraussetzungen
2. Rechtsfolge

Nach dem allgemeinen Sprachgebrauch erfasst der Begriff des **Benutzens** eine zweckgerichtete Inanspruchnahme von Gegenständen oder Einrichtungen. Damit ist der Wortsinn in erster Linie **positiv** ausgerichtet. Bei strenger grammatikalischer Auslegung regelt ein Hausverbot nicht die Benutzung der Einrichtung, da eine solche Ordnungsmaßnahme die Nutzbarkeit für den Einzelnen gerade **ausschließt**. Da ein Hausverbot jedoch in einem engen sachlichen Zusammenhang mit der Inanspruchnahme der Einrichtung steht und ohne solche Befugnisse die Nutzbarkeit dieses Gegenstandes für Dritte erheblich beeinträchtigt werden könnte, erfasst § 8 GO auch eine Regelung zum Ausschluss der Nutzung.[53]

Damit bewegt sich die Regelung des § 9 der Benutzungssatzung im Rahmen der sie tragenden Ermächtigung in § 8 GO.

b) Um wirksam zu sein, muss die Ausschlussregelung in § 9 auch im Übrigen mit dem **höherrangigen Recht** im Einklang stehen, insbes. muss sie hinreichend bestimmt und verhältnismäßig sein.

aa) Das in § 9 der Benutzungssatzung normierte Hausverbot nimmt Bezug auf die in der Satzung ausdrücklich geregelten Ordnungsverstöße, sodass Bedenken gegen die **Bestimmtheit** nicht bestehen.

bb) Das Hausverbot wird vom **Zweck** der Stadtbibliothek gedeckt, den Einwohnern eine ungestörte Nutzung zu ermöglichen, und ist auch im Übrigen **verhältnismäßig**.

Nach alledem ist § 9 der Benutzungssatzung materiell rechtmäßig und folglich wirksame Ermächtigungsgrundlage für das Hausverbot.

Es ist streng zwischen der Wirksamkeit der Ermächtigungsgrundlage (Normfehler) und der rechtmäßigen Anwendung im Einzelfall zu trennen (Anwendungsfehler). Die Prüfung der Ermächtigungsgrundlage zu Beginn der Rechtmäßigkeitsprüfung beantwortet nur die Frage, ob eine wirksame und ausreichende Ermächtigungsgrundlage vorhanden ist. Die sachliche Prüfung der Voraussetzungen der Ermächtigungsgrundlage folgt erst im Rahmen der materiellen Rechtmäßigkeit des Einzelakts.

II. Die **Einzelmaßnahme**, also das gegenüber B verhängte Hausverbot, muss auch im Übrigen **rechtmäßig** sein.

1. Formelle Rechtmäßigkeit

a) Mit F hat die **zuständige Behörde** gehandelt.

b) In **verfahrensrechtlicher** Hinsicht musste B gemäß § 28 Abs. 1 VwVfG angehört werden. B wurde hier wiederholt ermahnt, das Telefonieren im Lesesaal zu unterlassen. Damit wurde ihm die Möglichkeit eingeräumt, Stellung zu den Vorwürfen und den sich daraus ergebenden Konsequenzen zu nehmen. Verfahrensrechtlich ist das verhängte Hausverbot folglich nicht zu beanstanden.

c) Nach § 37 Abs. 2 S. 1 VwVfG konnte das Verbot **mündlich** erfolgen.

Das gegenüber B ausgesprochene Hausverbot ist damit formell rechtmäßig erlassen worden.

2. Außerdem muss das Hausverbot **materiell rechtmäßig** sein. Dies ist der Fall, wenn die tatbestandlichen Voraussetzungen des § 9 der Benutzungssatzung erfüllt sind und die angeordnete Rechtsfolge nicht zu beanstanden ist.

a) B hat im Lesesaal der Bibliothek telefoniert. Damit liegt ein Verstoß gegen § 4 der Benutzungssatzung vor, sodass die **tatbestandlichen Voraussetzungen** des § 9 der Satzung erfüllt sind.

---

53 Vgl. OVG NRW RÜ 2015, 540, 543.

b) Nach § 9 der Benutzungssatzung „kann“ bei Verstoß gegen die Satzung als **Rechtsfolge** ein Hausverbot verhängt werden. Zudem ist sowohl ein vorübergehendes als auch ein dauerhaftes Hausverbot möglich. Damit steht sowohl die Entscheidung über das „Ob“ als auch über das „Wie“ im **Ermessen** der Behörde. Gemäß § 40 VwVfG hat die Behörde das Ermessen entsprechend dem Zweck der Ermächtigung auszuüben und die gesetzlichen Grenzen des Ermessens einzuhalten.

aa) Ermessensfehler hinsichtlich des **Einschreitens als solches** sind nicht erkennbar.

bb) Inhaltlich könnte jedoch eine **Ermessensüberschreitung** i.S.d. § 40 Alt. 2 VwVfG vorliegen. Das ist der Fall, wenn die Behörde eine Rechtsfolge wählt, die die gesetzlichen Grenzen des Ermessens überschreitet, z.B. weil sie gegen höherrangige Rechtsprinzipien verstößt.

Dies ist insbes. der Fall, wenn das einmonatige Hausverbot gegen den Grundsatz der **Verhältnismäßigkeit** verstößt. Danach muss jede staatliche Maßnahme im Hinblick auf den verfolgten legitimen Zweck geeignet, erforderlich und angemessen sein.

(1) Zweck des Hausverbots war die Sicherstellung der Nutzbarkeit der öffentlichen Einrichtung für sämtliche nutzungsberechtigten Einwohner der Gemeinde. Legitim ist grds. jedes öffentliche Interesse, das verfassungsrechtlich nicht ausgeschlossen ist. Daher bestehen weder gegen den Zweck noch gegen das Mittel grundsätzliche Bedenken.

(2) Durch das Hausverbot kann der angestrebte Zweck, die ungestörte Nutzbarkeit der Stadtbibliothek für andere Besucher sicherzustellen, zumindest gefördert werden, sodass das Hausverbot **geeignet** ist.

(3) Erforderlich ist die Maßnahme nur, wenn sie von mehreren geeigneten und gleichwirksamen Maßnahmen das **mildeste**, also die den Einzelnen und die Allgemeinheit am wenigsten beeinträchtigende **Mittel** ist. Vorliegend sind Handlungsalternativen nicht ersichtlich, insbes. sind vorherige Ermahnungen erfolglos geblieben. Das Hausverbot war daher erforderlich.

(4) Schließlich muss die Maßnahme **angemessen** sein. Das ist der Fall, wenn die mit ihr verbundenen Nachteile zu dem erstrebten Zweck nicht erkennbar außer Verhältnis stehen. Dies beurteilt sich aufgrund einer Abwägung der betroffenen Rechte und Rechtsgüter.

Aufgrund des einmonatigen Hausverbotes kann B die Bibliothek vorübergehend nicht nutzen. Gegen das Telefonieren in der Bibliothek spricht demgegenüber nicht nur die mögliche Beeinträchtigung der anderen Benutzer, sondern auch schlicht deren Belästigung. In einer Bibliothek soll eine Atmosphäre der Ruhe und Konzentration herrschen, die durch das Telefonieren gestört würde. Bei der gebotenen **Abwägung** dieser beiden Positionen steht das vorübergehende Hausverbot zu dem erstrebten Zweck nicht außer Verhältnis.

Während oben S. 28 die Wirksamkeit eines Hausverbots generell geprüft wurde, geht es hier um die Verhältnismäßigkeit der konkreten Maßnahme.

Damit ist die Maßnahme auch angemessen, sodass der Grundsatz der Verhältnismäßigkeit gewahrt wurde. Eine Ermessensüberschreitung liegt nicht vor. Die Entscheidung ist insgesamt nicht ermessensfehlerhaft und damit ist auch die Rechtsfolge nicht zu beanstanden.

Ergebnis: Das Hausverbot ist rechtmäßig.

Fall 13: Duldungsverfügung

E ist Eigentümer eines Grundstücks im Außenbereich der Stadt S in der Nähe eines Sees, das mit einem Wochenendhaus bebaut ist und das E auf 10 Jahre an M vermietet hat. Mit an E gerichteter Verfügung vom 27.02.2020 hat die zuständige Bauaufsichtsbehörde B formell ordnungsgemäß die Beseitigung des Gebäudes angeordnet und zugleich für den Fall nicht fristgerechter Befolgung ein Zwangsgeld i.H.v. 1.000 Euro angedroht. Das Wochenendhaus sei ohne die erforderliche Baugenehmigung errichtet und auch materiell nicht genehmigungsfähig. Dem Vorhaben stünden öffentliche Belange entgegen, da der Bau die natürliche Eigenart der Landschaft beeinträchtige und die Verfestigung bzw. Erweiterung einer Splittersiedlung zu befürchten sei. E hat gegen die Verfügung nach erfolglosem Vorverfahren form- und fristgerecht Klage vor dem Verwaltungsgericht erhoben.

1. Ist die zulässige Anfechtungsklage des E begründet?

2. Könnte M zulässigerweise gegen die Verfügung klagen?

3. Ändert sich die Beurteilung, wenn die Behörde zugleich an M eine Verfügung erlassen hat, nach der M die Beseitigung des Gebäudes zu dulden hat und M diese Duldungsverfügung mit der Begründung angefochten hat, die Beseitigungsverfügung sei materiell rechtswidrig, auch fehle es an einer an seinen Untermieter U ergangenen (weiteren) Duldungsverfügung?

Hinweise: Nach § 61 Abs. 1 S. 2 LBauO (Landesbauordnung) können die Bauaufsichtsbehörden bei Verstoß gegen öffentlich-rechtliche Bauvorschriften nach pflichtgemäßem Ermessen die erforderlichen Maßnahmen treffen. Das VwVfG (Verwaltungsverfahrensgesetz) und das VwVG (Verwaltungsvollstreckungsgesetz) des Landes entsprechen den bundesrechtlichen Vorschriften.

1. Frage: Begründetheit der Klage des E

Die Anfechtungsklage des E ist begründet, soweit der angefochtene Verwaltungsakt rechtswidrig und E dadurch in seinen Rechten verletzt ist (§ 113 Abs. 1 S. 1 VwGO).

I. Rechtmäßigkeit der Beseitigungsverfügung

Da es sich bei der Beseitigungsverfügung und der Zwangsgeldandrohung um zwei Verwaltungsakte mit unterschiedlichen Rechtmäßigkeitsvoraussetzungen handelt, ist deren Rechtmäßigkeit getrennt zu prüfen!

1. Ermächtigungsgrundlage für die Beseitigungsverfügung ist die Vorschrift der LBauO zum Einschreiten der Baubehörde bei baurechtswidrigen Zuständen (hier § 61 Abs. 1 S. 2 LBauO).

2. Die Verfügung ist **formell rechtmäßig** erlassen worden.

3. Materielle Rechtmäßigkeit

a) Eine Beseitigungsverfügung setzt als **Verstoß gegen baurechtliche Vorschriften** formelle und materielle Baurechtswidrigkeit voraus (s.o. S. 24). E hat das Wochenendhaus ohne die erforderliche Baugenehmigung formell illegal errichtet, das auch materiell im Außenbereich nach § 35 Abs. 2 u. Abs. 3 S. 1 Nr. 5 u. Nr. 7 BauGB nicht hätte errichtet werden dürfen. Die **Voraussetzungen** für ein Einschreiten liegen damit vor.

b) Rechtswidrig könnte die Verfügung aber deshalb sein, weil dem E die Beseitigung des an M vermieteten Gebäudes **rechtlich unmöglich** ist.

aa) Da E das Haus an M vermietet und die illegale Errichtung keinen Einfluss auf die Wirksamkeit des Mietvertrages hat, würde M gegen seine Verpflichtung zur Gebrauchsgewährung nach § 535 Abs. 1 S. 1 BGB verstoßen, wenn er das Haus abreißen lassen würde. Auch wäre ein Abbruch ohne Zustimmung des M gemäß § 858 BGB verbotene Eigenmacht.

bb) Das rechtliche Hindernis lässt sich auch nicht durch Kündigung **beseitigen**. Der Mietvertrag zwischen E und M ist auf 10 Jahre befristet, sodass eine ordentliche Kündigung ausscheidet (vgl. § 542 Abs. 2 BGB). Die Voraussetzungen für eine außerordentliche Kündigung liegen nicht vor.

cc) Lässt sich das Recht des Dritten nicht auf zivilrechtlichem Wege beseitigen, kann die Behörde aber gegen den Dritten eine **Duldungsverfügung** erlassen. Denn als Inhaber der tatsächlichen Gewalt ist auch M ordnungspflichtig und zur Duldung der Beseitigung verpflichtet. Das Hindernis aus der Berechtigung des Dritten kann daher ausgeräumt werden. Deshalb berührt das Fehlen der Duldungsverfügung nicht die Rechtmäßigkeit der Beseitigungsverfügung, sondern nur deren Durchsetzbarkeit.[54]

c) Bedenken gegen die materielle Rechtmäßigkeit der Beseitigungsverfügung im Übrigen bestehen nicht, insbesondere sind Ermessensfehler nicht ersichtlich.

Die Beseitigungsverfügung ist damit rechtmäßig und die Klage des E insoweit unbegründet.

II. Rechtmäßigkeit der Zwangsgeldandrohung

1. Ermächtigungsgrundlage für die Zwangsgeldandrohung sind die den §§ 6, 11, 13 VwVG entsprechenden landesrechtlichen Vorschriften.

2. Die Androhung ist **formell rechtmäßig** erlassen worden.

3. In **materieller Hinsicht** liegen die Vollstreckungsvoraussetzungen (§ 6 Abs. 1 VwVG) im Hinblick auf die Beseitigungsverfügung vor, insbesondere konnte die Androhung mit dem GrundVA auch vor seiner Vollstreckbarkeit verbunden werden (§ 13 Abs. 2 S. 1 VwVG). Ohne Duldungsverfügung gegen M besteht jedoch ein **Vollstreckungshindernis**. Die Androhung setzt voraus, dass der Pflichtige der Beseitigungsverfügung nachkommen kann, ohne in zivilrechtliche Rechte Dritter einzugreifen.[55] Da die Androhung bereits die erste Stufe der Vollstreckung darstellt, ist sie ohne vorherige Duldungsverfügung rechtswidrig und verletzt E in seinem Grundrecht aus Art. 14 Abs. 1 GG.

Die zulässige Klage des E ist hinsichtlich der Zwangsgeldandrohung begründet, bzgl. der Beseitigungsverfügung ist sie dagegen unbegründet.

2. Frage: Klage des Mieters M gegen die Beseitigungsverfügung

Eine Anfechtungsklage des M (§ 42 Abs. 1 Fall 1 VwGO) ist nur zulässig, wenn er geltend machen kann, durch die Beseitigungsverfügung in seinen Rechten verletzt zu sein (**Klagebefugnis**, § 42 Abs. 2 VwGO).

Die Beseitigungsverfügung richtet sich ausschließlich an E und enthält weder unmittelbar noch mittelbar Regelungen zugunsten bzw. zulasten des

---

54 BVerwGE 40, 101, 103.
55 OVG NRW RÜ 2014, 661, 662.

M. Die Beseitigungsverfügung allein begründet auch keine Duldungspflicht des M, sondern erst die nachfolgende Duldungsverfügung (s.o.).[56] M kann daher nicht geltend machen, durch die Beseitigungsverfügung in seinen subjektiven Rechten verletzt zu sein.

Eine Klage des M gegen die Beseitigungsverfügung wäre mangels Klagebefugnis **unzulässig.**

3. Frage: Klage des M gegen die Duldungsverfügung

A. Zulässigkeit der Klage

Die Klage gegen die Duldungsverfügung ist als **Anfechtungsklage** zulässig, insbesondere ist M in diesem Fall gemäß § 42 Abs. 2 VwGO klagebefugt. Durch die Duldungsverfügung wird in das Besitzrecht des M eingegriffen. Als Adressat eines ihn belastenden Verwaltungsakts kann M daher geltend machen, in seinem Grundrecht aus Art. 14 Abs. 1 GG (Besitzrecht als eigentumskräftige Rechtsposition) verletzt zu sein.

B. Begründetheit der Klage (§ 113 Abs. 1 S. 1 VwGO)

Die Duldungsverfügung müsste rechtswidrig sein. Da formelle Bedenken nicht bestehen, kommt es entscheidend auf deren materielle Rechtmäßigkeit an.

I. Ermächtigungsgrundlage für die Duldungsverfügung ist nach herrschendem Verständnis die Vorschrift, nach der auch der HauptVA gerechtfertigt ist, hier § 61 Abs. 1 S. 2 BauO.[57] Die Gegenansicht stellt auf die ordnungsrechtliche Generalklausel ab.[58] Dagegen spricht jedoch, dass die baurechtliche Vorschrift aus Gründen der Spezialität vorrangig ist.

II. Umstritten ist, ob die Rechtmäßigkeit der Duldungsverfügung von der **Rechtmäßigkeit der Beseitigungsverfügung** abhängt.

1. Teilweise wird darauf hingewiesen, dass Voraussetzung für die Duldungsverfügung nur die **Wirksamkeit**, nicht die Rechtmäßigkeit der Beseitigungsverfügung sei.[59] Die Duldungsverfügung wäre daher unabhängig von der Rechtmäßigkeit der Beseitigungsverfügung rechtmäßig.

2. Die Gegenansicht verweist darauf, dass die Duldungsverfügung in ihrem Bestand gerade von der Beseitigungsverfügung abhängt. Da der Dritte die Beseitigungsverfügung mangels Rechtsverletzung nicht anfechten kann (s.o. zu Frage 2), müsse deren **Rechtmäßigkeit inzident** im Rahmen der Rechtmäßigkeit der Duldungsverfügung geprüft werden.[60] Da die Beseitigungsverfügung aber, wie festgestellt, ohnehin rechtmäßig ist und auch die fehlende (weitere) Duldungsverfügung gegenüber U die Rechtmäßigkeit der Beseitigungsverfügung unberührt lassen (s.o.), ist die Duldungsverfügung auch nach dieser Auffassung rechtmäßig. Einer Streitentscheidung bedarf es daher nicht.

Die Klage des M gegen die Duldungsverfügung ist unbegründet.

---

56 OVG NRW RÜ 2014, 661, 662.
57 Vgl. BayVGH NVwZ-RR 2015, 607, 608.
58 OVG NRW RÜ 2014, 661, 663.
59 OVG NRW (15. Senat) RÜ 2014, 661, 663.
60 OVG NRW (2. Senat) RÜ 2014, 661, 663.

5. Wirksamkeit von Verwaltungsakten

Fall 14: Bekanntgabe

Mit Bescheid vom 17.08. erließ die zuständige Behörde gegenüber B eine Ordnungsverfügung. Der Bescheid, dem eine ordnungsgemäße Rechtsbehelfsbelehrung beigefügt ist, wird am Donnerstag, dem 18.08., als Einwurfeinschreiben zur Post aufgegeben. Am Samstag, dem 20.08., wirft der Postzusteller das Schreiben in den Briefkasten des B ein. Am folgenden Montag, dem 22.08., findet B den Bescheid auf seinem Schreibtisch. Am 20.09. formuliert er einen Widerspruch gegen den Bescheid, der am Do, den 22.09. bei der zuständigen Behörde eingeht. Diese hält den Widerspruch für verfristet. B trägt demgegenüber vor, dass ihm der Bescheid erst nach Rückkehr von einer Dienstreise am Montagmorgen zur Kenntnis gelangt sei.

Ist der Widerspruch fristgerecht erhoben worden?

Hinweis: Für die Zustellung gelten die Vorschriften des VwZG.

Der Widerspruch ist fristgerecht erhoben worden, wenn die **Monatsfrist** des § 70 Abs. 1 S. 1 VwGO gewahrt ist.

I. Die **Frist beginnt** mit der Bekanntgabe des Verwaltungsaktes.

1. Die **Bekanntgabe** eines Verwaltungsaktes richtet sich nach § 41 VwVfG, es sei denn es findet eine förmliche Zustellung statt (§ 41 Abs. 5 VwVfG). Für die **förmliche Zustellung** gelten die Vorschriften des VwZG (bei Bundesbehörden) bzw. das Landeszustellungsrecht (bei Landes- und Kommunalbehörden). Eine förmliche Zustellung per Einschreiben ist nach § 4 VwZG nur bei einem sog. Übergabe-Einschreiben und einem Einschreiben gegen Rückschein zulässig. Eine Bekanntgabe per Einwurf-Einschreiben ist daher kein Fall der förmlichen Zustellung. Für die Bekanntgabe gilt deshalb im vorliegenden Fall § 41 VwVfG.

Ist die Zustellung gesetzlich zwingend vorgeschrieben (z.B. § 73 Abs. 3 S. 2 VwGO) ist § 41 VwVfG nicht anwendbar (vgl. § 41 Abs. 5 VwVfG)

2. Erfolgt die Übermittlung wie hier durch die Post im Inland, so gilt der Verwaltungsakt **am dritten Tag nach der Aufgabe zur Post** als bekannt gegeben (§ 41 Abs. 2 S. 1 VwVfG). Der dritte Tag nach der am Donnerstag, dem 18.08., erfolgten Aufgabe zur Post ist Sonntag, der 21.08.

Findet gemäß § 68 Abs. 1 S. 2 VwGO ein Widerspruchsverfahren nicht statt, gelten dieselben Überlegungen für die Klagefrist nach § 74 Abs. 1 S. 2 VwGO.

a) Fraglich ist allerdings, ob die in § 41 Abs. 2 S. 1 VwVfG normierte Drei-Tage-Fiktion auch gilt, wenn der Verwaltungsakt tatsächlich zu einem **früheren Zeitpunkt** zugegangen ist (hier am 20.08.).

Dagegen könnte die Erwägung sprechen, dass in Fällen der nachweislich vor der Fiktionswirkung liegenden Bekanntgabe keine Notwendigkeit besteht, auf eine Fiktion zurückzugreifen. Allerdings hat der Gesetzgeber die Ausnahmen von der Fiktion ausdrücklich in § 41 Abs. 2 S. 3 VwVfG geregelt. Die Fiktion gilt nur dann nicht, wenn der VA gar nicht oder zu einem späteren Zeitpunkt zugegangen ist. Bei einem früheren Zugang wird daher gerade keine Ausnahme von der Drei-Tage-Fiktion gemacht.[61] Dementsprechend ist nicht auf den 20.08., sondern den 21.08. abzustellen.

61 Kopp/Ramsauer, VwVfG, § 41 Rn. 40.

b) Zweifelhaft ist indes, ob die Fiktionswirkung auch dann anzuwenden ist, wenn der dritte Tag, wie im vorliegenden Fall, auf einen **Sonntag** (bzw. gesetzlichen Feiertag oder Samstag) fällt.

aa) Fällt das **Ende** einer Frist auf einen solchen Tag, so endet die Frist grds. erst am nachfolgenden Werktag (vgl. §§ 79, 31 Abs. 3 VwVfG bzw. § 57 Abs. 2 VwGO, § 222 Abs. 2 ZPO). Hier geht es indes nicht um das Ende der Widerspruchsfrist, sondern den **Fristbeginn.**

bb) Gleichwohl wird in Rspr. und Lit. teilweise auch hier eine **Verlängerung** der Fiktion angenommen. Dies ergebe sich aus dem Rechtsgedanken der vorgenannten Vorschriften. Der hierin zum Ausdruck gebrachte Zweck greife nicht lediglich bei einer Frist im engeren Sinn, sondern sei auch bei der Fiktionswirkung zumindest entsprechend anwendbar.[62] Folgt man dieser Auffassung, wäre die Ordnungsverfügung im vorliegenden Fall erst am Montag, dem 22.08., bekannt gegeben worden.

cc) Überwiegend wird diese Interpretation des § 41 Abs. 2 VwVfG indes abgelehnt. Die Fiktionswirkung gelange vielmehr auch dann zur Anwendung, wenn der dritte Tag ein Sonntag ist. § 31 Abs. 3 VwVfG (ebenso § 57 Abs. 2 VwGO, § 222 Abs. 2 ZPO) gelte nur für Fristen, nicht jedoch für Termine, an denen bestimmte Rechtswirkungen eintreten.[63]

Entsprechendes gilt für die 3-Tage-Fiktion beim Übergabe-Einschreiben nach § 4 Abs. 2 S. 2 VwZG.

Dafür spricht, dass eine Frist einen Zeitraum umschreibt, innerhalb der Leistungen erbracht oder Handlungen vorgenommen werden sollen oder können. Dies ist hier nicht der Fall. Innerhalb des Zeitraums der drei Tage muss keine Handlung vorgenommen werden. Es wird vielmehr nur definitiv der Zeitpunkt der Bekanntgabe festgelegt. Durch den **Beginn der Frist** an einem Sonn- und Feiertag wird der Adressat auch nicht belastet. Denn er ist hinreichend dadurch geschützt, dass die Fiktion nicht greift, wenn der VA tatsächlich erst später zugegangen ist (dazu 3.). Damit lief die Drei-Tages-Fiktion am Sonntag, dem 21.08. ab.

3. Die Drei-Tage-Fiktion gilt allerdings gemäß § 41 Abs. 2 S. 3 VwVfG nicht, wenn der Verwaltungsakt zu einem **späteren Zeitpunkt** zugegangen ist. Zugegangen ist ein Schriftstück, wenn es derart in den Machtbereich des Empfängers gelangt ist, dass unter gewöhnlichen Umständen mit der Kenntnisnahme zu rechnen ist. In den Machtbereich des B ist das Schriftstück am 20.08. durch den Einwurf in den Briefkasten gelangt. Da unter gewöhnlichen Umständen zu diesem Zeitpunkt auch mit der Kenntnisnahme gerechnet werden konnte, ist es irrelevant, dass B tatsächlich erst am folgenden Montag von dem Verwaltungsakt Kenntnis erlangt hat. Folglich ist die Verfügung mit Wirkung am 21.08. ordnungsgemäß bekannt gegeben worden.

II. Gemäß § 70 Abs. 1 S. 1 VwGO ist der Widerspruch **innerhalb eines Monats nach der Bekanntgabe** zu erheben. Die Monatsfrist berechnet sich gemäß § 57 Abs. 2 VwGO, § 222 Abs. 1 ZPO, § 188 Abs. 2 BGB (nach a.A. gemäß §§ 79, 31 VwVfG, § 188 Abs. 2 BGB).[64] Damit endete die aufgrund der Bekanntgabefiktion am 21.08. beginnende Monatsfrist mit Ablauf des 21.09.

Ergebnis: Der am 22.09. erhobene Widerspruch ist danach verfristet.

---

62 BFH NJW 2004, 94; Knack/Henneke, VwVfG, § 41 Rn. 35.
63 OVG NRW NWVBl. 2001, 429, 430.
64 Vgl. dazu AS-Skript VwGO (2019), Rn. 865.

6. Aufhebung von Verwaltungsakten

Fall 15: Rücknahme eines rechtswidrigen Verwaltungsakts

Um einem weiteren Abbau von Arbeitsplätzen entgegenzuwirken, initiiert das Wirtschaftsministerium des Landes L ein „Förderprogramm zur Sicherung der Beschäftigung in der Bauindustrie". Die der Subventionsgewährung zugrunde liegenden Förderrichtlinien sehen vor, dass auf Antrag ein Zuschuss zum Arbeitsentgelt für jeden vollbeschäftigten Arbeitnehmer geleistet werden kann, wenn in einem Unternehmen mindestens 10 Beschäftigungsverhältnisse länger als 12 Monate bestanden haben und die Vergütung den üblichen Tariflohn nicht unterschreitet.

Auch Bauunternehmer U stellt einen Antrag auf Gewährung des Zuschusses. Er beschäftigt insgesamt 14 Mitarbeiter, die auch in der notwendigen Mindestbeschäftigungsdauer bei ihm tätig waren. Bei 6 Mitarbeitern wird jedoch weniger als der übliche Tariflohn gezahlt. Auf diesen Umstand weist U allerdings nicht hin, da die von der Behörde zugesandten Vordrucke in diesem Punkt unklar sind und Angaben hierzu nicht ausdrücklich vorsehen.

U erhält mit Bescheid vom 22.01.2019 eine Subvention in Höhe von 45.000 €, die in der Folgezeit ausgezahlt werden. Am 12.06.2019 erhält die zuständige Behörde einen Hinweis über die tatsächlichen Verhältnisse und fordert U auf, sich zu der Angelegenheit zu äußern. Mit Schreiben vom 05.07.2019 erklärt U wahrheitsgemäß, dass er von dem gewährten Zuschuss für 30.000 € Baumaschinen erworben habe.

Mit Bescheid vom 16.07.2019 nimmt die zuständige Behörde den Subventionsbescheid vom 22.01.2019 zurück und fordert Erstattung der gewährten Leistungen in voller Höhe. Begründet wird dies damit, dass auch unter Berücksichtigung der wirtschaftlichen Interessen des U aus haushaltsrechtlichen Gründen eine vollständige Rückforderung erforderlich sei. U meint, die Rücknahme sei grds. unzulässig. Zudem sei nicht einzusehen, aus welchem Grund die Subvention in vollem Umfang und nicht lediglich anteilig zurückgefordert werde.

Ist der Bescheid vom 16.07.2019 rechtmäßig?

A. Rechtmäßigkeit des Aufhebungsbescheides

Der Aufhebungsbescheid vom 16.07.2019 ist rechtmäßig, wenn hierfür eine Ermächtigungsgrundlage besteht und diese in formell und materiell ordnungsgemäßer Weise Anwendung gefunden hat.

Vorliegend geht es um zwei rechtlich getrennt voneinander zu beurteilende Verwaltungsakte: Einerseits die (rechtsgestaltende) Rücknahme des Bewilligungsbescheides vom 22.01.2019 und andererseits die Rückforderung der Subvention. Für den Klausuraufbau ist entscheidend, dass beide Verwaltungsakte getrennt voneinander zu beurteilen sind.

I. Ermächtigungsgrundlage

1. Spezialgesetzliche Ermächtigungsgrundlagen sind nicht ersichtlich.

2. Als Ermächtigungsgrundlage für die Aufhebung des Bewilligungsbescheides vom 22.01.2019 kommt **§ 48 VwVfG** in Betracht.

II. Bedenken gegen die **formelle Rechtmäßigkeit** bestehen nicht, insbes. hat die nach §§ 3 Abs. 1, 48 Abs. 5 VwVfG zuständige Behörde gehandelt und die nach § 28 Abs. 1 VwVfG erforderliche Anhörung ist erfolgt.

III. Zudem müssten die **materiellen Voraussetzungen** der Ermächtigungsgrundlage erfüllt sein.

Bei der Rücknahme nach § 48 VwVfG erfolgt inzident die Prüfung der Rechtmäßigkeit des aufzuhebenden VA.

1. § 48 VwVfG setzt voraus, dass der **aufzuhebende Bescheid**, hier der Bewilligungsbescheid vom 22.01.2019, **rechtswidrig** gewesen ist.

a) Ein Verwaltungsakt ist u.a. dann rechtswidrig, wenn die Behörde bei dem Erlass des Verwaltungsaktes gegen materielles Recht verstoßen hat. Ein solcher Verstoß könnte unter dem Gesichtspunkt vom **Vorbehalt des Gesetzes** darin bestehen, dass die Behörde die Subvention ohne spezielle Ermächtigungsgrundlage allein aufgrund der Förderrichtlinien als Verwaltungsvorschriften gewährt hat. Für staatliche Leistungen gilt indes kein sog. Totalvorbehalt. Für die Gewährung einer nicht grundrechtsrelevanten Subvention bedarf es keiner speziellen subventionsgesetzlichen Regelung. Vielmehr sind Subventionen grds. bereits durch die Bereitstellung im Haushaltsplan ausreichend legitimiert. Die Voraussetzungen für die Gewährung im Einzelnen können in Verwaltungsvorschriften geregelt werden (s.o. Fall 4). Ein Verstoß gegen Art. 20 Abs. 3 GG im Hinblick auf den Grundsatz vom Vorbehalt des Gesetzes liegt daher nicht vor.

b) Rechtswidrig könnte der Bewilligungsbescheid aber deswegen sein, weil die **Voraussetzungen** für eine Subventionierung nicht vorgelegen haben. Hier sahen die Förderrichtlinien vor, dass bei mindestens 10 Beschäftigten die Fördervoraussetzungen erfüllt sein mussten. Tatsächlich war dies aber nur bei 8 Mitarbeitern des U der Fall.

aa) Allein der **Verstoß gegen Subventionsrichtlinien** macht einen Bewilligungsbescheid jedoch noch nicht rechtswidrig i.S.d. § 48 VwVfG, da es sich bei Förderrichtlinien lediglich um interne Verwaltungsvorschriften handelt, aber nicht um (Außen-)Rechtsnormen.

bb) Allerdings ist die Subventionsgewährung wegen Verstoßes gegen **Art. 3 Abs. 1 GG** rechtswidrig, wenn die Behörde im Einzelfall zugunsten eines Subventionsbewerbers von einer ansonsten geübten Vergabepraxis abweicht, ohne diese insgesamt zu ändern.[65] Durch die Förderrichtlinien legt sich die Behörde auf eine bestimmte Verwaltungspraxis fest, von der sie nach Art. 3 Abs. 1 GG nur aus sachlichen Gründen abweichen darf. Die Gewährung der Subvention ohne Einhaltung der Förderrichtlinien war daher wegen Verstoßes gegen Art. 3 Abs. 1 GG rechtswidrig, sodass der Bewilligungsbescheid grds. der Rücknahme nach § 48 Abs. 1 VwVfG unterliegt.

Überwiegend werden die Regelungen in § 48 Abs. 2 bis 4 VwVfG als Einschränkungen auf Tatbestandsseite qualifiziert, andere sehen darin eine Beschränkung des nach § 48 Abs. 1 VwVfG eröffneten Ermessens auf der Rechtsfolgenseite. Der Aufbau ist in der Klausur nicht näher zu begründen.

2. Die **Rücknahme** könnte gemäß § 48 Abs. 1 S. 2 i.V.m. Abs. 2 VwVfG **ausgeschlossen** sein. Der Bewilligungsbescheid begründet einen rechtlich erheblichen Vorteil i.S.d. § 48 Abs. 1 S. 2 VwVfG und ist damit ein begünstigender VA. Die Aufhebung **begünstigender Verwaltungsakte** darf nur unter den Voraussetzungen des § 48 Abs. 2 bis 4 VwVfG erfolgen.

a) Nach § 48 Abs. 2 S. 1 VwVfG ist bei einem VA, der, wie hier der Bewilligungsbescheid, eine **Geldleistung** (oder teilbare Sachleistung) gewährt, die Rücknahme ausgeschlossen, soweit der Begünstigte auf den Bestand des Verwaltungsaktes **vertraut hat** und das **Vertrauen** unter Abwägung mit dem öffentlichen Interesse an einer Rücknahme **schutzwürdig** ist.

65 BVerwG DVBl. 2004, 126, 127.

aa) Dann müsste U auf den Bestand des Verwaltungsakts **vertraut** haben. U ist davon ausgegangen, dass die ihm gewährte Subvention dauerhaft zur Verfügung gestellt würde. Damit hat U tatsächlich auf den Bestand des Verwaltungsakts vertraut.

bb) Dieses Vertrauen müsste auch **schutzwürdig** sein. Das ist von vornherein nicht der Fall, wenn ein Fall des § 48 Abs. 2 S. 3 VwVfG gegeben ist.

Schutzwürdigkeit des Vertrauens:
- nicht schutzwürdig in den Fällen des § 48 Abs. 2 S. 3 VwVfG
- i.d.R. schutzwürdig in den Fällen des § 48 Abs. 2 S. 2 VwVfG
- im Übrigen: Abwägung zwischen Vertrauen und öffentlichem Interesse an der Rücknahme (§ 48 Abs. 2 S. 1 VwVfG)

(1) Ein Fall des § 48 Abs. 2 S. 3 **Nr. 1** VwVfG (Arglist, Drohung oder Bestechung) liegt ersichtlich nicht vor.

(2) In Betracht kommt § 48 Abs. 2 S. 3 **Nr. 2** VwVfG, wonach das Vertrauen nicht schutzwürdig ist, wenn der Betroffene den VA durch Angaben erwirkt hat, die in wesentlicher Beziehung unrichtig oder unvollständig waren. Zwar waren die von U gemachten Angaben objektiv unvollständig, fraglich ist indes, ob U den Verwaltungsakt auch im Sinne der Vorschrift **„erwirkt"** hat. Nach allgemeiner Auffassung setzt ein „Erwirken" ein zweck- und zielgerichtetes Handeln voraus, welches auf eine bestimmte Folge gerichtet ist. Deshalb ist der Tatbestand des § 48 Abs. 2 S. 3 Nr. 2 VwVfG nicht erfüllt, wenn das Antragsformular unklar oder unvollständig abgefasst war, da in diesem Fall die Ursache für die Fehlerhaftigkeit in der Sphäre der Verwaltung liegt.[66]

Im vorliegenden Fall sah das von der Behörde zur Verfügung gestellte Antragsformular Angaben zur Höhe des Tariflohns nicht vor. Da der Fehler somit in den Verantwortungsbereich der Behörde fällt, kommt ein Ausschluss des Vertrauensschutzes gemäß § 48 Abs. 2 S. 3 Nr. 2 VwVfG nicht in Betracht.

(3) Nach § 48 Abs. 2 S. 3 **Nr. 3** VwVfG ist das Vertrauen nicht schutzwürdig, wenn der Betroffene die Rechtswidrigkeit des VA kannte oder infolge grober Fahrlässigkeit nicht kannte. Dabei genügt es nicht, dass sich das Verschulden des Adressaten auf die Umstände bezog, die die Rechtswidrigkeit des VA begründet haben. Erforderlich ist vielmehr, dass der Begünstigte die **Rechtswidrigkeit des Verwaltungsakts als solche** kannte oder infolge grober Fahrlässigkeit nicht kannte.[67]

Die hier allein in Betracht kommende **grobe Fahrlässigkeit** setzt voraus, dass für den Adressaten U ohne Weiteres erkennbar war, dass der Verwaltungsakt nicht rechtmäßig sein konnte. Das ist der Fall, wenn U die gebotene Sorgfalt in besonderem Maße verletzt hat. Dies ist vor allem dann denkbar, wenn der Leistungsempfänger über besondere Organisationseinheiten verfügt, die die Anspruchsvoraussetzungen solcher Leistungen prüfen (z.B. Rechtsabteilung einer Aktiengesellschaft). Bei U handelte es sich um ein kleineres mittelständisches Unternehmen, bei dem nur im Ausnahmefall eine besondere Sachkenntnis angenommen werden kann. Hierfür ist im vorliegenden Fall nichts ersichtlich. Damit lag eine grobe Fahrlässigkeit i.S.d. § 48 Abs. 2 S. 3 Nr. 3 VwVfG nicht vor, sodass dieser Ausschlussgrund ebenfalls nicht gegeben ist.

a.A. vertretbar

Damit ist die Schutzwürdigkeit des Vertrauens **nicht** gemäß § 48 Abs. 2 S. 3 VwVfG **ausgeschlossen**.

66 Maurer/Waldhoff § 11 Rn. 36.

67 BVerwG NVwZ 2000, 1512, 1514.

cc) Vielmehr könnte das Vertrauen des U gemäß § 48 Abs. 2 S. 2 VwVfG **grundsätzlich schutzwürdig** sein.

(1) Danach ist das Vertrauen i.d.R. **schutzwürdig**, soweit der Begünstigte die gewährten Leistungen verbraucht oder eine Vermögensdisposition getroffen hat, die er nicht mehr oder nur unter unzumutbaren Nachteilen rückgängig machen kann.

U hat hier die 30.000 € zwar ausgegeben. Ein **Verbrauch** i.S.d. § 48 Abs. 2 S. 2 VwVfG liegt aber nur vor, wenn der Wert der Leistung insgesamt weggefallen ist. Daran fehlt es, wenn die Anschaffungen, wie hier die Baumaschinen, noch wertmäßig im Vermögen des Empfängers vorhanden sind.[68] Ein „Verbrauch" i.S.d. § 48 Abs. 2 S. 2 Alt. 1 VwVfG liegt daher nicht vor.

(2) Allerdings hat U durch die Anschaffung der Baumaschinen eine umfangreiche **Vermögensdisposition** i.S.d. § 48 Abs. 2 S. 2 Alt. 2 VwVfG getroffen, die nicht mehr ohne Weiteres rückgängig gemacht werden kann, sodass im Umfang von 30.000 € das **Vertrauen** nach § 48 Abs. 2 S. 2 Alt. 2 VwVfG **schutzwürdig** ist und der Rücknahme entgegensteht.

b) Hinsichtlich der **verbleibenden 15.000 €** könnte das Vertrauen nach der allgemeinen Regel des § 48 Abs. 2 S. 1 VwVfG schutzwürdig sein. Insoweit ist eine umfassende Abwägung zwischen dem Vertrauen des Betroffenen auf den Bestand des Verwaltungsakts einerseits und dem öffentlichen Interesse an der Rücknahme anderseits vorzunehmen. Als Abwägungskriterien kommen hierbei u.a. in Betracht die Zeit, die seit Erlass des Verwaltungsakts verstrichen ist, die Auswirkungen des Fortbestandes der Begünstigung für die Allgemeinheit sowie insbesondere der Grundsatz der Gesetzmäßigkeit der Verwaltung einschließlich des fiskalischen Interesses an der Wirtschaftlichkeit und Sparsamkeit öffentlicher Haushalte.

Auf der Grundlage dieser Kriterien sprechen überwiegende Gründe gegen eine Schutzwürdigkeit des U. Der Betrag von 15.000 € ist noch im Vermögen des U vorhanden. Insoweit überwiegt daher das öffentliche Interesse an der Wiederherstellung rechtmäßiger Zustände, sodass das Vertrauen des U insoweit nicht schutzwürdig ist und der Rücknahme in Höhe von 15.000 € nicht entgegensteht.

c) Nach § 48 Abs. 4 S. 1 VwVfG ist die Rücknahme grds. nur **innerhalb eines Jahres** ab Kenntnis der Behörde von den die Rücknahme rechtfertigenden Tatsachen zulässig. Wie diese Frist im Einzelnen zu berechnen ist, ist umstritten (vgl. unten Fall 15). Hier hat die Behörde die Rücknahme mit Bescheid vom 16.07.2019 bereits ca. einen Monat nach Kenntniserlangung (12.06. 2019) verfügt, sodass die Jahresfrist in jedem Fall eingehalten ist.

3. Soweit die Voraussetzungen für die Rücknahme vorliegen (hier in Höhe von 15.000 €), steht die Rücknahme im **Ermessen** der Behörde. Das Ermessen bezieht sich darauf, ob, in welchem Umfang und mit welcher zeitlichen Wirkung der VA zurückgenommen wird. Bezüglich des verbleibenden Betrages von 15.000 € sind Ermessensfehler nicht ersichtlich, insbesondere ist der Hinweis auf das Überwiegen der haushaltsrechtlichen Gründe sachgerecht.

---

68 Kopp/Ramsauer, VwVfG, § 48 Rn. 107.

Ergebnis: Der Rücknahmebescheid ist daher nur rechtmäßig, soweit er den Bewilligungsbescheid i.H.v. 15.000 € aufgehoben hat, bezüglich des darüber hinausgehenden Betrages ist er im Hinblick auf § 48 Abs. 2 S. 2 Alt. 2 VwVfG dagegen rechtswidrig.

B. Rechtmäßigkeit der Rückforderung der Leistung

I. Ermächtigungsgrundlage für die Rückforderung ist § 49 a Abs. 1 VwVfG. Der auch insoweit formell rechtmäßige Bescheid müsste materiell rechtmäßig sein.

II. Voraussetzung für die Rückforderung nach § 49 a Abs. 1 S. 1 Var. 1 VwVfG ist, dass ein Verwaltungsakt mit Wirkung für die Vergangenheit zurückgenommen worden ist.

1. Dies ist hier bzgl. des Bewilligungsbescheides i.H.v. 15.000 € der Fall.

2. Für den darüber hinausgehenden Betrag sind die Voraussetzungen dagegen nicht erfüllt. Insoweit ist der Rücknahmebescheid rechtswidrig und aufzuheben (s.o.).

3. Bezüglich der verbleibenden 15.000 € ist auch kein Wegfall der Bereicherung (§ 49 a Abs. 2 S. 1 VwVfG i.V.m. § 818 Abs. 3 BGB) eingetreten.

III. Rechtsfolge ist die Rückforderung des nach Aufhebung des Bewilligungsbescheides rechtsgrundlos gezahlten Betrages, d.h. in Höhe von 15.000 €. Ein Ermessen steht der Behörde bzgl. der Rückforderung (anders als bei der Rücknahme, s.o.) nicht zu (vgl. „sind … zu erstatten").[69]

Ergebnis: Die Rückforderung ist i.H.v. 15.000 € rechtmäßig, im Übrigen ist sie rechtswidrig.

---

69 Vgl. Stelkens/Bonk/Sachs VwVfG § 49a Rn. 37; zweifelnd BVerwG RÜ 2011, 390, 393.

Fall 16: Frist gemäß § 48 Abs. 4 VwVfG

Die Gemeinde G unterhält eine Grundschule, die sich in einem schlechten baulichen Zustand befindet. Im Rahmen eines Schulmodernisierungsprogramms gewährt das Land L der Gemeinde mit Bescheid vom 12.07. 2018 einen Zuschuss in Höhe von 200.000 €, der in Höhe von 40.000 € für die Errichtung einer Solaranlage vorgesehen ist. In den Förderrichtlinien wird ausdrücklich darauf hingewiesen, dass bei der Erteilung der Aufträge die Vergabe- und Vertragsordnung für Bauleistungen (VOB) anzuwenden sei.

Der Bürgermeister der Gemeinde G fühlt sich allerdings auch der örtlichen Wirtschaft verbunden und nutzt die Chance, dem ortsansässigen Bauunternehmer B den Auftrag zu erteilen, obwohl dieser nicht das günstigste Angebot abgegeben hatte. Am 15.09.2018 geht bei der für die Förderung zuständigen Landesbehörde ein Hinweis ein, wonach bei der Abwicklung der Schulmodernisierungsmaßnahme die VOB nicht beachtet worden sei. Das Schreiben wird allerdings aufgrund eines Organisationsmangels zunächst der falschen Abteilung zugeleitet. Erst am 10.02.2019 erlangt der für das Förderungsprogramm zuständige Sachbearbeiter Kenntnis von dem Schreiben. Dieser fordert die Gemeinde auf, sich zu den Vorgängen zu äußern. Eine entsprechende Stellungnahme der Gemeinde G geht bei der Landesbehörde am 20.03.2019 ein. Aufgrund einer personellen Umstrukturierung bleibt die Angelegenheit zunächst weiterhin unbearbeitet. Erst nachdem am 01.12.2019 der neue Sachbearbeiter S die Angelegenheit übernimmt, erfolgt die weitere Bearbeitung. Mit einem A am 15.02.2020 bekannt gegebenen Schreiben hebt die zuständige Behörde gemäß § 49 VwVfG „die Zuschussgewährung für die Solaranlage“ in Höhe des hierauf entfallenden Teilbetrages von 40.000 € auf. Hierbei beruft sie sich insbesondere auf den Verstoß gegen die VOB. Die Gemeinde G hält die Aufhebung für rechtswidrig. Zu Recht?

Ermächtigungsgrundlage für den Widerruf der Zuschussgewährung ist § 49 VwVfG. Fraglich ist allein die materielle Rechtmäßigkeit des Widerrufs.

Nach der Rspr. gilt § 49 VwVfG nicht nur für rechtmäßige VAe, sondern erst recht für rechtswidrige. Fehlen Angaben im Sachverhalt, braucht die Frage der Rechtmäßigkeit daher nicht erörtert zu werden (anders wenn man der Gegenansicht folgt); vgl. AS-Skript Verwaltungsrecht AT 2 (2019), Rn. 58.

I. § 49 VwVfG setzt voraus, dass der **aufzuhebende Bewilligungsbescheid rechtmäßig** ist. Bedenken gegen dessen Rechtmäßigkeit sind nicht ersichtlich (s.o. Fall 14).[70]

II. Die Gewährung des Zuschusses stellt einen **begünstigenden VA** dar, sodass ein Widerruf materiell nur unter den Voraussetzungen des § 49 Abs. 2 bzw. Abs. 3 VwVfG zulässig ist.

1. Als **Widerrufsgrund** kommt § 49 Abs. 3 S. 1 Nr. 2 VwVfG in Betracht, wenn die Gemeinde gegen eine Auflage verstoßen hat.

a) Der der Zuschussgewährung beigefügte Hinweis, bei der Auftragsvergabe die VOB einzuhalten, müsste eine **Auflage** darstellen. Unter einer solchen versteht man gemäß § 36 Abs. 2 Nr. 4 VwVfG eine selbstständig erzwingbare hoheitliche Anordnung, durch die dem Begünstigten ein Tun,

70 Zur analogen Anwendung des § 49 VwVfG auf rechtswidrige Verwaltungsakte vgl. BVerwG RÜ 2019, 45, 46 f.

Dulden oder Unterlassen vorgeschrieben wird. In Abgrenzung hierzu stellt die Bedingung eine Nebenbestimmung dar, die sich unmittelbar auf die Wirksamkeit eines Verwaltungsaktes auswirkt.

Die der Zuschussgewährung zugrunde liegende Verpflichtung, bei der Auftragsvergabe die VOB zu beachten, wirkt sich **nicht unmittelbar** auf die Wirksamkeit des Bewilligungsbescheides aus. Die Nebenbestimmung soll vielmehr sicherstellen, dass die für die Förderung zuständige Behörde bei einem Verstoß gegen die Voraussetzungen die Möglichkeit hat, die Wirksamkeit des Verwaltungsaktes nachträglich zu beenden. Damit handelt es sich um eine Auflage i.S.d. § 36 Abs. 2 Nr. 4 VwVfG.[71]

b) Indem bei der Abwicklung der Schulmodernisierungsmaßnahme die VOB nicht beachtet wurde, wurde die **Auflage nicht erfüllt**.

2. Nach § 49 Abs. 3 S. 2 i.V.m. 48 Abs. 4 S. 1 VwVfG ist der Widerruf nur **innerhalb eines Jahres** seit Kenntnis der Behörde von den Tatsachen zulässig, die den Widerruf des Verwaltungsaktes rechtfertigen.

a) Im vorliegenden Fall lagen erste Hinweise über einen Verstoß gegen die VOB bereits am 15.09.2018 vor. Allerdings hat der nach der innerbehördlichen Geschäftsverteilung zuständige Sachbearbeiter das Schriftstück erst am 10.02.2019 erhalten. Damit stellt sich die Frage, zu welchem Zeitpunkt die „Behörde" i.S.d. § 48 Abs. 4 S. 1 VwVfG **Kenntnis** erlangt hat.

aa) In der Literatur wird überwiegend die Ansicht vertreten, dass es nicht auf die Kenntniserlangung durch den zuständigen Amtswalter ankomme. Vielmehr sei die Kenntniserlangung durch die Behörde „im Ganzen" maßgebend, da diese dem Bürger als Einheit gegenüberstehe.[72] Nach dieser Auffassung war der Zeitpunkt der Kenntniserlangung der 15.09.2018, sodass der Widerruf am 15.02.2020 nicht fristgerecht erfolgte.

bb) Demgegenüber wird in der Rechtsprechung ganz überwiegend die Auffassung vertreten, dass „Behörde" i.S.d. § 48 Abs. 4 VwVfG die nach der internen Geschäftsverteilung zuständige Stelle sei. Der innerbehördlich zuständige Amtswalter hatte diese Kenntnis erst am 10.02.2019.

cc) Für diese Ansicht spricht insbesondere, dass eine „Behörde" als solche unfähig ist, von Tatsachen Kenntnis zu nehmen. Dies kann nur ein wahrnehmungsfähiger Amtswalter. Dass dies nur der nach der internen Geschäftsverteilung zuständige Beamte sein kann, folgt auch aus dem Rechtsgedanken des § 166 BGB. Danach kann die Zurechnung nur im Rahmen des dem Wissensvertreter zugewiesenen Aufgabenkreises erfolgen.[73] Kenntnis setzt nach dem Zweck der Norm voraus, dass aufgrund des bei der Behörde vorhandenen Wissens ein rechtmäßiger Aufhebungsbescheid erlassen werden kann. Aus diesem Grund hatte die „Behörde" Kenntnis erst am 10.02.2019.

b) Fraglich ist damit, ob die der Gemeinde G am 15.02.2020 bekannt gegebene Aufhebung noch **innerhalb der Jahresfrist** des § 48 Abs. 4 S. 1 VwVfG erfolgt ist.

---

71 Zur Abgrenzung vgl. auch BVerwG RÜ 2015, 739, 741 u. RÜ 2017, 450, 452.

72 Vgl. z.B. Maurer/Waldhoff § 11 Rn. 44.

73 Stelkens/Bonk/Sachs, VwVfG, § 48 Rn. 214.

aa) Legt man die Ausschlussfrist gemäß § 48 Abs. 4 S. 1 VwVfG im Sinne einer **Bearbeitungsfrist** dahin aus, dass die Behörde ab dem Zeitpunkt der ersten Kenntnis ein Jahr Zeit hat, den Sachverhalt ausreichend zu ermitteln und zu handeln, wäre die Frist bereits am 10.02.2020 abgelaufen. Diese insbesondere in der Literatur vertretene Auffassung wird vor allem damit begründet, dass andernfalls der mit der Vorschrift bezweckte Schutz des Bürgers nicht hinreichend sichergestellt werden könne. Sonst könne die Behörde durch Vornahme weiterer Ermittlungen selbst den Fristlauf steuern.[74]

bb) Dagegen ist die heute herrschende Rechtsprechung der Auffassung, dass es sich bei der Ausschlussfrist des § 48 Abs. 4 S. 1 VwVfG um eine **Entscheidungsfrist** handele, die erst mit dem Zeitpunkt der Entscheidungsreife beginne. Die Kenntnis der Rechtswidrigkeit setze für sich genommen die Frist noch nicht in Lauf. § 48 Abs. 4 S. 1 VwVfG verlange vielmehr, dass der Behörde sämtliche für die Aufhebungsentscheidung relevanten Tatsachen vollständig bekannt sind. Die Frist beginnt danach erst, wenn die Behörde die Aufhebbarkeit des Verwaltungsakts erkannt hat und ihr außerdem alle Umstände bekannt sind, die zur **sachgemäßen Ermessensausübung** erforderlich sind. Dies setzt insbesondere voraus, dass der Behörde alle Tatsachen bekannt sind, die im Rahmen ihrer Ermessensentscheidung zur Aufhebung zu berücksichtigen sind.[75] Da die für die Abwägung relevanten Umstände erst im Rahmen der **Anhörung** gemäß § 28 Abs. 1 VwVfG ermittelt werden müssen, beginnt die Frist des § 48 Abs. 4 S. 1 VwVfG daher frühestens mit Eingang der Stellungnahme des Betroffenen.[76]

Nach dieser Auffassung wäre der Widerruf am 15.02.2020 noch innerhalb der Jahresfrist erfolgt, da der Behörde erst nach Eingang der Stellungnahme am 20.03.2019 sämtliche für die Aufhebung relevanten Umstände bekannt waren. Ausgehend von diesem Zeitpunkt ist die gemäß § 43 Abs. 1 VwVfG durch Bekanntgabe am 15.02.2020 wirksam gewordene Aufhebung noch innerhalb der Jahresfrist erfolgt.

Beachte: Die Jahresfrist des § 48 Abs. 4 S. 1 VwVfG gilt nicht bei Arglist, Drohung oder Bestechung (§ 48 Abs. 4 S. 2 VwVfG i.V.m. § 48 Abs. 2 S. 3 Nr. 1 VwVfG).

cc) Zugunsten der Rechtsprechung spricht vor allem, dass allein die Kenntnis von Tatsachen regelmäßig nicht ausreicht, abschließend über die Aufhebung eines Verwaltungsaktes entscheiden zu können; vielmehr bedarf es insbesondere im Hinblick auf die notwendige Ermessensentscheidung weiterer Informationen. Zudem spricht auch die grammatikalische Auslegung des § 48 Abs. 4 S. 1 VwVfG zugunsten einer **Entscheidungsfrist**: Tatsachen „rechtfertigen" einen Widerruf (bzw. eine Rücknahme) nämlich erst dann, wenn der gesamte Sachverhalt einschließlich der für die Ermessenserwägungen maßgeblichen Tatsachen vollständig ermittelt ist. Aus diesem Grund war im vorliegenden Fall die Jahresfrist am 15.02.2020 noch nicht abgelaufen, sodass der Widerruf nicht gemäß § 49 Abs. 3 S. 2 i.V.m. § 48 Abs. 4 S. 1 VwVfG ausgeschlossen war.

3. Rechtsfolge: Die Rücknahme steht im Ermessen der Behörde, Ermessensfehler (§ 40 VwVfG) sind nicht ersichtlich.

Ergebnis: Der Widerruf gemäß § 49 Abs. 3 VwVfG ist rechtmäßig.

---

74 Vgl. Maurer/Waldhoff § 11 Rn. 44.
75 OVG NRW RÜ 2018, 728, 731.
76 BVerwG RÜ 2019, 395, 399.

Fall 17: Rückforderung

Das Land L gewährte der Gemeinde G im August 2012 eine Zuwendung in Höhe von „bis zu 1,25 Mio €" aus Mitteln der Finanzhilfen des Bundes für Investitionen zur Verbesserung der Verkehrsverhältnisse der Gemeinde. Eine Nebenbestimmung sah vor, dass sich die Zuwendung anteilig ermäßigt, wenn sich nach der Bewilligung die zuschussfähigen Gesamtausgaben reduzieren. G rief die gesamte Zuwendung Ende Januar 2013 ab und stellte die geförderte Baumaßnahme am 01.06.2018 fertig.

Nach abschließender Prüfung des von G vorgelegten Verwendungsnachweises erließ die zuständige Landesbehörde nach Anhörung der G am 01.06.2019 einen „Schlussbescheid", in dem die zuschussfähigen Gesamtkosten auf 1,7 Mio und der daraus resultierende hälftige Zuwendungsbetrag rückwirkend auf 850.000 € festgesetzt wurden. Zugleich forderte L die zuviel gezahlten 400.000 € zurück und beanspruchte Zinsen für die Zeit vom 01.02.2013 bis 01.06.2019 in Höhe von 5 Prozentpunkten über dem Basiszinssatz.

G hat den Schlussbescheid und den Rückforderungsbescheid nicht angefochten und die Rückzahlungssumme von 400.000 € fristgerecht beglichen. Die Zinsforderung hält sie jedoch für unberechtigt, da hierfür keine gesetzliche Grundlage bestehe, jedenfalls sei der Anspruch für die Jahre bis einschließlich 2015 verjährt. Das Land ist demgegenüber der Auffassung, dass die G mit einer Rückforderung rechnen musste und ein Ausgleich dafür geleistet werden muss, dass ihr der Gesamtbetrag seit 2013 zur Verfügung stand. Wie ist die Rechtslage?

Bei der Zinsforderung handelt es sich um eine belastende Maßnahme, die nach dem Grundsatz vom Vorbehalt des Gesetzes einer **Ermächtigungsgrundlage** bedarf.

I. Als Ermächtigungsgrundlage kommt **§ 49 a Abs. 3 S. 1 VwVfG** in Betracht. Danach sind zu erstattende Beträge vom Eintritt der Unwirksamkeit des Verwaltungsaktes mit fünf Prozentpunkten über dem Basiszinssatz (§ 247 BGB) zu verzinsen. Der zu erstattende Betrag ergibt sich aus § 49 a Abs. 1 VwVfG, wonach bereits erbrachte Leistungen zu erstatten sind, soweit ein Verwaltungsakt mit Wirkung für die Vergangenheit zurückgenommen oder widerrufen oder infolge Eintritts einer auflösenden Bedingung unwirksam geworden ist.

1. Eine **unmittelbare Anwendung** des § 49 a Abs. 3 S. 1 und Abs. 1 VwVfG scheidet aus, da nach dem Sachverhalt weder eine Rücknahme oder ein Widerruf noch der Eintritt einer auflösenden Bedingung vorliegt. Die Landesbehörde hat vielmehr einen „Schlussbescheid" erlassen, der an die Bewilligung als sog. **vorläufiger VA** (auch VA mit vorläufiger Regelung) anknüpft. Denn im Bewilligungsbescheid war ausdrücklich vorgesehen, dass sich die gewährte Zuwendung automatisch anteilig ermäßigt, wenn sich die Gesamtausgaben für das geförderte Projekt reduzieren.[77]

---

77 Vgl. BVerwG RÜ 2010, 188, 189; anders BVerwG RÜ 2015, 739, 741 bei nur nachträglich geänderter Rechtsauffassung der Behörde.

a) Der Annahme eines vorläufigen VA könnte entgegenstehen, dass das VwVfG diese **Handlungsform nicht ausdrücklich** regelt. Auch der vorläufige VA ist indes ein Verwaltungsakt i.S.d. § 35 VwVfG. Seine Besonderheit liegt nicht in seiner Art oder Form, sondern allein in seinem Regelungsinhalt. Im Unterschied zu bloß vorbereitenden Maßnahmen *(oben Fall 6)* wird beim vorläufigen VA die Rechtslage bereits mit seinem Erlass – wenn auch nur vorläufig – geändert. Unabhängig von der rechtlichen Einordnung (VA sui generis, Inhaltsbestimmung oder besondere, in § 36 VwVfG nicht vorgesehene, aber gleichwohl zulässige Nebenbestimmung) besteht Einigkeit, dass auch der vorläufige VA uneingeschränkt VA-Qualität besitzt.[78]

b) Wird im Bewilligungsbescheid lediglich eine **Regelung mit vorläufigem Charakter** getroffen, stellt der Schlussbescheid keine Rücknahme und keinen Widerruf dar. Vielmehr ersetzt der Schlussbescheid automatisch den ursprünglichen Zuwendungsbescheid. Der Vorbehalt endgültiger Regelung bewirkt, dass die Behörde die vorläufige Regelung im Ausgangsbescheid durch die endgültige Regelung im Schlussbescheid ersetzen kann. Der Regelungsgehalt des vorläufigen Bewilligungsbescheides besteht darin, dass der Begünstigte die bewilligte Zuwendung nur vorläufig bis zum Erlass der endgültigen Entscheidung behalten darf. Das bedeutet, dass es bei der späteren endgültigen Regelung **keiner Aufhebung** der unter Vorbehalt ergangenen Regelung bedarf.[79]

Der Schlussbescheid stellt damit keine Rücknahme und keinen Widerruf i.S.d. §§ 48, 49 VwVfG dar, sondern ersetzt den Bewilligungsbescheid, der damit automatisch gegenstandslos wird. Der Rückforderungsbescheid beruht daher nicht auf § 49 a Abs. 1 VwVfG, sodass sich auch der Zinsanspruch nicht unmittelbar aus § 49 a Abs. 3 VwVfG ergeben kann.

2. In Betracht kommt eine **analoge Anwendung** des § 49 a Abs. 3 VwVfG. Dann muss eine planwidrige Regelungslücke und eine vergleichbare Sach- und Interessenlage vorliegen.

a) Die §§ 35, 36 VwVfG enthalten – wie oben festgestellt – keine ausdrückliche Regelung für vorläufige Verwaltungsakte, sodass eine **Regelungslücke** besteht. Dass § 49 a Abs. 1 S. 1 VwVfG als Gründe für das Entstehen einer Erstattungspflicht lediglich die Rücknahme, den Widerruf und den Eintritt einer auflösenden Bedingungen nennt, lässt nicht den Schluss zu, dass die Regelung **abschließend** sein soll und der Gesetzgeber damit anders begründete Erstattungspflichten privilegieren und von der Zinspflicht ausnehmen wollte.[80]Die Regelungslücke ist auch **planwidrig**, da der Gesetzgeber bei Schaffung des VwVfG im Jahre 1975 diesen Fall nicht vorgesehen hat. Die Möglichkeit, einen Verwaltungsakt mit vorläufigen Regelungen zu treffen, wurde durch die Rspr. erst später anerkannt.

b) Des Weiteren müsste eine mit § 49 a Abs. 3 und Abs. 1 VwVfG **vergleichbare Sach- und Interessenlage** bestehen.

Dafür spricht, dass dem Zuwendungsempfänger die Zweckbestimmung bekannt ist. Er genießt wie in den Fällen der §§ 48, 49 VwVfG keinen Ver-

---

78 Vgl. AS-Skript Verwaltungsrecht AT 1 (2019), Rn. 262.

79 Vgl. BVerwG RÜ 2010, 188, 190.

80 Vgl. BVerwG RÜ 2010, 188, 190 f.; ebenso BVerwG RÜ 2016, 803, 804.

trauensschutz, wenn die Zuwendung nicht zweckentsprechend verwendet wird. Vielmehr entspricht es der Interessenlage der Beteiligten, dass er über die Erstattung der Zuwendung hinaus auch Nutzungen in Form von Zinsen herausgibt, die er aus dem empfangenen Geldbetrag gezogen hat/hätte ziehen können. Im Übrigen verdient der Begünstigte einer nur vorläufigen Bewilligung einer Zuwendung noch weniger Schutz als der Begünstigte einer endgültigen Bewilligung, weil er von vornherein um die Unsicherheit seiner Rechtsstellung weiß.[81]

Demgemäß sind in den Fällen, in denen aufgrund des Schlussbescheides eine Erstattungspflicht besteht, die **Voraussetzungen für eine analoge Anwendung** des § 49 a Abs. 3 VwVfG zu bejahen.

c) Zwar ist anerkannt, dass in Fällen, die außerhalb der Thematik des § 49 a VwVfG liegen, auf den gewohnheitsrechtlich anerkannten öffentlich-rechtlichen Erstattungsanspruch zurückgegriffen werden kann.[82] Dies steht der analogen Anwendung indes nicht entgegen, da für Zuwendungsbescheide die spezielle Regelung des § 49 a VwVfG gilt.[83]

Ermächtigungsgrundlage für die Zinsforderung ist damit § 49 a Abs. 3 VwVfG analog.[84]

II. Es müssten die **Voraussetzungen** des § 49 a Abs. 3 S. 1 VwVfG analog vorliegen. Aus der inhaltlichen Vorläufigkeit des Bewilligungsbescheides folgt, dass sich dieser mit dem Erlass des Schlussbescheides automatisch erledigt (§ 43 Abs. 2 VwVfG), d.h. sobald der Schlussbescheid vorliegt, ist der vorläufige VA gegenstandslos und begründet kein Recht mehr für das Behaltendürfen der Zuwendung. Der überschießende Betrag von 400.000 € ist daher analog § 49 a Abs. 1 S. 1 VwVfG zu erstatten.

III. Rechtsfolge: Analog § 49 a Abs. 3 S. 1 VwVfG ist der zu erstattende Betrag vom Eintritt der Unwirksamkeit des VA mit fünf Prozentpunkten zu verzinsen, d.h. hier aufgrund der rückwirkenden Ersetzung des vorläufigen Bewilligungsbescheides durch den Schlussbescheid ab dem 01.02.2013. Anhaltspunkte für einen im Ermessen stehenden Ausnahmefall analog § 49a Abs. 3 S. 2 VwVfG sind nicht ersichtlich.

IV. Der Zinsanspruch könnte jedoch für die Jahre bis einschl. 2015 **verjährt** sein. Für Ansprüche aus § 49a VwVfG gilt analog §§ 195, 199 Abs. 1 BGB die kenntnisabhängige Verjährungsfrist von drei Jahren nach Anspruchsentstehung.[85] Wird ein vorläufiger Bewilligungsbescheid durch einen Schlussbescheid ersetzt, wirkt dies zwar auf den Zeitpunkt des Bewilligungsbescheides zurück. Vor Erlass des Schlussbescheides ist die Erstattungsforderung jedoch nicht durchsetzbar, weshalb sie zuvor noch nicht verjähren kann.[86] Die dreijährige Verjährungsfrist wurde daher erst durch den Schlussbescheid in Lauf gesetzt. Der Anspruch ist daher nicht verjährt.

Ergebnis: Die Zinsforderung ist begründet.

---

81 Vgl. BVerwG RÜ 2010, 188, 191.
82 Vgl. AS-Skript Verwaltungsrecht AT 2 (2019), Rn. 75.
83 Vgl. BVerwG RÜ 2010, 188, 190.
84 Ebenso BVerwG RÜ 2016, 803, 805 u. RÜ 2017, 605, 606.
85 BVerwG RÜ 2017, 450, 452.
86 BVerwG RÜ 2017, 605, 606.

Fall 18: Wiederaufgreifen des Verwaltungsverfahrens

A hat für sich und seine Familie ein Wohnhaus im öffentlich geförderten Wohnungsbau errichtet. Hierfür erhielt A mit Bewilligungsbescheid vom 23.12.2017 einen Zinszuschuss von 1% p.a., dessen Gewährung bis zum 31.12.2022 befristet ist.

Nachdem das BVerwG Anfang 2019 in einem ähnlich gelagerten Sachverhalt entschieden hat, dass die Förderung mit einem höheren Zinszuschuss zu erfolgen hat, ärgert sich A, dass er seinerzeit keinen Widerspruch gegen den an ihn gerichteten Bewilligungsbescheid erhoben hat. Er überlegt, wie er das Verfahren wieder in Gang bringen kann, um den höheren Zuschuss erlangen zu können. Er ist der Ansicht, dass wegen der neuen Rechtsprechung eine andere Rechtslage eingetreten sei. Zudem hat er erfahren, dass die Behörde nach Bekanntwerden der Entscheidung des BVerwG in bestimmten Einzelfällen einigen Förderungsberechtigten Vergleichsverträge angeboten hat, um weitere gerichtliche Auseinandersetzungen zu vermeiden.

Was kann A tun?

A. Da der Bewilligungsbescheid vom 23.12.2017 bestandskräftig ist, scheiden **Rechtsbehelfe** (Widerspruch, Verpflichtungsklage) wegen Verfristung (§§ 70, 74 VwGO) aus.

Wiederaufgreifen des Verfahrens:
- 1. Stufe: Wiederaufgreifen des Verfahrens zur Überwindung der Bestandskraft
- 2. Stufe: die erneute Entscheidung in der Sache

Nur die 1. Stufe richtet sich nach § 51 VwVfG (vgl. AS-Skript Verwaltungsrecht AT 2 [2019], Rn. 188. Für die erneute Sachentscheidung (2. Stufe) gilt das jeweils einschlägige materielle Recht.

B. In Betracht kommt ein Antrag auf **Wiederaufgreifen des Verfahrens** nach § 51 VwVfG. Ein solcher hätte in der Sache Erfolg, wenn ein in § 51 Abs. 1 VwVfG genannter **Wiederaufgreifensgrund** gegeben wäre.

Im vorliegenden Fall könnte durch die neue Rspr. des BVerwG eine nachträgliche **Änderung der Sach- oder Rechtslage** zugunsten des Betroffenen i.S.d. § 51 Abs. 1 Nr. 1 VwVfG eingetreten sein.

I. Eine Änderung der **Sachlage** i.S.d. § 51 Abs. 1 Nr. 1 Alt. 1 VwVfG ist nicht eingetreten.

II. Möglicherweise hat sich die **Rechtslage** nach Erlass des Verwaltungsaktes verändert, sodass ein Wiederaufgreifen des Verfahrens gemäß § 51 Abs. 1 Nr. 1 Alt. 2 VwVfG in Betracht kommt. Eine Änderung der Rechtslage liegt vor, wenn sich die formellen oder materiellen Rechtssätze, auf denen der Verwaltungsakt beruht, geändert haben.

1. Eine Änderung der **gesetzlichen Vorschriften** selbst ist nicht erfolgt.

2. Fraglich ist, ob eine **Änderung der Rechtsprechung** als Änderung der „Rechtslage" angesehen werden kann.

a) Der Begriff „Rechtslage" bezieht sich auf geschriebene Rechtsnormen, da diese der Rechtsanwendung zugrunde liegen. Demgegenüber vermittelt die Rechtsprechung die für die Anwendung der Normen ggf. erforderliche Interpretation. Damit spricht bereits die **grammatikalische Auslegung** dagegen, eine veränderte Spruchpraxis als Änderung der Rechtslage i.S.d. § 51 Abs. 1 Nr. 1 VwVfG zu qualifizieren.

b) Zudem sprechen auch **systematische** Erwägungen dafür, die Spruchpraxis der Gerichte nicht als Änderung der Rechtslage anzusehen. Bei § 51 VwVfG handelt es sich nämlich um eine Ausnahmevorschrift, die dem Betroffenen über die Möglichkeit einer Ermessensentscheidung hinaus einen **Anspruch auf ein Wiederaufgreifen des Verfahrens** einräumt. Diese ausnahmsweise stärkere Ausgestaltung der Rechte des Betroffenen, gegen einen unanfechtbaren Verwaltungsakt vorzugehen, beruht auf dem Gedanken, der materiellen Gerechtigkeit Vorrang gegenüber der mit der Unanfechtbarkeit des Verwaltungsakts bezweckten Rechtssicherheit zu gewähren und setzt entsprechend schwerwiegende Umstände wie z.B. das Vorliegen neuer Beweismittel oder von Wiederaufnahmegründen gemäß § 580 ZPO voraus (vgl. § 51 Abs. 1 Nr. 2 u. Nr. 3 VwVfG).

Damit begründet die Entscheidung eines Gerichts in anderer Sache keine Änderung der Rechtslage im Sinne des § 51 Abs. 1 Nr. 1 Alt. 2 VwVfG,[87] sodass ein Wiederaufgreifensgrund nicht gegeben ist. Ein (gebundener) **Anspruch auf Wiederaufgreifen** des Verfahrens gemäß § 51 Abs. 1 VwVfG besteht daher nicht.

C. Möglicherweise kann A aber von der Behörde die **Aufhebung** des Verwaltungsaktes gemäß §§ 48, 49 VwVfG beanspruchen.

I. Liegen die Voraussetzungen des § 51 Abs. 1 VwVfG nicht vor, kann die Behörde den VA nach §§ 48, 49 VwVfG gleichwohl jederzeit aufheben (sog. **Wiederaufgreifen im weiteren Sinne**). Dies wird durch § 51 Abs. 5 VwVfG ausdrücklich klargestellt, wonach die Vorschriften des § 48 Abs. 1 S. 1 und des § 49 Abs. 1 VwVfG unberührt bleiben.

1. Die ursprüngliche Bewilligung war unter Berücksichtigung der neuen Rspr. des BVerwG **rechtswidrig**, sodass sich die Aufhebung nach § 48 Abs. 1 VwVfG richtet.

2. Vertrauensschutzgesichtspunkte stehen der erstrebten höheren Förderung nicht entgegen, sodass sich **Einschränkungen** aus § 48 Abs. 1 S. 2 i.V.m. Abs. 2 VwVfG nicht ergeben.

3. Im Rahmen des § 48 Abs. 1 VwVfG hat die Behörde **Ermessen**. Anders als im Rahmen des § 51 Abs. 1 VwVfG hat der Betroffene keinen zwingenden Anspruch auf Änderung der Entscheidung, sondern nur einen Anspruch auf ermessensfehlerfreie Entscheidung. Die Behörde hat dabei eine **Abwägung der beteiligten Interessen** vorzunehmen. Insoweit stehen sich das Prinzip der materiellen Gerechtigkeit und der Grundsatz der Rechtssicherheit grundsätzlich gleichwertig gegenüber. Bei der hierfür notwendigen Ermessensentscheidung ist es daher nicht ermessensfehlerhaft, auf die **Bestandskraft** zu verweisen und die Aufhebung des Verwaltungsaktes abzulehnen. Daher ist es grds. rechtlich nicht zu beanstanden, ein Verwaltungsverfahren, dass durch einen unanfechtbar gewordenen Verwaltungsakt abgeschlossen ist, nicht allein deshalb wieder aufzugreifen, weil sich der Verwaltungsakt infolge eines Rechtsanwendungsfehlers im Nachhinein als rechtswidrig erweist. Die Behörde könnte daher das Wiederaufgreifen ermessensfehlerfrei ablehnen.

II. A hätte allerdings ausnahmsweise einen zwingenden Anspruch auf Rücknahme des Verwaltungsaktes gemäß § 48 VwVfG, wenn das behördliche **Aufhebungsermessen reduziert** wäre.

---

87 OVG Lüneburg NVwZ 2006, 1302, 1303.

1. Eine dahingehende Ermessensreduzierung kommt beispielsweise in Betracht, wenn die Aufrechterhaltung des rechtswidrigen Bescheides **unzumutbare Nachteile** für den Betroffenen zur Folge hätte.[88]

Hinweise dafür, dass A durch die Aufrechterhaltung des unanfechtbaren Bewilligungsbescheides in eine finanzielle Existenzkrise gerät, liegen jedoch nicht vor, sodass eine Ermessensreduzierung jedenfalls aus diesem Grund nicht bejaht werden kann.

Eine Ermessensreduzierung besteht zudem, wenn der VA offensichtlich rechtswidrig ist.

2. Eine Ermessensreduzierung könnte sich aber daraus ergeben, dass die Verwaltung in Einzelfällen mit anderen Betroffenen Vergleichsverträge geschlossen hat. Diese **Verwaltungspraxis** könnte **i.V.m. Art. 3 Abs. 1 GG** zu einer Gleichbehandlung zwingen und das Ermessen auf eine Rechtspflicht zur Aufhebung des Verwaltungsaktes reduzieren. Dies setzt indes voraus, dass sich die Behörde durch das Wiederaufgreifen vergleichbarer Fälle **selbst gebunden** hat.

Hier hat die Behörde lediglich in einzelnen Fällen Vergleichsangebote unterbreitet und damit von ihrer Dispositionsbefugnis Gebrauch gemacht, ohne dass dies für andere Fälle zwingend von Bedeutung wäre. Zudem ist zu berücksichtigen, dass durch den Abschluss eines Vergleichsvertrages die Bestandskraft nicht etwa durchbrochen, sondern durch die weitere Regelung lediglich ergänzt wird. Damit lässt sich aus dem Umstand, dass die Behörde in einzelnen anderen Fällen den Förderungsberechtigten ein Vergleichsangebot unterbreitet hat, ebenfalls **keine Ermessensreduzierung** herleiten, sodass auch aus diesem Grund das grds. bestehende Aufhebungsermessen nicht reduziert ist. Deshalb kann die zuständige Behörde im Rahmen des ihr zustehenden Ermessens entscheiden, ob sie sich überhaupt erneut mit der Sache beschäftigt.[89]

Wobei umstritten ist, ob es sich dabei um eine einheitliche Ermessensentscheidung handelt, oder ob – wie bei § 51 Abs. 1 VwVfG – eine zweistufige Entscheidung erfolgt (vgl. AS-Skript Verwaltungsrecht AT 2 [2019], Rn. 197).

A hat weder einen Anspruch auf Wiederaufgreifen des Verfahrens (§ 51 Abs. 1 VwVfG) noch auf zwingende Aufhebung nach § 48 Abs. 1 VwVfG. Er hat gemäß § 51 Abs. 5 i.V.m. § 48 Abs. 1 S. 1 VwVfG lediglich einen **Anspruch auf ermessensfehlerfreie Entscheidung** über das Wiederaufgreifen und die Änderung des Bewilligungsbescheides.

---

88 Kopp/Ramsauer, VwVfG, § 51 Rn. 7.
89 Vgl. BVerwG RÜ 2010, 253, 255.

7. Die Durchsetzung von Verwaltungsakten

Fall 19: Rechtmäßigkeit einer Vollstreckungsmaßnahme

K ist Eigentümer eines Ausflugdampfers, der nach einer Kollision auf dem Rhein gesunken ist. Die zuständige Schifffahrtsbehörde des Bundes gibt dem K unter Hinweis auf die Vorschriften des WaStrG mit Verfügung vom 13.08.2019 auf, das Wrack wegen möglicher Gefahren für die Schifffahrt zu bergen. Gleichzeitig hat die Behörde die Ersatzvornahme durch den Drittunternehmer D für den Fall angedroht, dass das Schiffswrack nicht bis zum 15.10.2019 geborgen sei, und dem K einen hierfür maßgebenden Kostenvoranschlag übersandt. K hat mitgeteilt, dass er nicht in der Lage sei, die Bergung durchzuführen, hat aber gleichwohl keinen Widerspruch gegen die mit einer ordnungsgemäßen Rechtsbehelfsbelehrung versehene Verfügung erhoben. Nach fruchtlosem Ablauf der Frist hat die Behörde den D beauftragt, das Wrack zu bergen.

K hält das Vorgehen der Behörde für rechtswidrig. Er begründet dies insbesondere damit, dass schon die Voraussetzungen für ein Einschreiten als solches nicht gegeben seien. Und wenn schon die Grundverfügung nicht rechtmäßig sei, müsse dies auch für die anschließende Vollstreckungsmaßnahme gelten. Zudem habe es die Behörde versäumt, ihn nach Fristablauf nochmals auf die Bergung des Schiffes durch einen Unternehmer hinzuweisen. Schließlich sei die Vollstreckungsmaßnahme auch deshalb rechtswidrig, weil er das Eigentum nach Durchführung der Ersatzvornahme aufgegeben habe.

Ist die Vollstreckungsmaßnahme rechtmäßig?

Die Maßnahme ist rechtmäßig, wenn sie den formellen und materiellen Voraussetzungen der sie tragenden Ermächtigungsgrundlage gerecht wird.

I. Als **Ermächtigungsgrundlage** für die Bergung des Schiffes kommen die Vorschriften über die Ersatzvornahme in §§ 9 und 10 VwVG in Betracht, wenn deren Anwendungsbereich nicht durch spezialgesetzliche Regelungen verdrängt ist. Das WaStrG regelt zwar die unmittelbare Ausführung (§§ 28 Abs. 3, 30 WaStrG), nicht jedoch die zwangsweise Durchsetzung von strompolizeilichen Verfügungen gemäß § 28 Abs. 1 WaStrG. Damit ist auf das VwVG des Bundes zurückzugreifen, da eine Bundesbehörde gehandelt hat (vgl. Art. 89 Abs. 2 GG).

VwVG, nicht VwVfG!

II. Zunächst müsste die Vollstreckungsmaßnahme **formell ordnungsgemäß** durchgeführt worden sein.

1. Zuständig für die Vollstreckung eines Verwaltungsakts ist nach § 7 Abs. 1 VwVG die Behörde, die den Verwaltungsakt erlassen hat, also hier die zuständige Schifffahrtsbehörde des Bundes.

2. Des Weiteren müsste das **Verwaltungsverfahren** ordnungsgemäß durchgeführt worden sein. Gemäß § 28 Abs. 1 VwVfG wäre angesichts der belastenden Wirkung der Vollstreckungsmaßnahme grundsätzlich eine Anhörung geboten. Allerdings ist gemäß § 28 Abs. 2 Nr. 5 VwVfG bei Maßnahmen in der Verwaltungsvollstreckung eine Anhörung ausnahmsweise entbehrlich. Damit ist die Vollstreckungsmaßnahme in verfahrensrechtlicher Hinsicht nicht zu beanstanden.

Hier geht es nur um die Vollstreckungsmaßnahme, nicht um die Anhörung beim Erlass des GrundVA, der vollstreckt werden soll.

3. Besondere **Formvorschriften** bestehen nicht (vgl. § 28 Abs. 2 WaStrG).

Prüfungsfolge:
- allg. Vollstreckungsvoraussetzungen
- ordnungsgemäßes Vollstreckungsverfahren
- keine Vollstreckungshindernisse

III. Die Vollstreckungsmaßnahme müsste zudem **materiell rechtmäßig** sein. Das ist dann der Fall, wenn die allgemeinen Vollstreckungsvoraussetzungen vorlagen, das Vollstreckungsverfahren ordnungsgemäß durchgeführt wurde und keine Vollstreckungshindernisse bestanden.

1. Als **allgemeine Vollstreckungsvoraussetzung** verlangt § 6 Abs. 1 VwVG grds. die Existenz einer vollstreckbaren Grundverfügung.

a) Für den Verwaltungszwang muss ein **Verwaltungsakt** vorliegen, der auf eine Handlung, Duldung oder Unterlassung gerichtet ist. Die auf § 28 Abs. 1 WaStrG gestützte Aufforderung, das Schiffswrack zu bergen, stellt einen Verwaltungsakt dar, der auf ein aktives Handeln gerichtet ist. Damit liegt ein der Vollstreckung fähiger Titel vor.

b) Dieser Grundverwaltungsakt müsste **vollstreckbar** gewesen sein. Dies ist gemäß § 6 Abs. 1 VwVG dann der Fall, wenn er unanfechtbar ist oder Rechtsmittel keine aufschiebende Wirkung haben. Im vorliegenden Fall hat K gegen die Grundverfügung keinen Widerspruch erhoben, sodass dieser gemäß § 70 Abs. 1 VwGO durch Zeitablauf unanfechtbar und damit vollstreckbar wurde.

Nach h.Rspr. ist die Rechtmäßigkeit der Grundverfügung generell keine Vollstreckungsvoraussetzung. Tragender Grund des Vollstreckungsrechts ist die Wirksamkeit, nicht die Rechtmäßigkeit der zugrunde liegenden Maßnahme (vgl. AS-Skript Verwaltungsrecht AT 2 [2019], Rn. 230 ff.).

c) Fraglich ist, ob die Rechtmäßigkeit der Vollstreckung von der **Rechtmäßigkeit** der Grundverfügung abhängig ist. Während diese Frage in Rechtsprechung und Literatur unterschiedlich beurteilt wird, wenn der Grundverwaltungsakt noch anfechtbar ist, kommt es hierauf bei **unanfechtbar** gewordenen Verwaltungsakten unstreitig nicht an. Der Verwaltungsakt hat **Tatbestandswirkung**. Aus diesem Grund kann ein bestandskräftiger Verwaltungsakt unabhängig von seiner Rechtmäßigkeit zwangsweise durchgesetzt werden. Er darf nur nicht nach § 44 VwVfG nichtig sein. K hat zwar mitgeteilt, dass er subjektiv zur Bergung nicht in der Lage sei. Nichtig ist ein Verwaltungsakt aber nur bei objektiver Unmöglichkeit (§ 44 Abs. 2 Nr. 4 VwVfG). Damit liegt ein wirksamer vollstreckbarer GrundVA vor.

2. Zudem muss das **Vollstreckungsverfahren ordnungsgemäß** durchgeführt worden sein.

a) Dies setzt zunächst voraus, dass die Auswahl des **Zwangsmittels** nicht zu beanstanden ist. Im vorliegenden Fall hat die Behörde die Ersatzvornahme angeordnet. Dieses Zwangsmittel kommt zur Durchsetzung einer vertretbaren Handlung in Betracht (§ 10 VwVG). Die Beseitigung des Schiffswracks stellt eine **vertretbare Handlung** dar, da diese nicht notwendig von dem Adressaten vorgenommen werden muss. Folglich hat die Behörde das richtige Zwangsmittel ausgewählt.

b) Dieses Zwangsmittel muss zudem gemäß § 13 Abs. 1 S. 1 VwVG ordnungsgemäß **angedroht** worden sein.

aa) Im vorliegenden Fall wurde dem K **ausdrücklich** die Bergung des Schiffswracks durch die Behörde bzw. einen zu beauftragenden Unternehmer in Aussicht gestellt, sodass er Gelegenheit hatte, die strompolizeiliche Verfügung zu befolgen.

bb) Ob die **Androhung** ihrerseits rechtmäßig war, insbes. den weiteren Anforderungen des § 13 VwVG entsprach, ist unerheblich, da die Androhung ebenfalls unanfechtbar geworden ist (s.o.).

c) Nach § 14 VwVG muss das Zwangsmittel vor seiner Anwendung außerdem **festgesetzt** werden. Daran könnte es hier fehlen, weil die Behörde den B über die Beauftragung des D nicht gesondert informiert hat, sodass es an einer wirksamen Bekanntgabe (§§ 41, 43 Abs. 1 VwVfG) fehlen könnte.

Landesrechtlich ist die Festsetzung zumeist nur beim Zwangsgeld vorgesehen (generell in Berlin und NRW).

aa) Teilweise wird darauf hingewiesen, dass bei der Ersatzvornahme die Entscheidung über die Beauftragung des Drittunternehmers rein **verwaltungsintern** erfolge. Mangels Außenwirkung liege daher kein VA vor, sodass auch keine gesonderte Bekanntgabe erforderlich ist.

bb) Überwiegend wird dagegen davon ausgegangen, dass es sich bei der Festsetzung um einen **selbstständigen Verwaltungsakt** handelt, der dem Betroffenen ordnungsgemäß bekannt gegeben werden muss, um Wirksamkeit zu entfalten (§ 43 Abs. 1 VwVfG).

Allerdings ist auch nach dieser Auffassung die Festsetzung nach Sinn und Zweck **entbehrlich**, wenn der Pflichtige ernsthaft und endgültig erklärt hat, dass er, aus welchen Gründen auch immer, der Grundverfügung nicht Folge leisten werde. In diesen Fällen liefe eine Festsetzung auf eine überflüssige Förmelei hinaus.[90]

Hier hat K von vornherein erklärt, dass er der Verfügung nicht nachkommen werde. Eine Festsetzung des Zwangsmittels war daher entbehrlich. Damit ist das Vollstreckungsverfahren ordnungsgemäß durchgeführt worden.

3. Schließlich dürften der Vollstreckung keine **Vollstreckungshindernisse** entgegenstehen. Als solche kommen materielle Einwände gegen den Grund-VA in Betracht, soweit diese **nachträglich** entstanden sind. Hier könnte der Eigentumsverzicht (§ 959 BGB) durch K eine solche Einwendung begründen.

a) Wird das Eigentum **vor Erlass** der Ordnungsverfügung aufgegeben, so ist umstritten, ob dies die Ordnungspflicht entfallen lässt.

Die h.M. geht davon aus, dass der Eigentümer aufgrund der Sozialbindung des Eigentums (Art. 14 Abs. 2 GG) zustandspflichtig bleibt. Teilweise ist dies in den Polizei- und Ordnungsgesetzen der Länder ausdrücklich geregelt.

b) Im vorliegenden Fall hat K das Eigentum an dem Schiff indes erst **nach Erlass der Verfügung** und nach Durchführung der Vollstreckungsmaßnahme aufgegeben.

aa) Dabei ist schon zweifelhaft, ob die Eigentumsaufgabe überhaupt **wirksam** ist. Denn eine Dereliktion kann wegen Verstoßes gegen § 138 Abs. 1 BGB nichtig sein, wenn sie nur erfolgt, um der ordnungsrechtlichen Zustandshaftung zu entgehen. Dies liegt insbes. dann nahe, wenn sonstige wirtschaftliche Motive für eine Eigentumsaufgabe nicht erkennbar sind. Im vorliegenden Fall sind neben der Überlegung, sich der ordnungsrechtlichen Verantwortung zu entziehen, keine weiteren nachvollziehbaren Gründe ersichtlich. Damit ist die Eigentumsaufgabe gemäß § 138 Abs. 1 BGB als sittenwidrig und damit nichtig anzusehen.

bb) Im Übrigen lässt der **nachträgliche** Wegfall der Zustandsverantwortlichkeit die Rechtmäßigkeit der unanfechtbaren Grundverfügung und damit auch die Rechtmäßigkeit der durchgeführten Ersatzvornahme unberührt.[91] Deshalb hat der nach Durchführung der Ersatzvornahme erklärte Eigentumsverzicht **keine Auswirkungen** auf die Rechtmäßigkeit der Vollstreckung.

Ergebnis: Die Ersatzvornahme ist rechtmäßig.

---

90 BVerwG NVwZ 1997, 381, 382.
91 VGH Mannheim NJW 1997, 3259, 3260.

Fall 20: Rechtsfolgen der Verwaltungsvollstreckung
(Abwandlung zu Fall 19)

Die Bergung des Wracks hat Kosten in Höhe von 17.500 € verursacht. Nachdem Unternehmer D diesen Betrag von der zuständigen Behörde erhalten hat, fordert die Behörde von K durch Kostenbescheid Erstattung des verauslagten Betrages. K hat (nach erfolglosem Vorverfahren) Klage gegen den Kostenbescheid erhoben, mit der er geltend macht, dass der Betrag die ursprünglich veranschlagten Kosten i.H.v. 10.000 € erheblich überschreite. Ist die zulässige Anfechtungsklage begründet?

Die Anfechtungsklage ist begründet, soweit der Kostenbescheid rechtswidrig und K dadurch in seinen Rechten verletzt ist (113 Abs. 1 S. 1 VwGO).

I. Als **Ermächtigungsgrundlage** für den Kostenbescheid kommen §§ 10, 19 VwVG in Betracht.

II. Der Kostenbescheid müsste **formell rechtmäßig** sein.

1. Die **Zuständigkeit** für den Erlass des Kostenbescheides ergibt sich aus § 7 Abs. 1 VwVG, da die Vollzugsbehörde gehandelt hat.

2. Verfahrensmäßig ist grds. eine **Anhörung** gemäß § 28 Abs. 1 VwVfG erforderlich, die hier allerdings nicht durchgeführt worden ist.

a) Von der Anhörung kann gemäß § 28 Abs. 2 Nr. 5 VwVfG abgesehen werden, wenn es sich um eine **Vollstreckungsmaßnahme** handelt. Der Erlass eines Kostenbescheides ist jedoch keine Maßnahme „in" der Verwaltungsvollstreckung, sondern dieser zeitlich nachgelagert. Damit ist die Anhörung beim Kostenbescheid **nicht entbehrlich.**[92]

b) Der Anhörungsmangel konnte allerdings gemäß § 45 Abs. 1 Nr. 3 VwVfG im Widerspruchsverfahren und gemäß § 45 Abs. 2 VwVfG auch noch im Klageverfahren **nachgeholt** und damit **geheilt** werden *(s.o. Fall 10 u. Fall 11).*

3. Da der Kostenbescheid schriftlich ergangen ist, bestehen auch keine Bedenken gegen die **Form** (vgl. § 3 Abs. 2 a VwVG).

Damit ist der Kostenbescheid formell rechtmäßig.

III. Der Kostenbescheid ist **materiell rechtmäßig**, wenn die Ersatzvornahme rechtmäßig war, die Kostenforderung nach Art und Höhe berechtigt ist und sie sich gegen den richtigen Kostenschuldner richtet.

1. Die Ersatzvornahme war rechtmäßig *(s.o. Fall 19).*

2. Die Kostenforderung müsste nach **Art und Höhe** berechtigt sein.

a) Gemäß § 19 Abs. 1 VwVG gelten für die Erhebung von Kosten die Vorschriften der Abgabenordnung entsprechend. Nach § 344 Abs. 1 Nr. 8 AO sind u.a. die Beträge, die aufgrund von Vollstreckungsmaßnahmen an Dritte zu zahlen sind, von dem Pflichtigen zu erstatten.

b) Die Erstattungspflicht des Vollstreckungsschuldners richtet sich nach den **tatsächlich entstandenen Kosten**, auch wenn diese die veranschlagten Kosten überschreiten (§ 13 Abs. 4 S. 2 VwVG). Der **Kostenvoranschlag** ist insoweit nicht bindend. Ein Vertrauen auf Einhaltung oder jedenfalls auf

---

92 ThürOVG RÜ 2008, 534, 537.

nicht wesentliche Überschreitung des Kostenvoranschlags ist grds. **nicht schutzwürdig**. Denn hätte der Pflichtige die angeordnete Maßnahme selbst durchgeführt, hätte er, wenn die Arbeiten sich als umfangreicher als von der Behörde geschätzt herausgestellt hätten, die höheren Kosten auch tragen müssen.[93] Eine Begrenzung der Kostenpflicht kommt allenfalls dann in Betracht, wenn überflüssige Maßnahmen durchgeführt wurden.

Vorliegend ist an den Drittunternehmer für die Bergung des Wracks ein Betrag von 17.500 € gezahlt worden, sodass die Kostenforderung nach Art und Höhe nicht zu beanstanden ist.

3. Indem die zuständige Behörde die Kostenforderung schließlich auch gegen den ordnungsrechtlich als Zustandsstörer Verantwortlichen K gerichtet hat, wurde der **richtige Kostenschuldner** ausgewählt.

4. Fraglich ist allerdings, ob die Behörde befugt ist, die Kosten durch **Verwaltungsakt** festzusetzen. Bedenken könnten sich aus dem Grundsatz vom Vorbehalt des Gesetzes gemäß Art. 20 Abs. 3 GG ergeben, wonach belastende Maßnahmen grundsätzlich einer ausdrücklichen gesetzlichen Ermächtigung bedürfen.

a) Dabei bezieht sich der Vorbehalt des Gesetzes nicht nur auf den Inhalt der Verwaltungsmaßnahme, sondern auch auf die Befugnis zum Erlass eines Verwaltungsaktes (sog. **VA-Befugnis**).

b) Allerdings ist anerkannt, dass der Erstattungsanspruch im Rahmen der Verwaltungsvollstreckung auch ohne ausdrückliche Regelung durch einen Kostenbescheid geltend gemacht werden kann. Nach dieser insbesondere in der Rspr. vertretenen Auffassung folgt aus der materiellen Anspruchsgrundlage des Staates gegen den Bürger i.V.m. dem **Über-/Unterordnungsverhältnis** zwischen den Beteiligten die gewohnheitsrechtliche Befugnis, die Kosten mittels Verwaltungsakt festzusetzen.[94] Nach der Gegenansicht besteht die VA-Befugnis dagegen nur, wenn das Gesetz die **Handlungsform** des Verwaltungsakts (ausdrücklich oder konkludent) vorsieht.

Soweit im VwVG vorgesehen ist, dass der Kostenerstattungsanspruch „beigetrieben" werden kann, ergibt sich hieraus konkludent die VA-Befugnis, da die Beitreibung stets den Erlass eines Leistungsbescheides voraussetzt (vgl. § 3 Abs. 2 a VwVG).

c) Richtig hieran ist, dass die **Handlungsform** des VA aufgrund der mit seinem Erlass verbundenen belastenden Wirkungen für den Bürger (Titel- und Vollstreckungsfunktion) zwar grds. dem Vorbehalt des Gesetzes unterfällt. Es würde jedoch die Effektivität des Verwaltungshandelns zu stark einschränken, wollte man stets eine besondere Regelung der VA-Befugnis fordern. Das Vorgehen durch VA hat für den Bürger überdies nicht nur Nachteile, sondern begründet auch verfahrensmäßige Vorteile (Anhörung nach § 28 VwVfG und Begründung nach § 39 VwVfG).[95] Dementsprechend ist im Über-/Unterordnungsverhältnis von einer **gewohnheitsrechtlichen VA-Befugnis** auszugehen. Die Behörde war daher auch im vorliegenden Fall berechtigt, die Kosten mittels Verwaltungsakts festzusetzen, sodass der Kostenbescheid insgesamt nicht zu beanstanden ist.

Ergebnis: Damit ist der Kostenbescheid rechtmäßig, sodass die Anfechtungsklage des K unbegründet ist.

93 BVerwG NJW 1984, 2591, 2593.
94 Vgl. AS-Skript Verwaltungsrecht AT 1 (2019), Rn. 359.
95 BVerwG RÜ 2011, 390, 395.

Fall 21: Tatbestandswirkung eines Verwaltungsakts

A nahm am 14.07.2019 an einer Sitzblockade vor einem Zwischenlager für radioaktive Abfälle im Land L teil. Die Aktion war nicht angemeldet, allerdings öffentlich angekündigt worden. Die zuständige Versammlungsbehörde hatte daraufhin eine Verfügung erlassen, mit der die Demonstration gemäß § 15 Abs. 1 VersG räumlich beschränkt wurde. Die Sitzblockade wurde später von dem polizeilichen Einsatzleiter aufgelöst. Dabei erfolgte eine Lautsprecherdurchsage, mit der die Auflösungsverfügung bekannt gegeben wurde. In unmittelbarem Anschluss an diese Durchsage wurden die Zufahrten von der Polizei geräumt. A, der sich in diesem Bereich positioniert hatte, wird daraufhin von der Polizei weggetragen. Hierbei weist der Polizeibeamte P darauf hin, dass A eine Ordnungswidrigkeit begangen habe und mit einem Bußgeldbescheid rechnen müsse. A hält dem entgegen, dass die Auflösungsverfügung nicht rechtmäßig sei und dies im späteren gerichtlichen Verfahren berücksichtigt werden müsse. Wie ist die Rechtslage, wenn sich die Auflösung im Nachhinein als unverhältnismäßig erweist?

Hinweis: Im Land L gilt das VersG des Bundes. Auszug aus § 29 VersG:

„(1) Ordnungswidrig handelt, wer

...

2. sich trotz Auflösung einer öffentlichen Versammlung oder eines Aufzuges durch die zuständige Behörde nicht unverzüglich entfernt."

A könnte sich einer Ordnungswidrigkeit nach § 29 Abs. 1 Nr. 2 VersG schuldig gemacht haben. Dann müsste er sich trotz Auflösung einer öffentlichen Versammlung nicht unverzüglich entfernt haben.

I. Die gesetzliche Regelung knüpft nach ihrem **Wortlaut** allein an die „Auflösung einer Versammlung" an. Voraussetzung ist danach also nur, dass eine entsprechende **Verfügung** ergangen und diese **wirksam** (nicht nichtig) ist. Die Rechtmäßigkeit eines Verwaltungsaktes ist für nachfolgende Akte grds. nicht Voraussetzung. Der Verwaltungsakt hat **Tatbestandswirkung**. Das bedeutet, dass jede hoheitliche Stelle von dem Tatbestand auszugehen hat, dass eine andere Behörde eine Regelung getroffen hat und dadurch gebunden wird.[96] Dies hat zur Folge, dass eine inzidente Überprüfung der Rechtmäßigkeit der Verwaltungsentscheidung im Bußgeldverfahren grundsätzlich unterbleibt. Solange der Verwaltungsakt nicht durch die Behörde oder das Verwaltungsgericht aufgehoben wird (§ 43 Abs. 2 VwVfG), muss auch der rechtswidrige Verwaltungsakt beachtet, insbes. befolgt werden.

Prüfungsfolge:
- absolute Nichtigkeitsgründe gemäß § 44 Abs. 2 VwVfG
- negative Ausschlussgründe gemäß § 44 Abs. 3 VwVfG
- Generalklausel des § 44 Abs. 1 VwVfG

II. Die Tatbestandswirkung besteht allerdings dann nicht, wenn der Verwaltungsakt nach § 44 VwVfG **nichtig** ist. Er ist dann unwirksam (§ 43 Abs. 3 VwVfG) und entfaltet keine Rechtsfolgen.

1. Ein in § 44 Abs. 2 VwVfG aufgeführter **absoluter Nichtigkeitsgrund** liegt nicht vor.

96 Vgl. z.B. BayVGH, Beschl. v. 26.01.2017 – 6 ZB 16.1519, BeckRS 2017, 102579.

2. Auch ein **Ausschlussgrund** für die Nichtigkeit gemäß § 44 Abs. 3 VwVfG greift nicht ein.

3. Nach § 44 Abs. 1 VwVfG ist der Verwaltungsakt nichtig, soweit er an einem **besonders schwerwiegenden Fehler** leidet und dies **offensichtlich** ist. Auch hierfür bestehen keine Anhaltspunkte. Die Auflösungsverfügung war zwar unverhältnismäßig und damit rechtswidrig, aber nicht nichtig.

A hat danach eine Ordnungswidrigkeit gemäß § 29 Abs. 1 Nr. 2 VersG begangen, indem er sich trotz **wirksamer Auflösung** nicht unverzüglich entfernt hat.

III. Allerdings macht das BVerfG **Ausnahmen von der Tatbestandswirkung** bei nachhaltiger Grundrechtsbetroffenheit.[97] Die Bedeutung der Grundrechte könne es erforderlich machen, die Rechtmäßigkeit der Sanktion von der Rechtmäßigkeit des GrundVA abhängig zu machen. Diese Auslegung trägt dem Umstand Rechnung, dass ein Verbot bzw. die Auflösung einer Versammlung ein besonders intensiver Eingriff in die durch Art. 8 GG geschützte Versammlungsfreiheit beinhaltet.

1. Die Versammlungsteilnehmer müssen zwar die Anordnung zunächst befolgen (sog. Primärebene). Die Pflicht, sich von einer aufgelösten Versammlung zu entfernen (§§ 18 Abs. 1, 13 Abs. 2 VersG), ist deshalb nicht von der Rechtmäßigkeit der Auflösungsverfügung abhängig. Infolgedessen darf die Auflösungsverfügung auch **zwangsweise** durchgesetzt werden (z.B. durch Anwendung unmittelbaren Zwangs).

2. Der Grund dafür, dass es bei der Durchsetzung der Auflösungsverfügung nicht auf deren Rechtmäßigkeit ankommt, liegt in der Situationsgebundenheit der Entscheidung, deren Vollzug nicht bis zur verbindlichen oder auch nur vorläufigen Klärung der Rechtslage aufgeschoben werden kann. Bei der Verhängung einer **Sanktion** wegen Nichtbefolgung der Anordnung liegt eine solche Eilbedürftigkeit indes nicht vor. Hier kann die Frage der Rechtmäßigkeit der Anordnung auch noch später einer verbindlichen Klärung zugeführt werden. Aus Gründen des Grundrechtsschutzes ist es daher ausnahmsweise erforderlich, die Rechtmäßigkeit der Sanktion von der Rechtmäßigkeit des zugrundeliegenden VA abhängig zu machen.

Ergebnis: Die Auflösungsverfügung war hier unverhältnismäßig und damit rechtswidrig. Im Hinblick auf die Bedeutung der durch Art. 8 GG geschützten Versammlungsfreiheit darf daher nach § 29 Abs. 1 Nr. 2 VersG kein Bußgeld verhängt werden.

---

97 BVerfG RÜ 2010, 667, 669.

4. Abschnitt: Der öffentlich-rechtliche Vertrag

Fall 22: Ansprüche aus öffentlich-rechtlichem Vertrag

S besucht die Klasse 6 der Hauptschule in D. Zu Beginn des Jahres wurde die Durchführung einer einwöchigen Klassenfahrt auf die Nordseeinsel Norderney beschlossen. Die Eltern der Schüler wurden auf einem Elternabend über die geplante Klassenfahrt im Einzelnen unterrichtet. In der folgenden Woche erbat die Klassenlehrerin mit Schreiben vom 26.02. von den Eltern der teilnehmenden Kinder deren Einverständnis. Diesem Schreiben war eine Aufstellung über den auf jeden Schüler entfallenden Kostenanteil i.H.v. 150 € beigefügt. Am 02.03. erklärten sich die Eltern des S auf dem ebenfalls beigefügten Anmeldeformular damit einverstanden, dass ihr Sohn an der Klassenfahrt teilnimmt. Nachdem die Klassenfahrt plangemäß durchgeführt wurde, forderte der Schulleiter die Eltern des S mehrfach auf, den Kostenanteil von 150 € zu begleichen. Auch auf eine letzte Mahnung leisteten die Eltern nicht. Sie lehnen die Zahlung insbesondere mit der Begründung ab, dass kein wirksamer Vertrag zwischen ihnen und der Schule zustande gekommen sei.

Hat das Land einen Anspruch auf Kostenerstattung und wie könnte dieser durchgesetzt werden?

Hinweis: Die Vorschriften des LVwVfG sind wortlautidentisch mit denen des VwVfG des Bundes. Spezialvorschriften für die Kostenerstattung existieren nicht.

Da der Schulleiter als Landesbehörde gehandelt hat, ist auf das LVwVfG abzustellen.

A. Dem Land L könnte gegen die Eltern des S ein Anspruch auf Zahlung der 150 € aufgrund eines **öffentlich-rechtlichen Vertrages** gemäß § 54 LVwVfG zustehen.

I. Dann müsste der **Anspruch entstanden** sein.

1. Voraussetzung hierfür ist das **Bestehen eines öffentlich-rechtlichen Vertrages** zwischen den Eltern und dem Land L gemäß §§ 54 ff. LVwVfG.

a) Ein öffentlich-rechtlicher Vertrag setzt voraus, dass der **Vertragsgegenstand** öffentlich-rechtlicher Natur ist. Das ist der Fall, wenn sich der Inhalt auf ein öffentlich-rechtliches Rechtsverhältnis bezieht (§ 54 S. 1 LVwVfG). Die Erklärung der Eltern vom 02.03., mit der diese ihr Einverständnis zu der Teilnahme an der Klassenfahrt erklärten, bezog sich auf eine Maßnahme, die im Sachzusammenhang mit dem öffentlich-rechtlichen Schulverhältnis stand. Klassenfahrten sind schulische Veranstaltungen, die ihre Grundlage im SchulG finden. Die mit einer Klassenfahrt verbundenen Zahlungspflichten nehmen aus diesem Grund an dem öffentlich-rechtlichen Charakter des Schulverhältnisses teil.[98] Damit handelt es sich im vorliegenden Fall um eine verwaltungsrechtliche Materie i.S.d. § 54 LVwVfG.

b) Es müsste sich außerdem um eine **vertragliche Regelung** handeln. Hierfür ist eine zweiseitige Vereinbarung erforderlich, auf deren Zustandekommen sowohl die Eltern als auch die Schule gleichberechtigten Einfluss genommen haben. Eine vertragliche Regelung wäre demgegenüber nicht anzunehmen, wenn es sich lediglich um einen mitwirkungsbedürftigen

---

98 Vgl. VG Stuttgart RÜ 2011, 130 ff.; ebenso VG Gelsenkirchen, Gerichtsbescheid v. 05.04.2018 – 10 K 6140/17.

Verwaltungsakt handelt, bei dem die Behörde hoheitlich, allerdings unter notwendiger Zustimmung des Adressaten, einen Sachverhalt einseitig regelt (wie z.B. bei der Beamtenernennung).

Im vorliegenden Fall wurde eine solche einseitige hoheitliche Verfügung nicht getroffen; vielmehr stand es den Eltern des S frei, ob diese die Teilnahme des S an der Klassenfahrt ermöglichen oder nicht. Aus diesem Grund lag kein mitwirkungsbedürftiger Verwaltungsakt, sondern eine **vertragliche Vereinbarung** vor.

2. Ein Anspruch besteht daraus nur, wenn der **Vertrag wirksam** zustande gekommen ist.

a) Die Parteien müssen sich über das Zustandekommen eines Vertrages **geeinigt** haben (§ 62 S. 2 LVwVfG i.V.m. §§ 145 ff. BGB).

aa) Das Schreiben vom 26.02., mit dem die Schule um das Einverständnis der Eltern zur Teilnahme des S an der schulischen Veranstaltung gebeten hat, beinhaltet ein Angebot zum Abschluss eines Vertrages über die Teilnahme des S an der Klassenfahrt.

bb) Mit der Erklärung der Eltern vom 02.03., mit der diese sich auf die Anfrage der Schule mit der Teilnahme des Sohnes an der Klassenfahrt einverstanden erklärt haben, ist dieses Angebot auch angenommen worden. Zwar handelt es sich dem Wortlaut nach nur um ein Einverständnis zur Teilnahme des S an der Fahrt. Daraus ergibt sich jedoch konkludent auch, dass die Kosten von den Eltern übernommen werden sollen. Die Anmeldung zur Klassenfahrt beinhaltet daher zugleich ein **abstraktes Schuldanerkenntnis** zur Tragung der Kosten (§ 62 S. 2 VwVfG i.V.m. § 781 S. 1 BGB).[99]

Damit haben sich die Parteien über die Kostenpflicht geeinigt.

b) Hierbei müsste die gemäß § 57 VwVfG vorgeschriebene **Schriftform** eingehalten worden sein.

aa) Das Schriftformerfordernis ist gemäß § 126 Abs. 1, Abs. 2 S. 1 BGB grundsätzlich nur dann gewahrt, wenn der Vertragstext in einer Urkunde aufgenommen wurde und von allen Vertragsschließenden oder ihren Vertretern auch tatsächlich unterschrieben wird **(Grundsatz der Urkundeneinheit)**.[100] Hier fehlt es an der schriftlichen Annahmeerklärung der Schule auf dem Anmeldeformular, sodass diese Anforderungen im vorliegenden Fall nicht erfüllt sind.

bb) Allerdings gilt diese Formstrenge nicht ausnahmslos. Formvorschriften sind **kein Selbstzweck** und deshalb unter Berücksichtigung ihres Sinngehalts auszulegen und anzuwenden. Sinn und Zweck der in § 57 VwVfG normierten Schriftform ist vor allem die Warn- und Beweisfunktion. Deshalb hat die Rspr. bei Verwaltungsträgern z.B. einen Briefwechsel genügen lassen, wenn die Zusammengehörigkeit der beiderseitigen Erklärungen aus den Umständen zweifelsfrei ersichtlich ist.[101] Ebenso hat die Rspr. bei den Bürger einseitig verpflichtenden Verträgen auf die Urkundeneinheit verzichtet, wenn die Behörde unmissverständlich ihre Annahme erklärt hat.[102]

---

99 VG Stuttgart RÜ 2011, 130, 131.
100 OVG Lüneburg NJW 1998, 2921.
101 BVerwG NVwZ 2005, 1083, 1084.

cc) Insoweit ist hier zu berücksichtigen, dass die Eltern in das **Schulverhältnis** eingebunden sind und der Verwaltung nicht als Außenstehende gegenüberstehen. Im Rahmen dieses Rechtsverhältnisses sind aus Gründen der Praktikabilität an die Form der Gestaltung einzelner Pflichten geringere Anforderungen zu stellen als im sonstigen Verhältnis zwischen Bürger und Staat. Durch die Planung und Organisation von Klassenfahrten, die Information der Eltern in vorbereitenden Veranstaltungen, wie z.B. Elternabenden, und die Verteilung von Anmeldeformularen gibt die Schule zweifelsfrei zu erkennen, dass sie die Klassenfahrt durchführen will und die Anmeldungen der Teilnehmer als verbindlich ansieht.[103]

Daher ist vorliegend der Zweck der Formvorschrift erfüllt, sodass die von § 57 LVwVfG vorausgesetzte Schriftform als gewahrt angesehen werden kann.

c) Beteiligungsrechte **Dritter** i.S.d. § 58 LVwVfG bestanden nicht.

d) Schließlich dürften gemäß § 59 LVwVfG **keine Nichtigkeitsgründe** gegeben sein.

aa) Spezielle Nichtigkeitsgründe gemäß § 59 Abs. 2 LVwVfG sind nicht ersichtlich, insbesondere kann die Gegenleistung i.H.v. 150 € nicht als unangemessen angesehen werden (§ 59 Abs. 2 Nr. 4 LVwVfG).

bb) Auch für eine **Nichtigkeit** nach § 59 Abs. 1 LVwVfG i.V.m. den Vorschriften des BGB (z.B. §§ 134, 138 BGB) bestehen keine Anhaltspunkte.

Der Anspruch auf Zahlung ist damit entstanden.

II. Der Anspruch ist **nicht untergegangen**.

III. Mangels Einreden ist der Anspruch schließlich auch **durchsetzbar**.

Damit steht dem Land L gegen die Eltern des S ein Anspruch auf Zahlung von 150 € gemäß §§ 54, 62 S. 2 LVwVfG i.V.m. § 781 S. 1 BGB zu.

B. Der Zahlungsanspruch kann durch Leistungsbescheid nur **durchgesetzt** werden, wenn die Behörde zum Erlass eines Verwaltungsakts befugt ist. Ein öffentlich-rechtlicher Vertrag ist indes **keine Ermächtigungsgrundlage** für den Erlass eines Verwaltungsaktes. Hat sich die Behörde durch Abschluss eines Vertrages auf die Ebene der Gleichordnung begeben, darf sie im Nachhinein nicht einseitig hoheitlich durch Verwaltungsakt handeln.[104] Insoweit fehlt die sog. VA-Befugnis.

Die Behörde muss daher zur Durchsetzung des Anspruchs **Leistungsklage** vor dem Verwaltungsgericht erheben.

---

102 BVerwG NJW 1996, 608, 610.
103 VG Stuttgart RÜ 2011, 130, 132; ebenso OVG NRW RÜ2 2016, 47, 48.
104 BVerwG NJW 1990, 2700, 2702.

5. Abschnitt: Ansprüche im Verwaltungsrecht

1. Der allgemeine Abwehr- und Unterlassungsanspruch

Fall 23: Abwehr rechtswidriger Eingriffe

In der Bundesrepublik Deutschland verdichten sich Hinweise, wonach Weine vertrieben werden, in denen Diethylenglykol enthalten ist. Diese süßliche Substanz wird üblicherweise als Frostschutz- und chemisches Lösungsmittel eingesetzt. Nachdem Untersuchungen der für die Weinüberwachung zuständigen Behörden den Verdacht erhärteten und die Berichterstattung in den Medien zu einer zunehmenden Verunsicherung der Verbraucher führte, gab das für den Verbraucherschutz zuständige Bundesministerium B eine Liste heraus, auf denen Weine und andere Erzeugnisse aufgeführt wurden, in denen Diethylenglykol festgestellt wurde. Diese Liste wurde veröffentlicht und konnte von jedem im Internet eingesehen werden. In der Liste wurde ausdrücklich darauf hingewiesen, dass allein aus der Lagebezeichnung des Weines nicht geschlossen werden könne, dass alle aus dieser Lage stammenden Weine mit der Substanz versetzt seien.

A betreibt eine Weinkellerei und wurde unter namentlicher Bezeichnung in der Rubrik Abfüller mit einigen Produkten aufgenommen. Er hält die Aufnahme in die Liste für rechtswidrig, da damit auch seine einwandfreien Weine in Verruf geraten sind. Er verlangt daher von B, die Veröffentlichung der Liste zu unterlassen. Zu Recht?

Hinweis: Es ist davon auszugehen, dass eine spezialgesetzliche Grundlage für die Maßnahme nicht vorhanden ist.

ör Abwehr- und Unterlassungsanspruch

I. Rechtsgrundlage

II. Voraussetzungen
  1. hoheitlicher Eingriff
  2. subj. öffentl. Recht
  3. Eingriff rw
  4. Eingriff dauert an/ steht bevor

III. Rechtsfolge

A könnte einen Anspruch auf Unterlassung der weiteren Veröffentlichung aufgrund eines sog. **öffentlich-rechtlichen Abwehr- und Unterlassungsanspruch** haben.

I. Die **dogmatische Herleitung** dieses gesetzlich nicht geregelten Anspruchs ist in Rechtsprechung und Literatur umstritten. Überwiegend wird auf die Abwehrfunktion der Grundrechte abgestellt. Diese umfasse nicht nur die Verpflichtung des Staates, rechtswidrige Folgen von Amtshandlungen wieder zu beseitigen, sondern schließe auch ein, rechtswidrige Eingriffe in subjektive Rechte von vornherein zu unterlassen. Teilweise wird aufgrund der strukturellen Nähe zum zivilrechtlichen Unterlassungsanspruch § 1004 BGB analog herangezogen. Beide Begründungen schließen sich allerdings nicht aus, sondern ergänzen sich gegenseitig. Im Ergebnis ist heute jedenfalls **gewohnheitsrechtlich anerkannt**, dass der Staat rechtswidrige hoheitliche Eingriffe in subjektive Rechte unterlassen muss.

II. Voraussetzungen

Der Anspruch setzt einen rechtswidrigen hoheitlichen Eingriff in ein subjektives öffentliches Recht voraus, der andauert oder bevorsteht.

1. Die Veröffentlichung der Liste durch das Bundesministerium beruhte auf vermeintlich öffentlich-rechtlichen Befugnissen, sodass ein **hoheitliches Handeln** vorliegt.

2. Dadurch müsste in ein **subjektives Recht** des A eingegriffen worden sein. In Betracht kommt ein Eingriff in die durch Art. 12 Abs. 1 GG geschützte Berufsfreiheit.

a) Im Sinne des klassischen Eingriffsbegriffs wäre dies nur dann zu bejahen, wenn der Staat final und unmittelbar in die Rechte des A eingegriffen hätte. Hier traten die nachteiligen Wirkungen bei A aber nicht unmittelbar aufgrund der hoheitlichen Maßnahme ein, sondern erst aufgrund der Veränderung des Konsumentenverhaltens. Ein **unmittelbarer Grundrechtseingriff** liegt daher nicht vor.

b) Allerdings ist anerkannt, dass auch **mittelbare Beeinträchtigungen** einen Grundrechtseingriff darstellen können, wenn sie dem Staat zurechenbar sind. Dabei wird überwiegend darauf abgestellt, ob das staatliche Handeln nach seiner **Zielsetzung** und seinen **Wirkungen** einem klassischen Eingriff gleichkommt. Dies wird bei amtlichen Informationen bejaht, wenn sie konkret individualisierte Unternehmen betreffen, das Konsumentenverhalten zweckgerichtet beeinflussen und so die Markt- und Wettbewerbssituation zum Nachteil der betroffenen Unternehmen verändern.[105]

aa) Im vorliegenden Fall war vorhersehbar, so dass infolge der Warnhinweise das Konsumentenverhalten auch bzgl. der an sich nicht belasteten Weine zum Nachteil des namentlich benannten A beeinflusst wurde, sodass danach ein Grundrechtseingriff bejaht werden könnte.

Die Rspr. prüft die „rechtlichen Vorgaben“ für die staatliche Informationstätigkeit (dogmatisch nicht korrekt) als Frage der Schutzbereichsbegrenzung. Die Lit. bejaht dagegen einen Eingriff und prüft die „rechtlichen Vorgaben“ zutreffend im Rahmen der verfassungsrechtlichen Rechtfertigung. Im Ergebnis bestehen zwischen beiden Auffassungen i.d.R. keine Unterschiede.

bb) Die Gegenansicht[106] nimmt jedoch bei mittelbaren Grundrechtsbeeinträchtigungen bestimmte staatliche Maßnahmen bereits aus dem Schutzbereich des betroffenen Grundrechts heraus (sog. **eingriffsbezogene Schutzbereichsbestimmung**). Art. 12 Abs. 1 GG schützt danach nicht vor Einflüssen auf wettbewerbsbestimmende Faktoren. Insbesondere biete dieses Grundrecht keinen Schutz vor Kritik an den Produkten eines Unternehmens. Zwar umfasse Art. 12 Abs. 1 GG auch das Recht auf eigene Außendarstellung, vermittle aber keinen Schutz vor der Verbreitung zutreffender und sachlich gehaltener Informationen am Markt, die für das wettbewerbliche Verhalten der Marktteilnehmer von Bedeutung sein können, selbst wenn die Inhalte sich auf einzelne Wettbewerbspositionen nachteilig auswirken.[107] Danach stellt eine staatliche Informationstätigkeit schon **keinen Eingriff** in den Schutzbereich des Art. 12 Abs. 1 GG dar, wenn die rechtlichen Vorgaben im Übrigen beachtet werden.

cc) Die Lit. kritisiert hieran zu Recht, dass hierbei nicht eindeutig zwischen Eingriff und dessen Rechtfertigung unterschieden werde. Ein Grundrechtseingriff liegt immer dann vor, wenn mit der Informationstätigkeit dieselbe Wirkung wie mit einer klassischen Eingriffsmaßnahme (z.B. einem Verbot) erstrebt wird (sog. funktionales Äquivalent).[108]

Hiernach stellt die Veröffentlichung der Liste einen Eingriff in die Berufsfreiheit dar, da die Veränderung des Konsumentenverhaltens eine **typische, objektiv vorhersehbare Nebenfolge** des staatlichen Handelns war und nicht nur ein bloßer Reflex.

---

105 BVerfG RÜ 2018, 450, 453.
106 BVerfG NJW 2002, 2621, 2622; ebenso BVerwG RÜ 2015, 391, 395.
107 So z.B. BVerfG NJW 2002, 2621, 2622; im Grundsatz auch BVerfG RÜ 2018, 450, 453.
108 So im Ergebnis nunmehr auch BVerfG RÜ 2018, 450, 453.

3. Der **Eingriff** müsste **rechtswidrig** sein.

a) Das ist bereits dann der Fall, wenn das Bundesministerium für die Informationstätigkeit gar nicht **zuständig** war.

aa) Nach der Rspr. folgt die Zuständigkeit unmittelbar aus Art. 65 GG. Die Informationstätigkeit der Bundesregierung sei Ausdruck staatsleitender Kompetenzen. Hierzu gehöre auch die rechtzeitige Information der Öffentlichkeit in Konfliktlagen mit überregionaler Bedeutung.[109]

bb) Die Lit. verweist demgegenüber darauf, dass die Ausführung von Gesetzen grds. Sache der Länder ist (Art. 83 GG). Fehle es an einer ausdrücklichen Zuständigkeit des Bundes, liege die Zuständigkeit für Informationshandeln bei den Ländern.[110]

cc) Dagegen spricht jedoch, dass die Bundesregierung bei Information der Öffentlichkeit nicht als Verwaltungsorgan, sondern als Organ der Staatsleitung tätig wird. Nach Art. 65 GG darf die Bundesregierung daher Informationen verbreiten, wenn sie sich auf Vorgänge mit überregionalem Charakter beziehen und eine bundesweite Information die Effektivität der Problembewältigung fördert.

Dies war hier der Fall. Der Glykolskandal hatte bundesweite Bedeutung, sodass eine gesamtstaatliche Gefährdung angenommen werden konnte. Damit handelte das Bundesministerium innerhalb des ihm gemäß Art. 65 GG zugewiesenen Aufgabenbereiches.

b) Der Eingriff könnte aber deswegen rechtswidrig sein, weil keine ausreichende **Ermächtigungsgrundlage** für das staatliche Handeln besteht. Nach dem aus dem Rechtsstaatsprinzip des Art. 20 Abs. 3 GG abzuleitenden Grundsatz vom **Vorbehalt des Gesetzes** erfordert jede grundrechtsrelevante Maßnahme eine ausdrückliche gesetzliche Ermächtigung.

aa) Dies gilt jedenfalls dann, wenn ein **unmittelbarer** Grundrechtseingriff vorliegt. Ein solcher liegt hier indes nicht vor.

bb) Bei bloß **mittelbaren Eingriffen** stellt die Rspr. dagegen geringere Anforderungen an die Regelungsdichte der den Eingriff rechtfertigenden Norm. Grundrechte schützen zwar nicht nur vor unmittelbaren, sondern auch vor mittelbaren Eingriffen, aber nicht in gleicher Intensität. Insbesondere bei staatlicher Informationstätigkeit soll sich die Befugnis des Hoheitsträgers bereits aus dem **Sachzusammenhang mit seinem Aufgabenbereich** ergeben.[111]

cc) Ein Teil der Lit. hält diesen Ansatz für verfehlt, da es sich um einen unzulässigen Schluss von der Aufgabe auf die Befugnis handele. Wenn der Staat eine bestimmte Aufgabe wahrnehmen dürfe, heiße das noch nicht, dass ihm hierfür auch sämtliche Mittel zur Verfügung stehen, die für die Wahrnehmung der Aufgabe erforderlich sind. Hierfür bedürfe es vielmehr einer besonderen Ermächtigungsgrundlage.[112]

---

109 BVerfG NJW 2002, 2621, 2623; NJW 2002, 2626, 2630.
110 Hellmann NVwZ 2005, 163, 166.
111 BVerfG NJW 2011, 511, 512; NJW 2002, 2621, 2623.
112 Vgl. AS-Skript Verwaltungsrecht AT 2 (2019), Rn. 553.

dd) Gegen ein solches Verständnis spricht jedoch die Vielgestaltigkeit der denkbaren Eingriffslagen bei mittelbaren Grundrechtsbeeinträchtigungen, die der Gesetzgeber gar nicht alle erfassen kann. Möglich und ausreichend ist es i.d.R. nur, die Aufgabe zu normieren. Hält sich das staatliche Handeln im Rahmen der zugewiesenen Aufgabe, ist dem Vorbehalt des Gesetzes bei mittelbaren Beeinträchtigungen Genüge getan.

Danach reicht es vorliegend aus, dass die Veröffentlichung der Liste im Sachzusammenhang mit der **Befugnis des Bundesministeriums** zum Informationshandeln nach Art. 65 GG steht.

c) Die Information muss im Übrigen **rechtmäßig** sein, insbes. inhaltlich zutreffend, sachlich formuliert und sich auf das zur Informationsgewinnung erforderliche Maß beschränken, also **verhältnismäßig** sein.

Vorliegend entsprach die Liste dem zum Zeitpunkt der Veröffentlichung bestehenden Kenntnisstand. Zudem wurde ausdrücklich auf etwaige noch bestehende Unsicherheiten hingewiesen. Die Darstellung war sachlich gehalten und beschränkte sich zudem auf den zur Information notwendigen Umfang.

Damit erfüllt die Veröffentlichung der Liste die rechtlichen Vorgaben für staatliche Informationstätigkeit, sodass nach teilweise vertretener Ansicht schon der Schutzbereich des Art. 12 Abs. 1 GG nicht betroffen ist. Nach der hier vertretenen Gegenansicht liegt zwar ein mittelbarer Grundrechtseingriff vor, dieser ist jedoch rechtmäßig.

Ergebnis: Ein Unterlassungsanspruch besteht nicht.

Fall 24: Unterlassungsansprüche bei Drittbeteiligung

Die Stadt S hat zum Zwecke der Abfallentsorgung an der K-Straße einen Altglascontainer sowie einen Altpapiercontainer aufgestellt. Einige Wochen später zeigt sich deutlicher Unmut in der Nachbarschaft: Nachbar A beklagt sich vor allem über Geräuschimmissionen durch den Einwurf des Altglases in die Container, die bis spät in den Abend andauern. Nachbar B ärgert sich vor allem darüber, dass er regelmäßig sein Grundstück von umherfliegendem Altpapier reinigen muss. Tatsächlich legen viele Nutzer der Entsorgungsanlage Altpapier neben dem dafür vorgesehenen Container ab, da dieser deutlich zu klein dimensioniert ist.

A wendet sich mit dem Anliegen an die Stadt, jedenfalls die Lärmbelästigungen nach 20.00 Uhr zu unterbinden. Die Stadt lehnt ein Einschreiten mit der Begründung ab, dass sie – was zutrifft – durch entsprechende Hinweisschilder ausdrücklich klargestellt hat, dass eine Nutzung nach 20.00 Uhr und an Sonn- und Feiertagen unzulässig sei. Die Einhaltung der Nutzungszeiten werde durch stichprobenartige Kontrollen überprüft. Die Stadt habe es nicht zu verantworten, wenn einzelne Bürger dies missachteten.

Auch B bleibt mit seinem Begehren, die Stadt zum Einschreiten zu bewegen, ohne Erfolg. Ihm gegenüber erklärt die Stadt ebenfalls, sie habe durch die Anbringung von Schildern darauf hingewiesen, dass eine Ablage von Altpapier neben dem Container ausdrücklich untersagt sei.

Können A und B ein Einschreiten der Stadt S beanspruchen?

A. Anspruch des A wegen der **Lärmimmissionen**

I. Als Anspruchsgrundlage kommt **§ 22 BImSchG** in Betracht, da es um die Abwehr von Immissionen einer nicht genehmigungsbedürftigen Anlage geht.

1. Da diese Vorschrift nur die **Befugnisse** der Behörde regelt, ist schon fraglich, ob sich daraus überhaupt ein **Anspruch** für den Bürger ergeben kann. Eine solche Anspruchsqualität ist zu bejahen, wenn die Norm neben der Befugnis der Behörde zugleich ein **subjektives Recht** für den Bürger beinhaltet, d.h. wenn die Norm zumindest auch dem Schutz der Rechte des Dritten zu dienen bestimmt ist, nicht dagegen, wenn die Norm ausschließlich öffentliche Interessen verfolgt. § 22 BImSchG hat über den Begriff der „schädlichen Umwelteinwirkungen" (§ 3 Abs. 1 BImSchG) drittschützende Wirkung und kann deshalb grds. **anspruchsbegründende Wirkung** haben.[113]

2. Das Ordnungsrecht gilt jedoch nur im Verhältnis zur Ordnungsbehörde, dagegen **nicht unmittelbar zwischen Störer und Gestörtem**, unabhängig davon, ob es sich um einen privaten Störer oder einen störenden Hoheitsträger handelt. § 22 BImSchG begründet daher **keinen selbständigen Abwehranspruch** gegen den Störer, auch wenn es sich wie hier um einen störenden Hoheitsträger handelt.[114]

---

113 Vgl. AS-Skript Verwaltungsrecht AT 2 (2019), Rn. 586.

114 VGH Mannheim RÜ 2014, 603, 605.

II. Der Anspruch des A könnte sich aus dem allgemeinen **öffentlich-rechtlichen Abwehr- und Unterlassungsanspruch** ergeben.

1. Dieser gesetzlich nicht geregelte Anspruch wird überwiegend unmittelbar aus der Abwehrfunktion der Grundrechte hergeleitet. Andere greifen auf den Rechtsgedanken des § 1004 BGB zurück. Unabhängig von der unterschiedlichen dogmatischen Herleitung ist der öffentlich-rechtliche Abwehr- und Unterlassungsanspruch jedenfalls **gewohnheitsrechtlich anerkannt**.

2. Voraussetzung des Anspruchs ist, dass durch hoheitliches Handeln rechtswidrig in ein subjektives Recht eingegriffen wird und der Eingriff andauert oder bevorsteht.

a) Mit der Aufstellung der Entsorgungscontainer nimmt die Stadt S eine Aufgabe im Rahmen der Daseinsvorsorge wahr, die typischerweise hoheitlich ausgestaltet ist. Damit liegt ein **hoheitliches Handeln** vor.

b) Hierdurch müsste **in ein subjektives öffentliches Recht eingegriffen** worden sein.

aa) Die mit der Nutzung des Altglascontainers verbundenen Immissionen greifen in das subjektives Recht des A auf Eigentum (Art. 14 Abs. 1 GG) ein.

bb) Fraglich ist indessen, ob das hoheitliche Handeln auch **kausal für den Eingriff** ist, mit anderen Worten, ob die Auswirkungen der Stadt zugerechnet werden können.

(1) Unproblematisch ist die Zurechnung, wenn der Eingriff **unmittelbar** auf dem hoheitlichen Handeln beruht. A wendet sich jedoch nicht gegen die Aufstellung des Containers als solches, sondern gegen die durch die Nutzung der Anlage auftretende Lärmbelästigung. Diese wird nicht durch den Hoheitsträger selbst hervorgerufen, sondern durch die Nutzer der Anlage. Damit liegt ein unmittelbarer Eingriff nicht vor.

(2) Werden die Beeinträchtigungen **mittelbar** durch Dritte hervorgerufen, so ist die Zurechnung nur zu bejahen, wenn dem Hoheitsträger das Verhalten des Dritten zugerechnet werden kann. Das ist der Fall, wenn der Hoheitsträger das Verhalten der unmittelbaren Störer steuert oder durch sein Verhalten eine **typische Gefährdungslage** für die subjektiven Rechte des Betroffenen geschaffen hat.[115]

Dies ist anzunehmen, wenn die Störungen aus einer **bestimmungsgemäßen Nutzung** der öffentlichen Einrichtung resultieren. Dagegen sind Störungen durch eine **missbräuchliche Nutzung** dem Hoheitsträger grds. nicht zurechenbar, da sie auf der eigenverantwortlichen Entscheidung Dritter beruhen. Immissionen, die sich aus der üblichen Nutzung eines Altglas-Containers ergeben, muss sich die Behörde daher zurechnen lassen, nicht dagegen die missbräuchliche Nutzung in Ruhezeiten.[116] Etwas anderes gilt nur dann, wenn die Behörde zumutbare Sicherungs- und Kontrollmaßnahmen unterlassen hat.

Hier hat die Stadt entsprechende Hinweisschilder angebracht und die Einhaltung der Nutzungszeiten stichprobenartig kontrolliert. Weitergehende

---

115 HessVGH RÜ 2011, 810, 813.

116 Vgl. VGH BW NVwZ-RR 2017, 653, 654; HessVGH RÜ 2011, 810, 813.

Sicherungsmaßnahmen, insbes. eine ständige Kontrolle, sind nicht zumutbar. Damit sind die Beeinträchtigungen, die sich aus der Nutzung nach 20.00 Uhr ergeben, der Stadt **nicht zurechenbar**.

A hat daher keinen Anspruch gegen die Stadt S auf Unterbindung der Lärmimmissionen.

B. Anspruch des B wegen des umherfliegenden Altpapiers

Auch der Anspruch des B kann sich mangels spezialgesetzlicher Grundlagen nur aus dem gewohnheitsrechtlich anerkannten allgemeinen öffentlich-rechtlichen **Abwehr- und Unterlassungsanspruch** ergeben.

I. Voraussetzungen

1. Ein **Eingriff in das subjektive öffentliche Recht** aus dem Eigentum des B nach Art. 14 GG liegt vor. Fraglich ist allerdings auch hier, ob das **hoheitliche Handeln kausal** für den Eingriff ist.

a) Das von B beklagte Umherfliegen des Papiers resultiert aus der Nutzung der Einrichtung durch Dritte und ist demzufolge **keine unmittelbare Folge** des Aufstellens des Containers als hoheitlichem Handeln.

b) Die Stadt wäre jedoch als **mittelbare Störerin** gleichwohl verantwortlich, wenn ihr die Störung **zugerechnet** werden kann. Dies ist insbes. der Fall, wenn der Hoheitsträger eine typische Gefährdungslage für die subjektiven Rechte des Bürgers geschaffen hat.[117]

Das Umherfliegen des Papiers ist Folge der Aufstellung eines objektiv **zu klein dimensionierten** Containers und damit typische Folge des hoheitlichen Handelns. Dem steht auch der Umstand nicht entgegen, dass nach der angebrachten Beschilderung ein Ablegen des Altpapiers neben dem Container ausdrücklich untersagt ist. Die Zurechnung ist nämlich zu bejahen, wenn das missbräuchliche Verhalten Dritter **vorhersehbar** oder in Kauf genommen worden ist. Dies war hier aufgrund der Unterdimensionierung des Containers der Fall, sodass bzgl. des Altpapiers, anders als beim Altglas, die Zurechnung bejaht werden kann.

2. Der **Eingriff** müsste **rechtswidrig** sein. Das ist dann der Fall, wenn der Betroffene nicht zur Duldung des Zustandes verpflichtet ist. Solche Duldungspflichten können etwa durch Verwaltungsakt oder Vertrag begründet werden, aber auch kraft Gesetzes bestehen.

Eine **gesetzliche Duldungspflicht** ist hier zwar nicht ausdrücklich geregelt. Aus dem Umkehrschluss aus §§ 3, 22 BImSchG ergibt sich jedoch, dass auch hoheitliche Beeinträchtigungen zu dulden sind, wenn durch sie **keine schädlichen Umwelteinwirkungen** i.S.d. § 3 Abs. 1 BImSchG hervorgerufen werden.

a) Bei von dem Betrieb öffentlicher Einrichtungen ausgehenden Beeinträchtigungen sind deshalb die durch das BImSchG gezogenen Grenzen zu beachten. Ob **schädliche Umwelteinwirkungen** vorliegen, richtet sich vor allem danach, ob im konkreten Einzelfall das Maß des Zumutbaren überschritten wird. Bei dieser Abwägung kommt es entscheidend auf Art, Intensität und Dauer der Immissionen an.[118]

---

117 VGH BW NVwZ 2012, 837, 839.

118 OVG RP RÜ 2010, 734, 736.

b) Bei der danach gebotenen **situationsbezogenen Abwägung** der widerstreitenden Interessen ist im vorliegenden Fall insbesondere zu berücksichtigen, dass Papier in **erheblichem Umfang** auf das Grundstück des B weht und dieser Umstand auch bei normalen Windverhältnissen auftritt. Auch kann die Stadt S durch die Aufstellung eines ausreichend dimensionierten Containers die Beeinträchtigungen ohne Weiteres beseitigen. Berücksichtigt man diese widerstreitende Interessenlage, ist die dauerhafte Belastung des Grundstücks des B mit Altpapier für diesen **nicht zumutbar**. Die Beeinträchtigung ist demzufolge rechtswidrig, sodass eine Duldungspflicht des B nicht besteht. Der Eingriff ist rechtswidrig.

3. Schließlich setzt der Abwehr- und Unterlassungsanspruch voraus, dass der Eingriff bevorsteht oder – wie hier – **andauert**.

II. Als **Rechtsfolge** kann B von der Stadt S beanspruchen, dass die Beeinträchtigung im Umfang ihrer Rechtswidrigkeit unterbleibt. Dies kann in einem schlichten Unterlassen bestehen, soweit erforderlich allerdings auch auf ein positives Tun gerichtet sein, mit dem die Beeinträchtigungen verhindert werden. Hier ist der Anspruch daher auf die Aufstellung eines ausreichend dimensionierten Altpapier-Containers gerichtet.

2. Der allgemeine Folgenbeseitigungsanspruch

Fall 25: Folgenbeseitigung

Die Stadt S möchte mit der Aufstellung eines Kunstwerkes zu einer Auseinandersetzung mit den Verbrechen während der nationalsozialistischen Gewalt- und Willkürherrschaft beitragen. Nach längerer Diskussion im Gemeinderat schließt die Stadt mit dem Künstler B einen Vertrag, wonach dieser im Rahmen seiner künstlerischen Freiheit auf Grundlage vorgegebener Themen einen Brunnen für den Marktplatz schaffen soll. Unter dem Titel „Die heutige Zeit blickt über die Geschichte" entwickelt B eine Plastik, die auf Bronzerelieftafeln einzelne Szenen aus der Stadtgeschichte darstellt. Nachdem der Brunnen auf dem Marktplatz errichtet und vom Bürgermeister nach Abnahme des Werkes der Öffentlichkeit übergeben wird, verlangt K, der sich bereits zuvor gegen die Aufstellung des Brunnens gewandt hat, von der Stadt die Entfernung einer der Relieftafeln. Auf dieser wird eine Szene dargestellt, in welcher Einwohner jüdischen Glaubens von Uniformierten vertrieben werden. Der Anführer der Verfolger, der in einer Hand ein Messer und in der anderen ein Gewehr trägt, weist die Gesichtszüge des K auf. Die Stadt lehnt eine Entfernung der Tafel ab. Sie verweist auf „die ihr zustehende Kunstfreiheit". Jedenfalls dürfe sie nicht in das künstlerische Schaffen des B eingreifen.

Hat K einen Anspruch auf Entfernung der Relieftafel?

A. Der Anspruch des K könnte sich aus dem gewohnheitsrechtlich anerkannten öffentlich-rechtlichen **Abwehr- und Unterlassungsanspruch** ergeben. Dieser ist darauf gerichtet, einen **rechtswidrigen Eingriff** abzuwehren. Er greift daher nicht ein, wenn es um die Beseitigung der **Folgen** einer Maßnahme geht.

Hier begehrt K die Beseitigung der Relieftafel. Es geht ihm also nicht um die Abwehr eines andauernden Eingriffs, sondern um die Beseitigung eines rechtswidrigen Zustandes. Dieses Begehren wird vom Abwehr- und Unterlassungsanspruch nicht erfasst.

B. Möglicherweise könnte K die Beseitigung aufgrund eines **allgemeinen Folgenbeseitigungsanspruchs** (FBA) beanspruchen.

Anders als beim Abwehr- und Unterlassungsanspruch geht es beim Folgenbeseitigungsanspruch nicht um die Abwehr bzw. Verhinderung des Eingriffs selbst, sondern um die Beseitigung der Folgen des Eingriffs.

I. Rechtsgrundlage

Ebenso wie der allgemeine Abwehr- und Unterlassungsanspruch wird auch der FBA überwiegend aus der Abwehrfunktion der Grundrechte[119] oder aus dem Rechtsstaatsprinzip (Art. 20 Abs. 3 GG)[120] und dem sich hieraus ergebenden Grundsatz der Gesetzmäßigkeit der Verwaltung hergeleitet. Teilweise wird zudem auf die Rechtsschutzgarantie des Art. 19 Abs. 4 GG abgestellt oder eine analoge Anwendung der §§ 1004, 12, 862 BGB befürwortet.[121]

---

119 BVerwGE 82, 76, 95.

120 BVerwGE 69, 366, 370.

121 Vgl. Maurer/Waldhoff § 30 Rn. 5.

Folgenbeseitigungsanspruch (FBA)

I. Rechtsgrundlage

II. Voraussetzungen

1. hoheitlicher Eingriff
2. subj. öffentl. Recht
3. rw Zustand
4. Fortdauer des rw Zustandes

III. Rechtsfolge

IV. Ausschlussgründe

1. tatsächl. u. rechtl. Möglichkeit
2. Unzumutbarkeit
3. § 242 BGB analog

Unabhängig von diesen unterschiedlichen dogmatischen Begründungsansätzen ist der allgemeine FBA jedenfalls **gewohnheitsrechtlich** als materiell-rechtlicher Wiederherstellungsanspruch **anerkannt** und bildet damit eine geeignete Anspruchsgrundlage.

II. Voraussetzungen

1. Nach allgemeiner Auffassung setzt ein Anspruch auf Folgenbeseitigung voraus, dass durch einen hoheitlichen Eingriff in ein subjektives öffentliches Recht ein rechtswidriger, noch andauernder Zustand geschaffen wurde.[122]

a) Als **subjektives Recht** kommt im vorliegenden Fall das aus Art. 2 Abs. 1 i.V.m. Art. 1 Abs. 1 GG folgende allgemeine Persönlichkeitsrecht des K in Betracht. Dieses schützt u.a. die persönliche Ehre und gewährleistet Schutz jedenfalls vor verfälschenden oder entstellenden Darstellungen einer Person, die von nicht ganz unerheblicher Bedeutung für die Persönlichkeitsentfaltung ist, da derartige Äußerungen das Ansehen des Einzelnen schmälern und dessen soziale Kontakte schwächen können. Die Darstellung des K als Person, die sich täterschaftlich an der Vertreibung von Juden im Dritten Reich beteiligt hat, bringt eine abträgliche und verletzende Wertung gegenüber K zum Ausdruck. Damit liegt ein Eingriff in das allgemeine Persönlichkeitsrecht als subjektives öffentliches Recht vor.

b) Dieser Eingriff müsste durch ein **hoheitliches Handeln** erfolgt sein. Das ist dann der Fall, wenn die Maßnahme in einem Sachzusammenhang zu der Wahrnehmung einer öffentlich-rechtlichen Aufgabe steht. Dagegen könnte hier der Umstand sprechen, dass die Darstellung des K im Rahmen der künstlerischen Freiheit des Künstlers B erfolgte, dem seitens der Stadt lediglich geringe Vorgaben gemacht wurden. Andererseits wurde der Brunnen durch den Gemeinderat initiiert und durch die Aufstellung auf dem Marktplatz zu einer **öffentlichen Sache** mit einem stadtgeschichtlichen Anspruch. Durch die Auf- und Zurschaustellung des Brunnens wurde dieser als öffentliche Einrichtung gewidmet.

Damit wurde hoheitlich in ein subjektives öffentliches Recht des K eingegriffen.

Beim FBA muss, anders als beim Unterlassungsanspruch, nicht der Eingriff, sondern der durch ihn geschaffene Zustand rechtswidrig sein.

2. Durch diesen Eingriff muss ein **rechtswidriger Zustand** geschaffen worden sein. Dies wäre dann zu verneinen, wenn das allgemeine Persönlichkeitsrecht des K **verfassungsgemäß beschränkt** wird.

a) Nach Art. 2 Abs. 1 GG steht das allgemeine Persönlichkeitsrecht unter dem **Vorbehalt** der verfassungsmäßigen Ordnung sowie der Rechte anderer. Dabei stellt sich vorliegend die Frage, ob Rechte der Stadt das allgemeine Persönlichkeitsrecht des K beschränken können.

aa) Auf die **Kunstfreiheit** gemäß Art. 5 Abs. 3 S. 1 GG kann sich die Stadt nur berufen, wenn sie grundrechtsfähig ist. Grundrechte schützen aber in erster Linie die Freiheitssphäre des Einzelnen gegen Eingriffe der staatlichen Gewalt. Hoheitsträger haben die Grundrechte zu beachten (Art. 1 Abs. 3 GG), sind aber nicht selbst Grundrechtsträger.

Daher kann sich die Stadt S nicht auf die Kunstfreiheit berufen.

---

122 Vgl. AS-Skript Verwaltungsrecht AT 2 (2019), Rn. 423.

bb) Aus denselben Gründen kann sich die Stadt auch nicht auf ihr **Eigentumsrecht** am Brunnen berufen, da Art. 14 Abs. 1 GG nur das Eigentum Privater, aber nicht öffentliches Eigentum schützt. Die Stadt ist auch insoweit nicht Grundrechtsträger.

cc) Das **Selbstverwaltungsrecht** der Stadt gemäß Art. 28 Abs. 2 GG schützt die Kommune nur gegenüber dem Staat und anderen Verwaltungsträgern. Es entfaltet daher keinen Schutz gegenüber Ansprüchen Dritter und kann Eingriffe in das Persönlichkeitsrecht der Bürger nicht rechtfertigen.[123]

Der durch den Brunnen geschaffene Zustand ist daher rechtswidrig.

b) Der rechtswidrige Zustand muss **durch** den hoheitlichen Eingriff geschaffen worden sein. Es muss also eine **haftungsbegründende Kausalität** zwischen Eingriff und der Beeinträchtigung bestehen. Das ist hier der Fall, da die Auf- und Zurschaustellung des Brunnens die Ehrverletzung bei K unmittelbar bewirkt.

Problematisch ist die haftungsbegründende Kausalität dann, wenn das hoheitliche Handeln lediglich mittelbare Ursache für die Beeinträchtigung ist (s.o. S. 61).

c) Schließlich setzt der FBA – in Abgrenzung zu Schadensersatzansprüchen – eine **fortdauernde Beeinträchtigung** voraus. Das ist hier der Fall.

III. Rechtsfolge des FBA ist die Wiederherstellung des früheren Zustandes, d.h. die Beseitigung der dem Hoheitsträger zurechenbaren Folgen (haftungsausfüllende Kausalität). Der Anspruch kann daher hier nur so weit reichen, als das allgemeine Persönlichkeitsrecht des K verletzt wird. K kann daher nicht die vollständige Entfernung der Relieftafel verlangen, sondern lediglich die Beseitigung seiner Gesichtszüge.

IV. Der FBA ist **ausgeschlossen**, soweit die Herstellung des früheren Zustandes unmöglich oder unzumutbar ist.

1. Eine **rechtliche Unmöglichkeit** könnte vorliegend aus dem Umstand folgen, dass die Stadt mit der Einwirkung auf den Brunnen in unzulässiger Weise in die **Kunstfreiheit** des Künstlers aus Art. 5 Abs. 3 S. 1 GG und in das aus § 14 UrhG folgende **Urheberrecht** eingreifen würde, das Beeinträchtigungen des Werkes verbietet, die geeignet sind, die berechtigten geistigen oder persönlichen Interessen des Urhebers am Werk zu gefährden.

2. Dies gilt allerdings nicht, wenn die Stadt von dem Künstler die Beseitigung der Abbildung verlangen könnte. Zwischen der Stadt und dem Künstler besteht ein privatrechtlicher Werkvertrag gemäß § 631 BGB. Innerhalb dieser Vertragsbeziehung kann die Stadt als Besteller beanspruchen, dass bei der Herstellung des Werkes das allgemeine Persönlichkeitsrecht Dritter beachtet wird. Die Änderung ist außerdem unwesentlich, sodass bei Abwägung der grundrechtlichen Positionen dem Persönlichkeitsrecht des K Vorrang gegenüber den Rechten des Künstlers gebührt. Damit ist die Folgenbeseitigung auch **rechtlich nicht unmöglich**, sodass ein Ausschlussgrund ebenfalls nicht eingreift.

Folglich kann K von der Stadt S die Beseitigung seiner Gesichtszüge von der Relieftafel beanspruchen. Ein darüber hinausgehender, auf die vollständige Entfernung der Tafel gerichteter Anspruch besteht dagegen nicht.

123 VG Sigmaringen NJW 2001, 628, 630.

3. Erstattungsansprüche

Fall 26: Öffentlich-rechtlicher Erstattungsanspruch

Landwirt L ist Eigentümer größerer Grundstücksflächen im unbeplanten Außenbereich der Stadt S. Nachdem er aufgrund gesundheitlicher Beschwerden zunehmende Schwierigkeiten hat, seinen Betrieb zu bewirtschaften, kommt er auf die Idee, auf den bislang landwirtschaftlich genutzten Flächen Wohnraum zu schaffen. Um diesen Plan zu realisieren, wendet er sich an Bürgermeister B und schlägt diesem einen Verkauf der Grundstücksflächen für den Fall vor, dass der notwendige Bebauungsplan erlassen wird.

Nach einigen Verhandlungen kommt es zwischen der Stadt und L zum Abschluss eines Vertrages, in dem sich die Stadt, vertreten durch den Bürgermeister, verpflichtet, einen Bebauungsplan für die betroffenen Grundstücksflächen zu erlassen. Gleichzeitig verpflichtet sich L in dem Vertrag, an die Stadt einen Betrag von 25.000 € „zur Abgeltung des städtischen Planungsaufwandes" zu zahlen. Nachdem L diesen Betrag auf das Konto der Stadtkasse bei der B-Bank überwiesen hat, zeigen sich erhebliche Widerstände im Gemeinderat, die dem Erlass eines Bebauungsplans im Wege stehen.

L überlegt, ob er aufgrund des Vertrages die Aufstellung des Bebauungsplanes beanspruchen kann. Andernfalls will er zumindest sein Geld zurück. Auch letzteres lehnt die Stadt ab: Zum einen habe die Stadt die von L geleistete Zahlung bereits anderweitig verbraucht; zum anderen könne es nicht angehen, dass L mit dem Bürgermeister „gemeinsame Sache" mache und dann noch sein Geld zurück wolle.

Hinweis: Die Vorschriften des LVwVfG entsprechen denen des VwVfG.

A. L könnte einen **Anspruch auf Aufstellung des Bebauungsplans** aus dem zwischen ihm und der Stadt geschlossenen **Vertrag** haben.

I. Die Aufstellung des Bebauungsplans richtet sich nach den öffentlich-rechtlichen Vorschriften der §§ 1 ff. BauGB, sodass nach dem Vertragsgegenstand ein **öffentlich-rechtlicher Vertrag** i.S.d. § 54 LVwVfG vorliegt.

II. Eine entsprechende **Einigung** zwischen L und der Stadt S, vertreten durch den Bürgermeister, liegt vor.

III. Der Vertrag könnte jedoch gemäß § 59 Abs. 1 LVwVfG i.V.m. § 134 BGB **nichtig** sein. Zwar kann im Hinblick auf die speziellen Nichtigkeitsgründe nach § 59 Abs. 2 LVwVfG nicht jeder Gesetzesverstoß zur Nichtigkeit führen. Etwas anderes gilt jedoch dann, wenn das Gesetz die vertragliche Regelung unmissverständlich verbietet.[124]

Nach § 1 Abs. 3 S. 2 BauGB besteht kein Anspruch auf Aufstellung von Bauleitplänen. Ein Anspruch kann auch nicht durch Vertrag begründet werden. Damit verstößt der Vertrag gegen ein gesetzliches Verbot und ist gemäß § 134 BGB nichtig. Einen Anspruch auf Aufstellung des Bebauungsplanes kann L aus dem Vertrag daher nicht herleiten.

---

124 Vgl. AS-Skript Verwaltungsrecht AT 2 (2019) Rn. 391 f.

B. Ein Anspruch des L gegen die Stadt S auf **Erstattung** der gezahlten 25.000 Euro kann sich mangels spezialgesetzlicher Regelung nur aus dem **allgemeinen öffentlich-rechtlichen Erstattungsanspruch** ergeben.

Bei spezialgesetzlicher Regelung (z.B. § 49 a Abs. 1 S. 1 VwVfG) ist ein Rückgriff auf den allgemeinen Erstattungsanspruch ausgeschlossen.

I. Es ist allgemein anerkannt, dass auch im öffentlichen Recht Leistungen ohne Rechtsgrund und sonstige rechtsgrundlose Vermögensverschiebungen rückgängig gemacht werden müssen. Zum Teil wird hierfür eine analoge Anwendung der §§ 812 ff. BGB befürwortet. Die h.M. stellt dagegen darauf ab, dass es sich bei dem öffentlich-rechtlichen Erstattungsanspruch um ein **eigenständiges Rechtsinstitut des öffentlichen Rechts** handelt, das aus dem Grundsatz der Gesetzmäßigkeit der Verwaltung (Art. 20 Abs. 3 GG) folgt.[125] Jedenfalls ist der öffentlich-rechtliche Erstattungsanspruch **gewohnheitsrechtlich anerkannt** und damit taugliche Anspruchsgrundlage.

II. Es müssen die **Voraussetzungen** des Anspruchs erfüllt sein.

Öffentlich-rechtlicher Erstattungsanspruch

I. Rechtsgrundlage

II. Voraussetzungen

1. ör Rechtsbeziehung
2. Vermögensverschiebung
3. ohne Rechtsgrund

III. Rechtsfolge

1. In Abgrenzung zu § 812 BGB muss eine **öffentlich-rechtliche Rechtsbeziehung** vorliegen. Hier bestand ein unmittelbarer Zusammenhang mit der durch den öffentlich-rechtlichen Vertrag begründeten vermeintlichen Verpflichtung zur Aufstellung eines Bebauungsplans.

2. Die Stadt hat einen **Vermögenswert**, nämlich 25.000 €, durch Leistung des L erlangt.

3. Schließlich muss die Vermögensverschiebung **rechtsgrundlos** erfolgt sein. Das ist der Fall, wenn die Leistung dem materiellen Recht widerspricht. Der im vorliegenden Fall zwischen der Stadt und L geschlossene öffentlich-rechtliche Vertrag ist wegen Verstoßes gegen ein gesetzliches Verbot gemäß § 59 Abs. 1 LVwVfG i.V.m. § 134 BGB nichtig, sodass ein Rechtsgrund für die Zahlung nicht besteht. Die Leistung erfolgte rechtsgrundlos.

III. Als **Rechtsfolge** kann L die Herausgabe des Erlangten beanspruchen.

1. Durch die von L vorgenommene Überweisung hat die Stadt einen **Auszahlungsanspruch** gegen die Bank erlangt. Dieser deckt sich mit dem bereicherungsrechtlichen Ausgleichsanspruch. Da ein solcher Auszahlungsanspruch aber nicht herausgegeben werden kann, besteht ein Anspruch auf Wertersatz entsprechend § 818 Abs. 2 BGB i.H.v. 25.000 €.

2. Möglicherweise kann sich die Stadt analog § 818 Abs. 3 BGB auf **Entreicherung** berufen. Ob § 818 Abs. 3 BGB im Öffentlichen Recht analog angewendet werden kann, ist problematisch. Die Verwaltung ist an Recht und Gesetz gebunden (Art. 20 Abs. 3 GG). Hierdurch ist sie auch dazu verpflichtet, rechtsgrundlose und damit rechtswidrige Vermögensverschiebungen zu beseitigen. Die öffentliche Hand kann sich als Bereicherungsschuldner daher nicht analog § 818 Abs. 3 BGB auf Entreicherung berufen.[126]

Der Bürger kann sich dagegen grds. auf Entreicherung berufen, es sei denn, er haftet verschärft. Abweichend von § 819 Abs. 1 BGB schadet im Öffentlichen Recht jedoch nicht nur positive Kenntnis, sondern bereits grob fahrlässige Unkenntnis (Rechtsgedanke des § 49 a Abs. 2 S. 2 VwVfG, § 12 Abs. 2 S. 2 BBesG).

3. Dem Erstattungsanspruch könnte im vorliegenden Fall jedoch der Grundsatz von **Treu und Glauben** (§ 242 BGB) entgegenstehen. Hierfür könnte der Umstand sprechen, dass L und der Bürgermeister ohne Beachtung eines formell ordnungsgemäßen Verfahrens vertragliche Vereinbarungen getroffen haben.

---

125 Maurer/Waldhoff § 29 Rn. 27.

126 Maurer/Waldhoff § 29 Rn. 34.

a) Anerkannt ist, dass der Grundsatz von Treu und Glauben, der im Öffentlichen Recht entsprechende Anwendung findet, ausnahmsweise zu einem teilweisen oder vollständigen **Ausschluss** des öffentlich-rechtlichen Erstattungsanspruchs führen kann.[127]

b) Bei Vermögensverschiebungen aufgrund eines nichtigen öffentlich-rechtlichen Vertrages wird dies allerdings nur dann bejaht, wenn **besondere Umstände** in der Person oder im Verhalten des Erstattungsberechtigten das Rückforderungsbegehren als treuwidrig erscheinen lassen.[128] Erforderlich ist, dass es sich dabei um Umstände handelt, die über das hinausgehen, was zur Nichtigkeit des Vertrages geführt hat. Ein solcher besonderer Umstand ist hier nicht erkennbar, sodass dem Rückforderungsbegehren auch der Grundsatz von Treu und Glauben nicht entgegensteht.

Ergebnis: L hat folglich gegen die Stadt S einen Anspruch auf Wertersatz i.H.v. 25.000 €.

---

127 BVerwG RÜ 2009, 530, 533.
128 BVerwG NVwZ 2000, 1285, 1288.

4. Öffentlich-rechtliche GoA

Fall 27: Geschäftsführung ohne Auftrag

E ist Eigentümer eines Grundstücks, das unmittelbar an die Aach grenzt. Bei der Aach handelt es sich um ein oberirdisches Gewässer, dessen Unterhaltung landesrechtlich der Gemeinde obliegt. In der Aach wächst in größerem Umfang der sog. flutende Hahnenfuß, der ca. 12 m lang werden und deshalb den Abfluss des Wassers behindern kann. Nachdem es aufgrund der warmen Witterung im Sommer zu einem erheblichen Wachstum dieser Pflanzen gekommen und infolge dessen der Wasserpegel stark angestiegen ist, verlangt E von der Gemeinde, für einen ordnungsgemäßen Ablauf des Wassers zu sorgen. Nachdem die Gemeinde entsprechende Maßnahmen wiederholt abgelehnt hat, lässt E die Pflanzen durch den Unternehmer U beseitigen, um eine angesichts der konkreten Witterungsverhältnisse akut drohende Überschwemmung seines Grundstücks zu verhindern. Nach Abschluss der Arbeiten verlangt E von der Gemeinde Ersatz für die an U gezahlten 2.500 €. Zu Recht?

Hinweis: Nach § 39 Abs. 1 WHG (Wasserhaushaltsgesetz) umfasst die Unterhaltung eines oberirdischen Gewässers auch die Sicherung eines ordnungsgemäßen Wasserabflusses. Nach § 41 Abs. 4 WHG hat der Anlieger einen Anspruch auf Schadensersatz, wenn durch bestimmte Gewässerunterhaltungsmaßnahmen Schäden entstehen.

A. Mangels vertraglicher Beziehungen zwischen E und der Gemeinde scheiden **Ansprüche aus Vertrag** aus.

B. E könnte einen Anspruch auf Ersatz seiner Aufwendungen von 2.500 € gemäß **§§ 677, 683 S. 1, 670 BGB** haben.

I. Unmittelbar sind die §§ 677 ff. BGB nur anwendbar, wenn es sich um eine **privatrechtliche Geschäftsführung ohne Auftrag** handelt.

1. Hier könnte indes ein **öffentlich-rechtliches Verhältnis** vorliegen, weil die Maßnahme im Zusammenhang mit der nach öffentlichem Recht zu beurteilenden Gewässerunterhaltung erfolgte. Damit stellt sich die Frage, wie die unmittelbar nach §§ 677 ff. BGB zu behandelnde privatrechtliche GoA von dem Bereich öffentlicher Aufgabenwahrnehmung abzugrenzen ist.

2. Früher wurde für die Einordnung zum Teil auf die Rechtsnatur des Handelns des **Geschäftsführers** abgestellt.[129] Bei Handeln einer Privatperson lag danach i.d.R. eine privatrechtliche GoA vor. Die heute herrschende Meinung geht dagegen davon aus, dass der Charakter des besorgten Geschäfts entscheidend ist. Damit ist die GoA öffentlich-rechtlich, wenn das Geschäft, hätte es der **Geschäftsherr** selbst vorgenommen, öffentlich-rechtlicher Natur wäre.[130] Dafür spricht, dass für die Abgrenzung zwischen öffentlichem Recht und Privatrecht grds. die Rechtsnatur des Rechtsverhältnisses maßgebend ist, aus dem sich der geltend gemachte Anspruch ergibt. Entscheidend ist damit, ob das besorgte Geschäft im **Sachzusammenhang mit öffentlich-rechtlichen Vorschriften** steht.

---

129 OVG Lüneburg OVGE 11, 307, 312.

130 BGH NVwZ 2016, 870, 872; BVerwG NVwZ 2017, 242, 244.

Bei der Entfernung der Pflanzen und der damit bezweckten Sicherstellung eines ordnungsgemäßen Abflusses des Wassers handelte es sich um eine **Maßnahme der Gewässerunterhaltung**, die nach den landesrechtlichen Bestimmungen in den Aufgabenbereich der Gemeinde fällt und aus diesem Grund **im Zweifel öffentlich-rechtlich** wahrgenommen wird. Die Gemeinde hätte folglich bei Erfüllung ihrer wasserrechtlichen Pflichten hoheitlich gehandelt, sodass eine privatrechtliche Geschäftsführung ohne Auftrag ausscheidet.

II. Bei einer **öffentlich-rechtlichen Geschäftsführung ohne Auftrag** könnte sich ein Aufwendungsersatzanspruch analog §§ 677, 683 S. 1, 670 BGB ergeben.

1. Grundsätzlich ist anerkannt, dass das Rechtsinstitut der GoA auch im öffentlichen Recht **anwendbar** ist, wenn spezialgesetzliche Grundlagen fehlen.[131] Dies gilt jedenfalls dann, wenn der **Bürger ein Geschäft eines Hoheitsträgers** führt.

a) Die h.M. stützt dies auf eine **analoge Anwendung** der §§ 677 ff. BGB, während andere auf einen in diesen Vorschriften zum Ausdruck kommenden allgemeinen Rechtsgedanken abstellen.

Bei einer Geschäftsführung zwischen Hoheitsträgern fehlt es deshalb i.d.R. an einer vergleichbaren Interessenlage. Bei einer Geschäftsführung eines Hoheitsträgers für den Bürger scheidet eine Analogie insbes. wegen Art. 20 Abs. 3 GG (Vorbehalt des Gesetzes) aus.

b) Eine analoge Anwendung der zivilrechtlichen Vorschriften scheidet allerdings aus, wenn **Sondervorschriften** die Aufgabenwahrnehmung und die daraus erwachsenen Kostenansprüche abschließend regeln.

§ 41 Abs. 4 WHG regelt zwar einen Schadensersatzanspruch bei bestimmten Maßnahmen der Gewässerunterhaltung, begründet aber keinen Anspruch auf **Ersatz von Aufwendungen** zugunsten eines Anliegers, der Gewässerunterhaltungsmaßnahmen anstelle des zuständigen Hoheitsträgers wahrnimmt. Damit ist die Anwendbarkeit der GoA-Vorschriften nicht spezialgesetzlich ausgeschlossen.

2. Ein Aufwendungsersatzanspruch des E setzt voraus, dass die tatbestandlichen **Voraussetzungen** einer öffentlich-rechtlichen GoA erfüllt sind.

a) Die von E in Auftrag gegebene Entfernung der Pflanzen aus der Aach müsste zunächst ein **fremdes Geschäft** darstellen. Die der Gemeinde obliegende Pflicht zur Unterhaltung des Gewässers umfasst gemäß § 39 Abs. 1 WHG auch die Erhaltung eines ordnungsgemäßen Wasserabflusses. Damit liegt in der Entfernung der Pflanzen, die den Abfluss sicherstellen soll, ein fremdes Geschäft. Dem steht auch der Umstand nicht entgegen, dass E mit der Maßnahme sein Grundstück vor einer Überschwemmung schützen wollte, da ein sog. „auch-fremdes-Geschäft" für eine GoA ausreicht.[132]

b) Der **Fremdgeschäftsführungswille** wird beim „auch-fremden-Geschäft" jedenfalls dann vermutet, wenn der Geschäftsführer, wie hier E, in Kenntnis der Letztverantwortlichkeit des Geschäftsherrn tätig wird.[133]

c) Analog §§ 677, 683 BGB muss die Geschäftsführung dem **Interesse** und dem wirklichen oder mutmaßlichen **Willen** des Geschäftsherrn entsprechen.

---

131 OVG NRW RÜ 2013, 393, 395.
132 Vgl. BVerwG NJW 1989, 922, 923.
133 BGH NVwZ 2002, 511, 512.

aa) Im vorliegenden Fall hat die Gemeinde ausdrücklich zum Ausdruck gebracht, dass die Maßnahme **nicht ihrem Willen** entsprach.

bb) Dieser entgegenstehende Wille wäre allerdings **unbeachtlich**, wenn die Geschäftsführung **im öffentlichen Interesse** liegt (§ 679 BGB analog). Dafür ist zunächst erforderlich, dass ein öffentliches Interesse an der Erfüllung der Aufgaben an sich besteht. Darüber hinaus muss aber auch ein öffentliches Interesse an der Wahrnehmung der Aufgabe **gerade durch den privaten Geschäftsführer** bestehen.[134]

(1) Teilweise wird letzteres nur bejaht, wenn eine **dringende Gefahr** für Leben, Gesundheit oder andere bedeutende Rechtsgüter besteht und der Verwaltungsträger entweder zum Handeln außer Stande ist oder pflichtwidrig nicht handelt; praktisch also nur in echten **Notfällen**.[135] Dies würde den Anwendungsbereich der ör GoA aber zu sehr einengen.

(2) Die Rspr. stellt deshalb geringere Anforderungen. Ein öffentliches Interesse besteht danach nicht nur in einer Notlage, sondern auch, wenn es um den Schutz privater Rechte geht und unter **Abwägung** etwaiger öffentlicher Belange ein Handeln des Bürgers geboten erscheint.[136]

(a) Einschränkend verlangt die Rspr. allerdings, dass die Wahrnehmung der Aufgabe durch eine Privatperson **keine spezifisch hoheitlichen Befugnisse** voraussetzen darf. Dies ist bei schlichtem Verwaltungshandeln, wie dem Entfernen der Pflanzen, der Fall.

(b) Zudem darf der Bürger mit seiner Geschäftsführung **kein staatliches Ermessen unterlaufen**. Da hier die gebotene Unterhaltungsmaßnahme nicht im Ermessen der Gemeinde stand, sondern diese gesetzlich zum Handeln verpflichtet war, liegt diese Voraussetzung ebenfalls vor.

(c) Schließlich ist der Bürger grundsätzlich gehalten, zuvor die **Rechtsschutzmöglichkeiten** auszuschöpfen, bevor er eigenmächtig anstelle der Behörde tätig wird. Vorliegend konnte E, insbesondere wegen des jahreszeitbedingten Wachstums der Pflanzen und der damit verbundenen akuten Gefahr einer Überschwemmung, nicht zugemutet werden, zunächst um gerichtlichen Rechtsschutz nachzusuchen.

Daher ist ein **öffentliches Interesse** an der Geschäftsführung zu bejahen, sodass der entgegenstehende Wille der Gemeinde analog § 679 BGB unbeachtlich ist.

Demnach hat E analog §§ 677, 683 S. 1, 670 BGB einen Anspruch auf Ersatz seiner Aufwendungen i.H.v. 2.500 €.

C. Der Anspruch könnte auch als **öffentlich-rechtlicher Erstattungsanspruch** begründet sein. Dieser setzt eine Vermögensverschiebung **ohne Rechtsgrund** voraus. Bei berechtigter GoA stellt diese indes den Rechtsgrund für die Vermögensverschiebung dar.[137] Ein öffentlich-rechtlicher Erstattungsanspruch scheidet daher aus.

Deshalb sind Ansprüche aus öffentlich-rechtlicher GoA in der Klausur stets vor öffentlich-rechtlichen Erstattungsansprüchen zu prüfen!

---

134 BVerwG NJW 1989, 922, 923.
135 Maurer/Waldhoff § 29 Rn. 17.
136 BGH NVwZ 2004, 764, 765.
137 Vgl. AS-Skript Verwaltungsrecht AT 2 (2019) Rn. 637 m.w.N.

5. Öffentlich-rechtliche Schuldverhältnisse

Fall 28: § 280 BGB analog im Öffentlichen Recht

Die X-GmbH ist Inhaberin eines holzverarbeitenden Betriebes auf einem Grundstück in der Gemeinde G. Auf dem Grundstück befinden sich zwei Anlagen, in denen Holzstämme zunächst mit einer Chromatsalzlösung behandelt und anschließend für mehrere Wochen „zum Ausbluten" gelagert werden. Das auf dem Grundstück anfallende Oberflächenwasser wird über eine Druckrohrleitung der städtischen Abwasserkanalisation zugeführt. Nach § 6 der städtischen Abwassersatzung (AbwS) ist von der Beseitigung durch die städtischen Abwasseranlagen u.a. mit Chromatsalzen belastetes Abwasser ausgeschlossen. In § 10 AbwS ist zudem bestimmt, dass die Stadt auf Kosten des Benutzers Abwasseruntersuchungen vornehmen kann, wenn der Verdacht besteht, dass unzulässige Abwässer eingeleitet worden sind.

Bei einer Überprüfung der Abwasserkanalisation wurden in dem an das Grundstück der X-GmbH angrenzenden Teilstück merkwürdige Schlammablagerungen festgestellt. Daraufhin ließ die Gemeinde G drei Abwasserproben entnehmen und untersuchen. Hierbei wurde eine erhebliche Belastung mit Chromatsalzen festgestellt. Die Gemeinde verlangt nunmehr von der X-GmbH Ersatz für die angefallenen Untersuchungskosten in Höhe von 4.790 €.

§ 9 der Gemeindeordnung (GO) des Landes L lautet:

„Die Gemeinden können bei öffentlichem Bedürfnis durch Satzung für die Grundstücke ihres Gebiets den Anschluss an Wasserleitung, Kanalisation und ähnliche der Volksgesundheit dienende Einrichtungen (Anschlusszwang) und die Benutzung dieser Einrichtungen (Benutzungszwang) vorschreiben. Die Satzung kann Ausnahmen vom Anschluss- und Benutzungszwang zulassen."

Hinweis: Die Vorschriften des VwVfG und des VwVG des Landes entsprechen vollinhaltlich den bundesrechtlichen Regelungen.

A. Anspruch aus § 10 der Abwassersatzung (AbwS)

Der Gemeinde G könnte gegen die X-GmbH ein Anspruch auf Ersatz der Aufwendungen für die Abwasseruntersuchung aus § 10 AbwS zustehen, wonach die Gemeinde ermächtigt ist, auf Kosten des Benutzers Abwasseruntersuchungen durchzuführen.

I. Fraglich ist allerdings, ob diese Vorschrift überhaupt eine wirksame **Anspruchsgrundlage** bildet. Angesichts des für den Adressaten belastenden Charakters kann eine untergesetzliche Vorschrift nur dann einen Erstattungsanspruch begründen, wenn sie ihrerseits **wirksam** ist. Das setzt voraus, dass sie sich in dem Rahmen der sie tragenden Ermächtigung bewegt.

II. Gemäß § 9 GO des Landes L ist die Gemeinde berechtigt, auf satzungsrechtlicher Grundlage einen **Anschluss- und Benutzungszwang** für gemeindliche Kanalisationsanlagen anzuordnen. Zulässig sind zudem satzungsrechtliche Bestimmungen über etwaige Ausnahmen von einem solchen Zwang. Eine Ermächtigung zum Erlass satzungsrechtlicher Bestimmungen über Kostenerstattungsansprüche ist in § 9 GO nicht enthalten.[138]

---

138 Vgl. OVG NRW NVwZ-RR 2011, 627.

Damit ist § 10 AbwS hinsichtlich der Kostenersatzregelung bereits mangels gesetzlicher Ermächtigung nichtig und deshalb keine wirksame Anspruchsgrundlage. Aus § 10 AbwS lässt sich daher ein Erstattungsanspruch nicht herleiten.

B. Allgemeiner öffentlich-rechtlicher Erstattungsanspruch

I. Die Gemeinde könnte einen Anspruch auf Kostenersatz aufgrund des gewohnheitsrechtlich anerkannten allgemeinen öffentlich-rechtlichen Erstattungsanspruchs haben. Dann müsste dieses ungeschriebene Rechtsinstitut **anwendbar** sein. Das ist nicht der Fall, wenn etwaige Ausgleichsansprüche des Staates gegen den Bürger **spezialgesetzlich geregelt** sind.

II. Im vorliegenden Fall könnte der allgemeine Erstattungsanspruch durch **verwaltungsvollstreckungsrechtliche Regelungen** verdrängt sein. Nach dem den §§ 10, 19 VwVG entsprechenden Landesrecht hätte die Gemeinde unter den dort statuierten Voraussetzungen die Möglichkeit gehabt, die X-GmbH unter Androhung einer Ersatzvornahme zur Entnahme von Proben und deren Untersuchung zu verpflichten, sowie gegebenenfalls das Recht, nach Fristablauf die Untersuchung selbst durchzuführen und auf Grundlage des LVwVG Ersatz für die ihr hierdurch entstandenen Kosten zu verlangen. Da folglich spezielle ordnungsrechtliche Bestimmungen Kostenerstattungsansprüche normieren, wird der allgemeine öffentlich-rechtliche Erstattungsanspruch verdrängt und ist folglich nicht anwendbar.[139]

C. Anspruch analog § 280 Abs. 1 BGB

I. Anwendbarkeit

1. Ein Anspruch analog § 280 Abs. 1 BGB kommt unproblematisch über § 62 S. 2 VwVfG in Betracht, wenn der Rechtsbeziehung ein **öffentlich-rechtlicher Vertrag** zugrunde liegt. Grundlage der Abwasserbeseitigung ist indes keine vertragliche Vereinbarung, sondern ein Anschluss- und Benutzungszwang i.S.d. § 9 GO.

2. Eine analoge Anwendung des § 280 Abs. 1 BGB kann allerdings auch gerechtfertigt sein, wenn dem Nutzungsverhältnis ein sonstiges **vertragsähnliches Rechtsverhältnis** zugrunde liegt. Dies folgt aus § 40 Abs. 2 S. 1 VwGO, der deutlich macht, dass es im Öffentlichen Recht neben vertraglichen auch sonstige Sonderbeziehungen gibt, aus denen vertragsähnliche Ansprüche hergeleitet werden können *(„... Verletzung öffentlich-rechtlicher Pflichten, die nicht auf einem öffentlich-rechtlichen Vertrag beruhen“)*. Aus diesem Grund ist allgemein anerkannt, dass § 280 Abs. 1 BGB Schadensersatzansprüche auch bei der Verletzung von Pflichten aus einem vertragsähnlichen Rechtsverhältnis begründen kann.

3. Voraussetzung für die Annahme einer solchen vertragsähnlichen Sonderbeziehung ist, dass zwischen dem Staat und dem Bürger ein enges, besondere Rechte und Pflichten begründendes Rechtsverhältnis besteht, das es rechtfertigt, Schadensersatzansprüche analog § 280 Abs. 1 BGB zu gewähren.[140]

---

139 VGH Mannheim NJW 2003, 1066.

140 BGH NJW 2006, 1121, 1123.

Ebenso kommen Ansprüche analog § 280 BGB bei ör Verwahrung in Betracht.

Dies bejaht die Rspr. z.B. bei öffentlich-rechtlich ausgestalteten Benutzungsverhältnissen, bei denen die Erbringung von Leistung und Gegenleistung im Vordergrund steht.[141] Hier stehen sich die Beteiligten wie in einem vertraglichen Rechtsverhältnis gegenüber. Deshalb können sich bei Pflichtverletzungen Schadensersatzansprüche analog § 280 Abs. 1 BGB ergeben.

II. Anspruchsvoraussetzungen

1. Dem Anspruchsgegner muss eine **objektive Pflichtverletzung** vorzuwerfen sein. Eine solche liegt vor, wenn die X-GmbH die sich aus der Benutzungssatzung ergebenden Pflichten missachtet hat.

Nach § 6 AbwS ist ausdrücklich die Einleitung von mit Chromatsalzen belastetem Abwasser in die Abwasserkanalisation untersagt. Nach den getroffenen Feststellungen stammt das belastete Wasser nachweislich von der X-GmbH, sodass eine Pflichtverletzung gegeben ist.

2. Hinsichtlich des **Verschuldens** gilt § 280 Abs. 1 S. 2 BGB analog. Da sich die X-GmbH nicht entlastet hat, ist von einer schuldhaften Pflichtverletzung auszugehen.

III. Der der Gemeinde kausal entstandene **Schaden** besteht in der Belastung mit Kosten, die durch die von ihr in Auftrag gegebene Abwasseruntersuchung entstanden sind.

Der Anspruch analog § 280 BGB kann nicht durch VA, sondern nur mittels Leistungsklage durchgesetzt werden.[142]

Ergebnis: Damit kann die Gemeinde G analog § 280 Abs. 1 BGB die Kosten für die in Auftrag gegebene Abwasseruntersuchung in Höhe von 4.790 € von der X-GmbH ersetzt verlangen.

141 BGH NVwZ 1999, 689, 692.
142 OVG NRW NVwZ-RR 2011, 627, 628.

6. Amtshaftung

Fall 29: Haftung bei hoheitlichem Handeln

F hatte sein Auto in der X-Straße in der Stadt S im absoluten Halteverbot (Zeichen 283 der Anlage 2 zu § 41 Abs. 1 StVO) abgestellt. Da hierdurch der Verkehrsfluss erheblich behindert wurde, wurde das Fahrzeug am 16.07.2019 im Auftrag des Ordnungsamtes der Stadt S vom Abschleppunternehmer U abgeschleppt und auf dessen Verwahrplatz abgestellt. Bei dem Abschleppvorgang beschädigte U das Fahrzeug fahrlässig, wodurch ein Schaden i.H.v. 3.300 Euro entstanden ist. F nimmt S und U gesamtschuldnerisch auf Ersatz dieses Schadens in Anspruch. Zu Recht?

Hinweis: Die Vorschriften des VwVfG und des VwVG des Landes entsprechen den bundesrechtlichen Vorschriften.

A. Ansprüche des F gegen die Stadt S

I. F könnte gegen die Stadt S einen Anspruch aus **Amtshaftung** gemäß Art. 34 GG, § 839 BGB haben.

1. Dann müsste die Stadt S **in Ausübung eines öffentlichen Amtes**, d.h. hoheitlich gehandelt haben.

a) Unproblematisch hoheitlich erfolgte die **Anordnung des Abschleppens**, die teilweise als Sicherstellung, überwiegend aber als Ersatzvornahme eingeordnet wird.[143] Für Letzteres spricht, dass die Gefahr beim Abschleppen – anders als bei der Sicherstellung – nicht durch die Inbesitznahme des Fahrzeugs, sondern durch dessen Entfernung abgewehrt werden soll. Auch wenn das Fahrzeug anschließend in Verwahrung genommen wird, ist das Abschleppen grds. als Vollstreckungsmaßnahme zur Durchsetzung eines (u.U. entbehrlichen) Wegfahrgebots zu qualifizieren.[144]

F hat gegen das in dem Zeichen 283 der Anlage 2 zu § 41 Abs. 1 StVO als Allgemeinverfügung i.S.d. § 35 S. 2 Fall 3 VwVfG verkörperte absolute Halteverbot verstoßen und zugleich das darin liegende – entsprechend § 80 Abs. 2 S. 1 Nr. 2 VwGO sofort vollziehbare – Wegfahrgebot missachtet, sodass die **Voraussetzungen der Ersatzvornahme** vorlagen (vgl. § 6 Abs. 1 VwVG). Bedenken gegen die Rechtmäßigkeit im Übrigen sind nicht ersichtlich, insbesondere war die Maßnahme **verhältnismäßig**. Dies gilt jedenfalls dann, wenn das verbotswidrige Verhalten – wie hier – geeignet ist, zu Behinderungen zu führen.

Die **Anordnung des Abschleppens** war daher **rechtmäßig**, sodass sich daraus kein Amtshaftungsanspruch ergeben kann.

b) Der zur Beschädigung führende **Abschleppvorgang** ist von der Stadt S nicht selbst, sondern durch U als privatem Unternehmer durchgeführt worden. Handelt eine Privatperson, so wird sie grundsätzlich nicht hoheitlich, sondern privatrechtlich tätig. Nur ausnahmsweise kann eine Privatperson hoheitlich handeln, nämlich im Fall der Beleihung oder bei der Tätigkeit als öffentlich-rechtlicher Verwaltungshelfer.

---

143 Vgl. BVerwG RÜ 2014, 597, 598.

144 Je nach Landesrecht kommt ggf. auch eine unmittelbare Ausführung in Betracht, vgl. BVerwG RÜ 2016, 535, 536; RÜ 2018, 657, 658.

aa) Beliehene sind natürliche oder juristische Personen des Privatrechts, die durch oder aufgrund Gesetzes hoheitliche Verwaltungsaufgaben selbstständig im eigenen Namen und in den Handlungsformen des öffentlichen Rechts wahrnehmen dürfen *(s.o. Fall 2)*. Mangels gesetzlicher Regelung scheidet eine Beleihung hier von vornherein aus. Auch wird U nach außen nicht selbstständig tätig, sondern nur als Hilfsperson des Ordnungsamtes.

bb) U könnte jedoch **öffentlich-rechtlicher Verwaltungshelfer** sein, dessen Handlungen in Ausübung eines öffentlichen Amtes i.S.d. Art. 34 S. 1 GG erfolgen. Der Verwaltungshelfer wird – anders als der Beliehene – nicht selbstständig tätig, sondern nimmt Hilfstätigkeiten im Auftrag und nach Weisung der ihn betrauenden Behörde wahr. Sein Handeln wird der Behörde zugerechnet, für die er tätig wird.

(1) Gegen die Einordnung als Verwaltungshelfer könnte sprechen, dass U von der Stadt S nicht aufgrund öffentlichen Rechts, sondern aufgrund eines **privatrechtlichen Werkvertrages** (§ 631 BGB) eingeschaltet worden ist. In diesem Fall hat die Rspr. eine **Zurechnung** des Verhaltens des privaten Unternehmers früher nur bejaht, wenn die Behörde in einem solchen Ausmaß auf die Durchführung der Maßnahme Einfluss nehmen konnte, dass der Private lediglich als „Werkzeug" der **Behörde** bei der Erledigung ihrer hoheitlichen Aufgabe tätig wurde (sog. Werkzeugtheorie). Da die Behörde i.d.R. keinen Einfluss auf die konkrete Durchführung der Abschleppmaßnahme hat und der Unternehmer daher nicht als „verlängerter Arm" der Behörde anzusehen ist, wurde eine Zurechnung auf den Hoheitsträger überwiegend verneint.[145]

(2) Gegen diese Auffassung spricht jedoch, dass die öffentliche Hand dann umso weniger haften würde, je weniger sie den Privaten kontrolliert und anweist. Der Staat könnte sich durch die Einschaltung eines Privaten einer Haftung bei hoheitlicher Tätigkeit weitgehend entziehen (Flucht ins Privatrecht"). Für die Zurechnung kommt es daher nicht auf die internen Rechtsbeziehungen zum Hoheitsträger, sondern allein auf die **Funktion des Handelnden** nach außen an. Wesentlich für die „Ausübung eines öffentlichen Amtes" ist danach vor allem der hoheitliche Charakter der Maßnahme, hier des Abschleppens. Jedenfalls im Bereich der Eingriffsverwaltung ist dem Staat auch das Fehlverhalten eines privatrechtlich herangezogenen Unternehmers nach Amtshaftungsgrundsätzen zuzurechnen.[146]

Der von U auf der Grundlage des Polizei- und Ordnungsrechts hoheitlich durchgeführte Abschleppvorgang erfolgte daher **in Ausübung eines öffentlichen Amtes**.

2. Durch die Beschädigung des Fahrzeugs hat U die ihm gegenüber F obliegende **Amtspflicht verletzt**, keine unerlaubte Handlung zu begehen. Das was jedermann durch die §§ 823 ff. BGB verboten ist, ist auch bei hoheitlicher Tätigkeit untersagt.

3. Die Beschädigung erfolgte **fahrlässig** i.S.d. § 276 Abs. 2 BGB, da er die im Verkehr erforderliche Sorgfalt außer Acht gelassen hat.

---

145 BGH NJW 1993, 1258, 1259; NJW 1971, 2220, 2221; für den Abschleppunternehmer offen gelassen in BGH NJW 1978, 2502, 2503.

146 BGH RÜ 2014, 332, 333; ebenso BGH RÜ 2019, 604 für das Aufstellen von Verkehrsschildern.

4. Bei fahrlässigen Verstößen besteht ein Amtshaftungsanspruch nach § 839 Abs. 1 S. 2 BGB nur, wenn der Verletzte nicht auf andere Weise Ersatz zu erlangen vermag **(Subsidiaritätsklausel)**. F hat weder vertragliche noch deliktische Ansprüche gegen U, sodass die Amtshaftung der Stadt S nicht ausgeschlossen ist.

F hat gegen die Stadt S daher einen **Anspruch aus Amtshaftung** gemäß Art. 34 GG, § 839 BGB auf Ersatz des entstandenen Schadens i.H.v. 3.300 € in Geld (§ 251 Abs. 1 BGB).

Für den Amtshaftungsanspruch ist nach Art. 34 S. 3 GG der ordentliche Rechtsweg eröffnet.

II. Der Anspruch könnte sich aufgrund eines öffentlich-rechtlichen Schuldverhältnisses auch **analog § 280 Abs. 1 BGB** ergeben.

1. Grundsätzlich ist anerkannt, dass sich im öffentlichen Recht neben deliktischen Ansprüchen aus Amtshaftung auch Schadensersatzansprüche analog § 280 Abs. 1 BGB ergeben können, wenn ein **vertragsähnliches Schuldverhältnis** besteht *(s.o. Fall 28)*.

2. Voraussetzung für die Annahme einer solchen Sonderbeziehung ist, dass zwischen dem Staat und dem Bürger ein enges, besondere Rechte und Pflichten begründendes Rechtsverhältnis besteht. Anerkannt ist dies u.a. bei der **öffentlich-rechtlichen Verwahrung**, bei der die bestehende Obhutspflicht es rechtfertigt, analog § 280 Abs. 1 BGB auch vertragliche Schadensersatzansprüche zu begründen.

Dann müsste zwischen F und der Stadt S ein **öffentlich-rechtliches Verwahrungsverhältnis** bestanden haben. Anders als im Privatrecht kann eine öffentlich-rechtliche Verwahrung nicht nur durch Vertrag, sondern auch einseitig durch hoheitliche Maßnahme begründet werden. Insbesondere entsteht ein öffentlich-rechtliches Verwahrungsverhältnis durch das Abschleppen eines verbotswidrig abgestellten Fahrzeuges. Dies gilt auch dann, wenn sich die Behörde zur Durchführung des Abschleppvorgangs der Hilfe eines Privaten bedient.[147]

Zwischen F und der Stadt S bestand daher ein vertragsähnliches Schuldverhältnis.

3. U, dessen Verhalten der Stadt als Erfüllungsgehilfe nach § 278 BGB zugerechnet wird, hat eine **schuldhafte Pflichtverletzung** begangen.

F hat daher gegen die Stadt S auch einen Schadensersatzanspruch analog § 280 Abs. 1 BGB.

Auch für den Anspruch analog § 280 Abs. 1 BGB ist der Rechtsweg zu den ordentlichen Gerichten eröffnet (§ 40 Abs. 2 S. 1 Hs. 1 Fall 3 Alt. 1 VwGO).

B. Ansprüche des F gegen Abschleppunternehmer U

I. Ein Schadensersatzanspruch des F gegen U könnte sich wegen der Verletzung des Eigentums des F am Fahrzeug aus **§ 823 Abs. 1 BGB** ergeben.

Fraglich ist indes, ob die §§ 823 ff. BGB überhaupt **anwendbar** sind, da der Schaden im Rahmen der Abschleppmaßnahme entstanden ist, die sich nach den öffentlich-rechtlichen Vorschriften des Polizei- und Ordnungsrechts richtet. Verletzt jemand in Ausübung eines öffentlichen Amtes die ihm einem Dritten gegenüber obliegende Amtspflicht, so trifft die Verantwortlichkeit **nicht den Handelnden**, sondern grundsätzlich den Staat oder die Körperschaft, in deren Dienst er steht (Art. 34 S. 1 GG). Bei **hoheitlicher**

147 BGH RÜ 2014, 332, 335; anders OLG Hamm NJW 2001, 375, 376 bei Beschädigung auf dem Verwahrplatz.

Tätigkeit verdrängt die Amtshaftung (Art. 34 GG, § 839 BGB) daher die allgemeinen deliktischen Haftungstatbestände der §§ 823 ff. BGB. An die Stelle der Eigenhaftung des Handelnden, tritt die Haftung des Staates.

Da U als Verwaltungshelfer hoheitlich gehandelt hat, trifft die Verantwortlichkeit für sein Fehlverhalten gemäß Art. 34 S. 1 GG damit allein die Stadt, mit der Folge, dass U persönlich nicht aus unerlaubter Handlung in Anspruch genommen werden kann.

Ein Schadensersatzanspruch des F gegen U aus § 823 Abs. 1 BGB scheidet daher aus.

II. Der Anspruch des F gegen U könnte sich jedoch aus **§ 7 Abs. 1 StVG** ergeben.

1. Dann müsste die Vorschrift neben Art. 34 GG, § 839 BGB **anwendbar** sein. Die Amtshaftung verdrängt für den Bereich hoheitlicher Tätigkeit aber nur die **verschuldensabhängigen** Deliktstatbestände. Ansprüche aus **Gefährdungshaftung**, wie § 7 Abs. 1 StVG, bleiben dagegen neben der Amtshaftung anwendbar.

2. Voraussetzung des § 7 Abs. 1 StVG ist, dass eine Sache „bei dem Betrieb" eines Kraftfahrzeuges beschädigt worden ist. Zwar ist dieses Haftungsmerkmal entsprechend dem Schutzzweck der Vorschrift weit auszulegen. Ausreichend ist, dass sich eine betriebsspezifische Gefahr verwirklicht hat. § 7 Abs. 1 StVG erfasst jedoch nicht Schäden an einem Fahrzeug, das mit dem betroffenen Fahrzeug eine **Betriebseinheit** bildet. Das ist beim Abschleppen eines Fahrzeuges und dem Abschleppwagen der Fall.[148]

Damit scheidet auch ein Anspruch aus § 7 Abs. 1 StVG aus.

III. F könnte gegen U einen vertraglichen Schadensersatzanspruch gemäß **§ 280 Abs. 1 BGB** haben, der von der Haftungsüberleitung des § 34 S. 1 GG ebenfalls unberührt bleibt.

1. Ein **Vertrag** über die Abschleppmaßnahme ist zwischen F und U nicht geschlossen worden.

2. Der zwischen U und der Stadt S geschlossene Werkvertrag (§ 631 BGB) stellt für F auch **keinen Vertrag zugunsten Dritter** (§ 328 BGB) dar, da es nicht darum ging, F einen Anspruch auf Durchführung der Abschleppmaßnahme einzuräumen.

Vertrag mit Schutzwirkung zugunsten Dritter
- Leistungsnähe
- Einbeziehungsinteresse des Gläubigers
- Erkennbarkeit für den Schuldner
- Schutzbedürftigkeit des Dritten

3. In Betracht kommt nur, dass der zwischen U und der Stadt S geschlossene Vertrag **Schutzwirkung zugunsten des F** hat. An der dafür erforderlichen **Schutzbedürftigkeit** fehlt es jedoch, weil F einen eigenen vertraglichen Schadensersatzanspruch gegen die Stadt S aufgrund der öffentlich-rechtlichen Verwahrung analog § 280 Abs. 1 BGB hat (s.o.). Der Werkvertrag zwischen U und der Stadt S (§ 631 BGB) hat deshalb **keine Schutzwirkung** zugunsten des F.

Ein Anspruch des F gegen U aus § 280 Abs. 1 BGB ist somit nicht gegeben.

Ergebnis: F hat keine Ansprüche gegen U.

---

148 BGH RÜ 2014, 332, 334.

2. Teil: Verwaltungsprozessrecht

1. Abschnitt: Der Verwaltungsrechtsweg

Fall 30: Verwaltungsrechtsweg

Rentner N bewohnt in unmittelbarer Nähe zur Pfarrkirche der katholischen Pfarrgemeinde „St. Petri" eine schmucke Eigentumswohnung. Der Pfarrer der Kirchengemeinde lässt jeden Morgen um 6.00 Uhr die große Angelusglocke läuten, die die Gläubigen zum Gebet ruft. Da sich N hierdurch massiv gestört fühlt, wendet er sich zunächst an die Pfarrgemeinde mit dem Begehren, die Glocke erst um 7.00 Uhr läuten zu lassen. Nachdem diese Bemühungen ohne Erfolg geblieben sind, überlegt N, ob er eine Entscheidung durch ein Verwaltungsgericht erreichen kann.

Generalklausel, § 40 Abs. 1 S. 1 VwGO
- ör Streitigkeit
- nichtverfassungsrechtlicher Art
- keine abdrängende Sonderzuweisung

Eine Entscheidung des Verwaltungsgerichts kann N nur erreichen, wenn der **Verwaltungsrechtsweg** eröffnet ist. Mangels aufdrängender Spezialzuweisung könnte dies nur aufgrund der **Generalklausel** des § 40 Abs. 1 S. 1 VwGO der Fall sein.

I. Dann müsste eine **öffentlich-rechtliche Streitigkeit** vorliegen.

1. Die Beteiligten streiten sich vorliegend um die Frage, ob das Läuten der Angelusglocke zu einer bestimmten Uhrzeit durch die Kirchengemeinde zulässig ist.

2. Diese Streitigkeit ist öffentlich-rechtlich, wenn sich die **streitentscheidenden Normen** aus dem öffentlichen Recht ergeben.

a) Falls die Glocke als „Anlage" i.S.d. § 3 Abs. 5 BImSchG anzusehen wäre, könnten im vorliegenden Fall mit dem BImSchG Normen des öffentlichen Rechts zur Anwendung gelangen. Andererseits könnten die das Eigentum regelnden zivilrechtlichen Vorschriften (z.B. §§ 906, 1004 BGB) einschlägig sein. Damit können entweder öffentlich-rechtliche oder zivilrechtliche Normen streitrelevant sein, sodass eine Zuordnung allein auf Grundlage der möglicherweise streitentscheidenden Normen **nicht eindeutig** erfolgen kann. Folglich ist ergänzend auf andere Abgrenzungskriterien abzustellen.

b) Wird ein **Abwehranspruch** geltend gemacht, richtet sich dessen Rechtsnatur nach der **Rechtsnatur des abzuwehrenden Handelns**, hier also des umstrittenen Glockengeläuts.

aa) Bei der katholischen Kirche handelt es sich nach Art. 140 GG i.V.m. Art. 137 Abs. 5 WRV (Weimarer Reichsverfassung) um eine Körperschaft des öffentlichen Rechts. In dieser Eigenschaft nimmt die katholische Kirche auch **Verwaltungstätigkeiten** wahr, z.B. im Bereich der Kirchensteuern und der Friedhofsverwaltung.

bb) Andererseits steht nicht der gesamte Wirkungskreis der Kirche im Zusammenhang mit der körperschaftlichen Aufgabenwahrnehmung. Ob das Läuten einer Glocke in einem **funktionalen Zusammenhang** mit dem körperschaftlichen Status der Kirche steht, richtet sich insbesondere danach, welchen **Zweck** die Kirche mit dieser Maßnahme verfolgt.

(1) Das sog. **liturgische Läuten** wird als typische Lebensäußerung der Kirche verstanden, mit der diese ihr kirchliches Selbstverständnis nach außen dokumentiert. Aus diesem Grund ist es öffentlich-rechtlich zu qualifizieren.

(2) Demgegenüber stellt das sog. **Profangeläut**, z.B. das Zeitschlagen der Kirchturmuhr, keine typische kirchliche Lebensäußerung dar, da es nicht in einem besonderen Sachzusammenhang zum öffentlich-rechtlichen körperschaftlichen Status der Kirche steht. Demzufolge ist diese Art des Glockengeläuts der Rechtsnatur nach zivilrechtlich.[149]

(3) Vorliegend wendet sich N gegen das Angelusgeläut, mit dem die Kirche die Gläubigen zum Gebet ruft. Folglich handelt es sich bei diesem liturgischen Glockengeläut um eine öffentlich-rechtliche Handlung.

Damit liegt an sich eine **öffentlich-rechtliche Streitigkeit** vor.

c) Nicht zu den öffentlich-rechtlichen Streitigkeiten i.S.d. § 40 Abs. 1 S. 1 VwGO zählen indes solche über **innerkirchliche Angelegenheiten**, die gemäß Art. 140 GG i.V.m. Art. 137 Abs. 3 WRV in den ausschließlichen Zuständigkeitsbereich der Kirche fallen und damit der staatlichen Gerichtsbarkeit entzogen sind.

aa) Nach teilweise vertretener Ansicht ist für solche Klagen bereits der Verwaltungsrechtsweg nicht eröffnet, zuständig sind vielmehr spezielle Kirchengerichte.[150] Nach der Gegenansicht sind Klagen, die den innerkirchlichen Bereich betreffen, dagegen grds. zulässig, die verfassungsrechtliche Beschränkung gemäß Art. 140 GG i.V.m. Art. 137 Abs. 3 WRV sei erst im Rahmen der Begründetheit der Klage zu berücksichtigen.[151]

bb) Bei kirchlichen Maßnahmen mit Außenwirkung bleiben dagegen nach beiden Auffassungen die staatlichen Gerichte zuständig. Dies gilt auch dann, wenn es um die Abwehr kirchlichen Handelns mit **faktischer Außenwirkung** geht, wie z.B. bei der Abwehr störenden Glockengeläuts.[152] Einer Streitentscheidung bedarf es daher nicht.

II. Die Streitigkeit müsste zudem **nichtverfassungsrechtlicher Art** sein. Verfassungsrechtlich in diesem Sinne ist eine Streitigkeit grds. nur, wenn Verfassungsorgane oder sonst unmittelbar am Verfassungsleben beteiligte Rechtsträger um die Auslegung und Anwendung von Verfassungsrecht streiten (sog. doppelte Verfassungsunmittelbarkeit). Da dies hier nicht der Fall ist, ist die Streitigkeit nichtverfassungsrechtlicher Art.

III. Die Streitigkeit ist auch **keinem anderen Gericht zugewiesen**, sodass gemäß § 40 Abs. 1 S. 1 VwGO der Verwaltungsrechtsweg eröffnet ist.

Ergebnis: N kann daher vor dem Verwaltungsgericht klagen.

---

149 BVerwG NJW 1994, 956.

150 Vgl. BVerfG RÜ 2009, 120, 121.

151 BVerwG RÜ 2014, 530, 531.

152 VGH Mannheim RÜ 2012, 664, 665; vgl. auch VG Gelsenkirchen RÜ 2018, 321 zum Ruf des Muezzin.

2. Abschnitt: Klagearten

1. Die Anfechtungsklage

Fall 31: Zulässigkeit der Anfechtungsklage

A betreibt einen Supermarkt in der Stadt B. Allerdings laufen seit einiger Zeit die Geschäfte sehr schlecht. Aus diesem Grund zahlte A in den letzten zwei Jahren keinerlei Einkommensteuer mehr. Zwischenzeitlich hat A aus finanziellen Gründen auch die Abführung von Beiträgen zur Sozialversicherung seiner Beschäftigten eingestellt. Aufgrund dieser Vorkommnisse hat die zuständige Behörde nach vorheriger Anhörung auf Grundlage des § 35 Abs. 1 GewO (Gewerbeordnung) die Ausübung des Gewerbes untersagt. Ein hiergegen gerichteter Widerspruch wurde mit Bescheid vom 15.02. als unbegründet zurückgewiesen. Der Widerspruchsbescheid wurde am Dienstag, dem 16.02., per Übergabe-Einschreiben zur Post gegeben. Dem Bescheid wurde eine Rechtsbehelfsbelehrung beigefügt, in der es u.a. heißt, dass gegen den Bescheid „innerhalb von vier Wochen" Klage erhoben werden kann. Am 26.03. hat A Klage vor dem Verwaltungsgericht erhoben.

Hat die Klage des A gegen die Gewerbeuntersagung Erfolg?

Die Klage des A gegen die Gewerbeuntersagung hat Erfolg, soweit sie zulässig und begründet ist.

A. Zulässigkeit der Klage

I. Der **Verwaltungsrechtsweg** ist gemäß § 40 Abs. 1 S. 1 VwGO eröffnet. Streitentscheidend sind die öffentlich-rechtlichen Vorschriften der GewO. Die Streitigkeit ist nichtverfassungsrechtlicher Art und keinem anderen Gericht zugewiesen.

II. Statthafte Klageart ist die Anfechtungsklage gemäß § 42 Abs. 1 Fall 1 VwGO, wenn A die Aufhebung eines Verwaltungsaktes i.S.d. § 35 VwVfG begehrt. Bei der Gewerbeuntersagung handelt es sich um eine einzelfallbezogene Maßnahme einer Behörde auf dem Gebiet des öffentlichen Gewerberechts (§ 35 GewO). Mit dem Verbot, künftig ein Gewerbe auszuüben, enthält sie eine Regelung mit Außenwirkung. Damit erfüllt die Gewerbeuntersagung alle Merkmale eines Verwaltungsakts gemäß § 35 S. 1 VwVfG, sodass für dessen Aufhebung gemäß § 42 Abs. 1 Fall 1 VwGO die Anfechtungsklage statthaft ist.

III. Gemäß § 42 Abs. 2 VwGO müsste A klagebefugt sein. Dies ist der Fall, wenn er geltend machen kann, durch den angefochtenen Verwaltungsakt möglicherweise in seinen subjektiven öffentlichen Rechten verletzt zu sein. Diese **Klagebefugnis** ist ohne Weiteres gegeben, wenn sich der Kläger gegen einen an ihn gerichteten, belastenden Verwaltungsakt wendet. Eine solche belastende Maßnahme greift stets in Grundrechte des Adressaten, zumindest Art. 2 Abs. 1 GG, ein (sog. Adressatentheorie). Da es für die Klagebefugnis ausreicht, dass eine Rechtsverletzung nicht von vornherein und nach jeder Betrachtungsweise ausgeschlossen ist, ist A i.S.d. § 42 Abs. 2 VwGO klagebefugt.

Weitgehend abgeschafft ist das Widerspruchsverfahren z.B. in Bayern, Niedersachsen und NRW.

IV. Das (vorbehaltlich landesrechtlicher Ausnahmen, § 68 Abs. 1 S. 2 VwGO) gemäß § 68 Abs. 1 S. 1 VwGO vor Erhebung einer Anfechtungsklage grundsätzlich erforderliche **Vorverfahren** ist durchgeführt worden.

V. Die Anfechtungsklage müsste schließlich auch fristgerecht erhoben worden sein. Gemäß § 74 Abs. 1 S. 1 VwGO muss die Klage binnen einer **Klagefrist** von einem Monat nach Zustellung des Widerspruchsbescheides erhoben werden.

Findet ein Vorverfahren nicht statt (§ 68 Abs. 1 S. 2 VwGO), gilt die Klagefrist von einem Monat ab Bekanntgabe des Verwaltungsakts (§ 74 Abs. 1 S. 2 VwGO).

1. Vorliegend ist der Widerspruchsbescheid gemäß § 73 Abs. 3 S. 2 VwGO mittels Übergabe-Einschreiben (§ 4 Abs. 1 VwZG) zugestellt worden. Nach § 4 Abs. 2 S. 2 VwZG gilt der Bescheid grds. am dritten Tag nach der Aufgabe zur Post (am Dienstag, dem 16.02.) als zugestellt, also hier am Freitag, dem 19.02. Die Monatsfrist endete gemäß § 57 Abs. 2 VwGO, § 222 Abs. 1 ZPO, § 188 Abs. 2 BGB mit Ablauf des 19.03. Die am 26.03. erhobene Klage wäre demnach nicht fristgerecht erhoben worden.

2. Die Monatsfrist gemäß § 74 Abs. 1 S. 1 VwGO gilt allerdings nur dann, wenn dem Widerspruchsbescheid eine ordnungsgemäße **Rechtsbehelfsbelehrung** beigefügt war. Ist eine solche unterblieben oder unrichtig erteilt, kann die Klage innerhalb eines Jahres seit Zustellung erhoben werden (§ 58 Abs. 2 S. 1 VwGO).

Unrichtig ist eine Rechtsbehelfsbelehrung insbesondere, wenn die in § 58 Abs. 1 VwGO zwingend genannten Merkmale fehlen oder unrichtig wiedergegeben worden sind. Im vorliegenden Fall ergab sich aus der dem Widerspruchsbescheid beigefügten Rechtsbehelfsbelehrung, dass innerhalb von „vier Wochen nach Bekanntgabe" Klage erhoben werden kann. Da die Frist zur Einlegung der Klage aber gemäß § 74 Abs. 1 VwGO nicht vier Wochen, sondern einen Monat beträgt, ist die in der Rechtsbehelfsbelehrung bezeichnete Frist abstrakt unrichtig. Dies gilt auch, wenn im konkreten Fall eine – wie hier – im Februar beginnende Monatsfrist (außer in Schaltjahren) tatsächlich schon nach vier Wochen endet.[153] Die Anfechtungsklage konnte daher gemäß § 58 Abs. 2 S. 1 VwGO innerhalb eines Jahres erhoben werden. Diese Frist hat A mit der am 26.03. erhobenen Klage gewahrt.

Nach h.M. regelt § 78 VwGO die passive Prozessführungsbefugnis und damit eine Zulässigkeitsvoraussetzung. Die Gegenansicht sieht darin eine Regelung der Passivlegitimation und prüft dies zu Beginn der Begründetheit.

VI. Schließlich muss die Anfechtungsklage gegen den **richtigen Beklagten** gerichtet werden. Gemäß § 78 Abs. 1 Nr. 1 VwGO ist die Anfechtungsklage grds. gegen die Körperschaft zu richten, deren Behörde den angefochtenen Verwaltungsakt erlassen hat. Bei entsprechender landesrechtlicher Bestimmung ist Klagegegner gemäß § 78 Abs 1 Nr. 2 VwGO die Behörde selbst.

B. Begründetheit der Klage

Die Anfechtungsklage des A ist begründet, soweit der angefochtene Verwaltungsakt rechtswidrig und der Kläger dadurch in seinen Rechten verletzt ist (§ 113 Abs. 1 S. 1 VwGO).

I. Der Verwaltungsakt ist **rechtmäßig**, wenn er auf einer wirksamen Ermächtigungsgrundlage beruht und diese in formeller und materieller Hinsicht ordnungsgemäß angewendet worden ist.

1. Ermächtigungsgrundlage für die Gewerbeuntersagung ist mangels Spezialregelung § 35 Abs. 1 S. 1 GewO.

---

153 Vgl. Sodan/Ziekow VwGO § 58 Rn. 69.

2. Bedenken gegen die **formelle Rechtmäßigkeit** bestehen nicht, insbesondere hat die zuständige Behörde gehandelt. Die nach § 28 Abs. 1 VwVfG erforderliche Anhörung ist erfolgt.

3. Materielle Rechtmäßigkeit

Die Gewerbeuntersagung ist materiell rechtmäßig, wenn die tatbestandlichen Voraussetzungen des § 35 Abs. 1 S. 1 GewO erfüllt sind und die von der Behörde gesetzte Rechtsfolge nicht zu beanstanden ist.

Schwerpunkt der Begründetheit ist die Prüfung der Rechtmäßigkeit des VA, wie Sie dies aus dem Verwaltungsrecht kennen (s.o. S. 18 ff.).

a) Nach § 35 Abs. 1 S. 1 GewO müssen Tatsachen vorliegen, die die **Unzuverlässigkeit** des Gewerbetreibenden in Bezug auf das ausgeübte Gewerbe dartun. Unzuverlässig ist ein Gewerbetreibender, wenn er nach dem Gesamteindruck seines Verhaltens nicht die Gewähr dafür bietet, dass er sein Gewerbe künftig ordnungsgemäß betreibt.[154] Die hierfür erforderliche Prognose kann sich vor allem auf das Verhalten des Gewerbetreibenden in der Vergangenheit stützen. Entscheidend ist, ob der Gewerbetreibende nach den gesamten Umständen wahrscheinlich auch weiterhin nicht willens oder in der Lage ist, seine beruflichen Pflichten zu erfüllen. Indiz hierfür kann insbesondere auch die **wirtschaftliche Leistungsunfähigkeit** des Gewerbetreibenden sein.

Der Umstand, dass A seit geraumer Zeit seinen steuerrechtlichen Verpflichtungen nicht nachgekommen ist, spricht bereits für die **gewerberechtliche Unzuverlässigkeit**. Verstärkt wird diese Einschätzung dadurch, dass A auch die Zahlung der Sozialversicherungsabgaben für seine Beschäftigten eingestellt hat. Gerade letzteres hat für die Beurteilung der Unzuverlässigkeit besonderes Gewicht, da die Nichtabführung von Sozialversicherungsabgaben erhebliche Nachteile für die sozialrechtlichen Leistungsansprüche der Arbeitnehmer hat. Damit lässt der Gesamteindruck des Verhaltens des A darauf schließen, dass er auch künftig sein Gewerbe nicht ordnungsgemäß führen wird. Damit ist er unzuverlässig.

b) Die Untersagung müsste gemäß § 35 Abs. 1 S. 1 GewO zum Schutz der Allgemeinheit oder der im Betrieb Beschäftigten **erforderlich** sein. Durch die Steuerrückstände des A wird die Allgemeinheit geschädigt. Dies gilt auch bezüglich der Nichtabführung der Sozialversicherungsabgaben für die Versichertengemeinschaft. Damit ist die Untersagung i.S.d. § 35 Abs. 1 S. 1 GewO auch erforderlich, sodass die tatbestandlichen Voraussetzungen des § 35 Abs. 1 GewO erfüllt sind.

4. Gemäß § 35 Abs. 1 S. 1 GewO „ist" die Gewerbeausübung bei Vorliegen der tatbestandlichen Voraussetzungen zu untersagen. Es handelt sich um eine gebundene Entscheidung, sodass der Behörde hinsichtlich der **Rechtsfolge kein Ermessen** zusteht. Damit ist die Untersagungsverfügung auch insoweit nicht zu beanstanden.

II. Die Gewerbeuntersagung ist deshalb rechtmäßig und kann A auch nicht in seinen Rechten verletzen.

Ergebnis: Die Anfechtungsklage des A ist zulässig, aber nicht begründet. Die Klage des A gegen die Gewerbeuntersagung hat folglich keinen Erfolg.

---

154 Vgl. z.B. OVG NRW NVwZ-RR 2011, 553, 554.

Fall 32: Begründetheit der Anfechtungsklage
(Fortführung von Fall 31)

Nachdem A Klage gegen die Gewerbeuntersagung erhoben hat, hat sich seine finanzielle Lage gebessert. Mit dem Finanzamt hat er eine Ratenzahlungsvereinbarung zur Tilgung seiner Steuerschulden getroffen. Seinen Zahlungsverpflichtungen kommt er nunmehr nach, ebenso hat er seine Steuererklärungen in der letzten Zeit stets fristgerecht abgegeben. Die ausstehenden Sozialversicherungsbeiträge hat er fast vollständig nachgezahlt. Wie wird das Verwaltungsgericht über die Klage des A nunmehr entscheiden?

A. Zulässigkeit der Klage

Ist die Zulässigkeit der Klage unproblematisch, sollte dies auch in der Klausur in der gebotenen Kürze dargestellt werden.

I. Der **Verwaltungsrechtsweg** ist gemäß § 40 Abs. 1 S. 1 VwGO eröffnet. Streitentscheidend sind die öffentlich-rechtlichen Vorschriften der GewO. Die Streitigkeit ist nichtverfassungsrechtlicher Art und keinem anderen Gericht zugewiesen.

II. Die **Anfechtungsklage** ist gemäß § 42 Abs. 1 Fall 1 VwGO **statthaft**, da A die Aufhebung der Gewerbeuntersagung als belastenden Verwaltungsakt i.S.d. § 35 VwVfG begehrt.

III. Im Rahmen der nach § 42 Abs. 2 VwGO erforderlichen **Klagebefugnis** kann A als Adressat eines belastenden Verwaltungsakts geltend machen, in seinem Grundrecht aus Art. 12 Abs. 1 GG auf Berufsfreiheit verletzt zu sein.

IV. Das gemäß § 68 Abs. 1 S. 1 VwGO erforderliche **Vorverfahren** ist ordnungsgemäß durchgeführt worden.

V. Die **Klagefrist**, die hier im Hinblick auf die unrichtige Rechtsbehelfsbelehrung abweichend von § 74 Abs. 1 S. 1 VwGO nicht einen Monat, sondern gemäß § 58 Abs. 2 S. 1 VwGO ein Jahr betrug, ist gewahrt.

VI. Richtiger Beklagter ist gemäß § 78 Abs. 1 Nr. 1 VwGO die Stadt bzw. gemäß § 78 Abs. 1 Nr. 2 VwGO i.V.m. Landesrecht der Bürgermeister als Gewerbebehörde.

Die Anfechtungsklage des B ist damit zulässig.

B. Begründetheit der Klage

Die Anfechtungsklage ist begründet, soweit der angefochtene Verwaltungsakt rechtswidrig und der Kläger dadurch in seinen Rechten verletzt ist (§ 113 Abs. 1 S. 1 VwGO).

I. Ermächtigungsgrundlage ist § 35 Abs. 1 S. 1 GewO (s.o.).

Auch die Prüfung der formellen Rechtmäßigkeit braucht i.d.R. nur kurz dargestellt werden. Die Anhörung (§ 28 VwVfG) sollte in jedem Fall angesprochen werden.

II. Bedenken gegen die **formelle Rechtmäßigkeit** bestehen nicht, insbesondere hat die zuständige Behörde gehandelt. Die nach § 28 Abs. 1 VwVfG erforderliche Anhörung ist erfolgt.

III. Materielle Rechtmäßigkeit

Der angefochtene Verwaltungsakt ist materiell rechtmäßig, wenn die tatbestandlichen Voraussetzungen der Ermächtigungsgrundlage erfüllt sind und die angeordnete Rechtsfolge nicht zu beanstanden ist.

1. In **tatbestandlicher Hinsicht** müssten Tatsachen vorliegen, die die Unzuverlässigkeit des Gewerbetreibenden in Bezug auf das ausgeübte Gewerbe dartun.

a) Aufgrund der Nichtabführung von Steuern und Sozialabgaben bot A nach dem Gesamteindruck seines Verhaltens nicht die Gewähr dafür, dass er sein Gewerbe künftig ordnungsgemäß betreiben würde und war damit **unzuverlässig** i.S.d. § 35 Abs. 1 GewO *(s.o. Fall 31).*

b) An dieser Beurteilung könnte sich jedoch etwas durch das Verhalten des A während des gerichtlichen Verfahrens geändert haben. Fraglich ist allerdings, ob diese **nach Abschluss des behördlichen Verfahrens** eingetretene Veränderung vom Gericht überhaupt zu berücksichtigen ist.

Dafür könnte sprechen, dass § 113 Abs. 1 S. 1 VwGO darauf abstellt, ob der Kläger **im Zeitpunkt der gerichtlichen Entscheidung** einen Anspruch auf die Aufhebung des angefochtenen Verwaltungsakts hat. Diese Frage beurteilt sich aber nicht nach dem Prozessrecht, sondern nach dem jeweils einschlägigen materiellen Recht.

aa) Bei der **Anfechtungsklage** geht es um die Überprüfung einer Verwaltungsentscheidung. Gegenstand der Klage ist der Verwaltungsakt in der Gestalt des Widerspruchsbescheides (§ 79 Abs. 1 Nr. 1 VwGO). Hat die Behörde bei ihrer Entscheidung die zu diesem Zeitpunkt geltende Sach- und Rechtslage beachtet, so hat sie sich rechtmäßig verhalten. Daher ist anerkannt, dass es bei der Beurteilung der Rechtmäßigkeit eines Verwaltungsakts und damit für die Begründetheit der Anfechtungsklage grds. auf den **Zeitpunkt der letzten Verwaltungsentscheidung** ankommt,[155] also hier den Erlass des Widerspruchsbescheides. In diesem Zeitpunkt waren die Voraussetzungen des § 35 Abs. 1 GewO erfüllt und die Gewerbeuntersagung auch im Übrigen rechtmäßig.

bb) Aus der **Eigenart des Verwaltungsakts** und der für ihn maßgeblichen gesetzlichen Regelung kann sich jedoch ergeben, dass auch bei einer Anfechtungsklage nachträgliche Änderungen der Sach- und/oder Rechtslage zu berücksichtigen sind, aufgrund derer der ursprünglich rechtmäßige Verwaltungsakt rechtswidrig werden kann. Dann kommt es auf den **Zeitpunkt der letzten mündlichen Verhandlung** an. Dies gilt insbesondere bei einem sog. Dauer-Verwaltungsakt, der den Bürger nicht nur einmal, sondern laufend belastet. Ein Dauer-VA muss grds. während der gesamten Dauer seiner Geltung gesetzlich gerechtfertigt sein.[156]

Bei der Verpflichtungsklage kommt es darauf an, ob der Kläger im Zeitpunkt der gerichtlichen Entscheidung einen Anspruch auf den begehrten Verwaltungsakt hat. Entscheidungserheblich ist daher bei der Verpflichtungsklage grds. der Zeitpunkt der letzten mündlichen Verhandlung.

Die Gewerbeuntersagung nach § 35 Abs. 1 GewO ist ein Dauer-VA, da sie gegenüber dem Adressaten ein dauerndes Verbot der Gewerbeausübung bewirkt. Nach der Eigenart des angefochtenen Verwaltungsakts könnte man daher annehmen, dass das Verwaltungsgericht die späteren Veränderungen berücksichtigen muss.

cc) Etwas anderes gilt aber auch für Dauer-Verwaltungsakte, wenn sich aus der **Eigenart der gesetzlichen Regelung** ergibt, dass nachträgliche Veränderungen nur außerhalb des gerichtlichen Verfahrens zu berücksichtigen sind.

---

155 BVerwG NVwZ 2011, 115, 116.
156 BVerwG NVwZ 2014, 151, 154.

Hierfür spricht im vorliegenden Fall die Regelung in § 35 Abs. 6 GewO. Danach ist dem Gewerbetreibenden aufgrund eines Antrags die persönliche Ausübung des Gewerbes wieder zu gestatten, wenn Tatsachen die Annahme rechtfertigen, dass eine Unzuverlässigkeit i.S.d. § 35 Abs. 1 GewO nicht mehr vorliegt. Hieraus ergibt sich, dass das Gesetz zwischen dem Untersagungsverfahren nach § 35 Abs. 1 GewO einerseits und dem Verfahren auf Wiedergestattung nach § 35 Abs. 6 GewO andererseits deutlich trennt. Würde man in einem solchen Fall allein aufgrund des Wegfalls der ursprünglich gegebenen Voraussetzungen der Klage stattgeben, würden die besonderen gesetzlichen Voraussetzungen der Wiedergestattung umgangen. Nachträgliche Veränderungen sind daher (nur) im behördlichen Verfahren auf Wiedergestattung zu berücksichtigen, aber nicht im Anfechtungsprozess gegen die Gewerbeuntersagung.[157]

Da nach § 79 Abs. 1 Nr. 1 VwGO Gegenstand der Anfechtungsklage der AusgangsVA in der Gestalt des Widerspruchsbescheides ist, müssen im Widerspruchsverfahren grds. alle Sach- und Rechtsänderungen berücksichtigt werden.

Die nach Abschluss des Widerspruchsverfahrens eingetretenen Änderungen sind daher im laufenden verwaltungsgerichtlichen Verfahren **nicht entscheidungserheblich**.

2. Die Untersagung war gemäß § 35 Abs. 1 S. 1 GewO auch zum Schutz der Allgemeinheit oder der im Betrieb Beschäftigten **erforderlich** (s.o.).

3. Der **Rechtsfolge** nach handelt es sich bei der Gewerbeuntersagung nach § 35 Abs. 1 S. 1 GewO um eine gebundene Entscheidung. Anhaltspunkte dafür, dass die Verfügung ausnahmsweise unverhältnismäßig sein könnte, sind nicht ersichtlich.

Ergebnis: Die Gewerbeuntersagung erweist sich daher als rechtmäßig. Die Klage des A ist unbegründet.

157 Vgl. z.B. BVerwG RÜ 2016, 46, 49.

2. Die Verpflichtungsklage

Fall 33: Zulässigkeit der Verpflichtungsklage

Das Land L gewährt als Reaktion auf eine Hochwasserkatastrophe zinslose Unterstützungsdarlehen an Personen, die hierdurch in eine wirtschaftliche Notlage geraten sind. Die Bereitstellung der Mittel erfolgt im Haushaltsplan des Landes L. Ergänzend hierzu hat das zuständige Ministerium Förderrichtlinien erlassen, in denen die näheren Einzelheiten des Förderanspruchs festgelegt und zudem die Modalitäten der Darlehensgewährung konkretisiert sind.

G, der in dem Bereich des überschwemmten Gebietes eine Gaststätte betreibt, erfüllt seiner Ansicht nach die Voraussetzungen für die Gewährung einer Zuwendung. Er wendet sich daher an die zuständige Behörde und beantragt die „Zahlung von Fördergeldern". Der Antrag wird von der Behörde mit der Begründung abgelehnt, die entsprechenden Haushaltsmittel müssten aufgrund einer allgemeinen Haushaltskrise zunächst zurückgestellt werden.

G legt gegen diesen Bescheid form- und fristgerecht Widerspruch ein, der mit der Begründung abgelehnt wird, dass B schon gar nicht widerspruchsbefugt sei, da es sich um eine freiwillige Leistung handele, auf die G rechtlich keinen Anspruch habe. G wendet sich daraufhin an Rechtsanwalt R und beauftragt diesen, die Zulässigkeit einer verwaltungsgerichtlichen Klage zu prüfen.

Eine verwaltungsgerichtliche Klage ist zulässig, wenn deren Sachurteilsvoraussetzungen vorliegen.

I. Dann müsste zunächst der **Verwaltungsrechtsweg** eröffnet sein. Mangels aufdrängender Spezialzuweisung richtet sich dies nach der **Generalklausel** des § 40 Abs. 1 S. 1 VwGO.

1. Dann müsste es sich um eine **öffentlich-rechtliche Streitigkeit** handeln. Das ist der Fall, wenn sich die streitentscheidenden Normen aus dem öffentlichen Recht ergeben.

a) Die Bereitstellung der Mittel für das zinslose Darlehen erfolgt vorliegend aufgrund des Haushaltsgesetzes, während die Einzelheiten des Anspruchs in ergänzenden Förderungsrichtlinien konkretisiert werden. Da sowohl das Haushaltsgesetz als auch die ergänzenden Förderungsrichtlinien dem öffentlichen Recht zuzuordnen sind, könnte von einer öffentlich-rechtlichen Streitigkeit ausgegangen werden.

b) Andererseits ist aber zu berücksichtigen, dass die Förderungsleistungen in Gestalt eines Darlehens gewährt werden und aus diesem Grund auch die zivilrechtlichen Vorschriften der §§ 488 ff. BGB zu beachten sind. Da folglich sowohl öffentlich-rechtliche als auch zivilrechtliche Normen einschlägig sind, wird in Rechtsprechung und Literatur zur sachgerechten Zuordnung danach differenziert, ob sich der Streitgegenstand auf die Frage des Leistungsanspruchs als solchen („Ob") bezieht oder lediglich die Abwicklung („Wie") des Leistungsverhältnisses betrifft (sog. **Zwei-Stufen-Theorie**).[158]

158 OVG NRW NJW 2001, 698, 699.

Während Fragen der ersten Stufe, also ob Leistungen überhaupt gewährt werden, öffentlich-rechtlicher Natur sind, können Streitigkeiten auf der zweiten Stufe privatrechtlicher Natur sein, wenn sich die Verwaltung privatrechtlicher Gestaltungsmöglichkeiten bedient.

Vorliegend streiten die Beteiligten um die Frage, ob G überhaupt einen Anspruch auf das Unterstützungsdarlehen hat, sodass sich der Streitgegenstand auf die Frage des „Ob" der Leistung bezieht. Folglich liegt eine öffentlich-rechtliche Streitigkeit vor.

2. Die Streitigkeit ist auch nichtverfassungsrechtlicher Art und keinem anderen Gericht ausdrücklich zugewiesen, sodass der Verwaltungsrechtsweg gemäß § 40 Abs. 1 S. 1 VwGO eröffnet ist.

II. Statthafte Klageart ist gemäß § 42 Abs. 1 Fall 2 VwGO die Verpflichtungsklage, wenn G den Erlass eines Verwaltungsaktes begehrt.

1. Legt man das Begehren des G, wonach dieser schlicht die Zahlung von Fördergeldern beansprucht, wörtlich zugrunde, so könnte es an einer **Regelung** i.S.d. § 35 S. 1 VwVfG fehlen. Denn die Zahlung als solche begründet keine Rechtsfolgen, sondern erfolgt durch schlichtes Verwaltungshandeln.

2. Zu beachten ist allerdings, dass der tatsächlichen Auszahlung des Darlehensbetrages eine behördliche Entscheidung über das Vorliegen der Förderungsvoraussetzungen vorgeschaltet ist. Dieser **vorgelagerte Subsumtionsakt** der Behörde und die Entscheidung, ob G eine Förderung erhält oder nicht, soll unmittelbar Rechtsfolgen entfalten, sodass die für den Verwaltungsakt erforderliche Regelungswirkung zu bejahen ist. Damit begehrt B den Erlass eines Verwaltungsaktes („Bewilligungsbescheid"), sodass die Verpflichtungsklage gemäß § 42 Abs. 1 Fall 2 VwGO statthaft ist.

Der Prüfungsumfang im Rahmen der Klagebefugnis ist variabel. Nach der Rspr. fehlt die Klagebefugnis nur, wenn subjektive Rechte des Klägers offensichtlich und eindeutig nach keiner Betrachtungsweise verletzt sein können (sog. Negativformel). Die Frage nach der Anspruchsqualität kann daher auch in die Begründetheit verlagert werden.

III. Die auch bei der Verpflichtungsklage gemäß § 42 Abs. 2 VwGO erforderliche **Klagebefugnis** setzt voraus, dass der Kläger geltend machen kann, durch die Ablehnung des Verwaltungsakts in seinen Rechten verletzt zu sein, d.h. der Kläger muss geltend machen, einen **Anspruch** auf den begehrten Verwaltungsakt zu haben. Demgegenüber wäre die Klagebefugnis nicht gegeben, wenn ein Anspruch des G auf den abgelehnten Verwaltungsakt von vornherein unter allen denkbaren Gesichtspunkten ausscheiden würde.

1. Vorrangig stellt sich die Frage, ob etwaige **einfachgesetzliche Normen** einen Anspruch zugunsten des G begründen können. Dies setzt voraus, dass diese Normen überhaupt geeignet sind, ein subjektives Recht zu vermitteln. Ob eine Norm einen solchen Individualschutz umfasst, richtet sich nach der sog. Schutznormtheorie. Danach entfaltet eine Norm Individualschutz, wenn sie nicht nur auf den Schutz der Interessen der Allgemeinheit gerichtet ist, sondern (final) auch dem Schutz des Einzelnen zu dienen bestimmt ist.

Ein solches **subjektives Recht** könnte sich hier aus der Ausweisung der Fördermittel im Haushaltsgesetz ergeben. Allerdings dienen diese ausschließlich dem Interesse an einer ordnungsgemäßen Haushaltswirtschaft und vermitteln schon aufgrund dieser Schutzrichtung kein subjektives Recht zugunsten des Bürgers. Dies folgt auch aus den haushaltsrechtlichen Vorschriften, wonach durch den Haushaltsplan Ansprüche nicht begründet werden (vgl. § 3 Abs. 2 BHO bzw. LHO). Aus diesem Grund kann B mangels eines individualschützenden Charakters aus dem Haushaltsgesetz unmittelbar keine Klagebefugnis herleiten.

2. Möglicherweise könnte G jedoch die Klagebefugnis auf die **Förderrichtlinien** der zuständigen Landesbehörde stützen.

a) Bedenken bestehen aber schon deswegen, weil diese Richtlinien bloße **Verwaltungsvorschriften** darstellen. Als solche entfalten sie Rechtswirkungen nur im staatlichen Innenbereich und können für den Bürger grundsätzlich keine Rechte und Pflichten begründen.

b) Allerdings lässt sich über die nach außen geübte Verwaltungspraxis und den Gleichheitssatz des Art. 3 Abs. 1 GG eine Selbstbindung der Verwaltung und damit eine **mittelbare Außenwirkung** zugunsten des Bürgers begründen.[159] Die Verwaltung verstößt gegen den Gleichheitssatz, wenn sie in einzelnen Fällen ohne sachlichen Grund von ihrer ständigen Verwaltungspraxis abweicht, die in den Förderrichtlinien festgelegt ist.[160] In diesem Fall kann der Kläger jedenfalls einen Anspruch auf ermessensfehlerfreie Entscheidung geltend machen. Insoweit ist G gemäß § 42 Abs. 2 VwGO klagebefugt.

IV. Das gemäß § 68 Abs. 2 i.V.m. Abs. 1 S. 1 VwGO (vorbehaltlich landesrechtlicher Ausnahmen nach § 68 Abs. 1 S. 2 VwGO) auch bei der Verpflichtungsklage erforderliche **Vorverfahren** wurde ordnungsgemäß durchgeführt.

V. Die gemäß § 74 Abs. 2 i.V.m. Abs. 1 S. 1 VwGO einzuhaltende **Klagefrist** von einem Monat nach Zustellung des Widerspruchsbescheides kann im vorliegenden Fall noch gewahrt werden.

Findet ein Vorverfahren nicht statt, gilt für die Verpflichtungsklage die Klagefrist des § 74 Abs. 2 i.V.m. Abs. 1 S. 2 VwGO.

VI. Gemäß § 78 Abs. 1 Nr. 1 VwGO ist das Land L **richtiger Beklagter** (bzw. bei entsprechender landesrechtlicher Regelung die Ausgangsbehörde gemäß § 78 Abs. 1 Nr. 2 VwGO).

Ergebnis: Damit ist die Klage des G als Verpflichtungsklage vor dem Verwaltungsgericht zulässig.

Ist nicht nur nach der Zulässigkeit, sondern allgemein nach den Erfolgsaussichten einer Klage gefragt, wird die Frage nach der Anspruchsgrundlage typischerweise in der Begründetheit problematisiert und bei der Klagebefugnis nur darauf abgestellt, dass ein Anspruch jedenfalls nicht von vornherein und nach jeder Betrachtungsweise ausgeschlossen ist.

159 VGH BW RÜ 2019, 189, 191.
160 Maurer/Waldhoff § 24 Rn. 27 f.

Fall 34: Begründetheit der Verpflichtungsklage
(Fortführung von Fall 33)

Die Förderrichtlinien haben folgenden Inhalt:

§ 3 Fördervoraussetzungen

(I) Gewerbetreibende in dem in § 2 der Richtlinien bezeichneten Gebiet kann ein zinsloses Darlehen bis zur Höhe von einmalig 50.000 € bewilligt werden, wenn nachgewiesen ist, dass der geltend gemachte Aufwand infolge der Überschwemmung entstanden ist.

(II) Der Antrag kann abgelehnt werden, wenn die Rückzahlung des Darlehens nicht sichergestellt ist.

G, der seine Gaststätte in der betroffenen Region betreibt, beansprucht eine Förderung in Höhe von 30.000 €. In dieser Höhe kann er auch tatsächlich einen Reparaturbedarf aus Anlass der Überschwemmung nachweisen. In den Geschäftsberichten der letzten fünf Jahre ist außerdem dokumentiert, dass der von G erzielte Umsatz nur sehr geringen Schwankungen unterworfen, teilweise sogar gestiegen ist.

Die Behörde lehnt eine Förderung des G dennoch mit der Begründung ab, dass sich in dem räumlichen Umfeld in den letzten Jahren viele Gaststätten angesiedelt hätten. Aus diesem Grund sei ein weiterer Bedarf an solchen Betrieben nicht gegeben.

G ist mit dieser Begründung nicht einverstanden und bittet um Begutachtung der Erfolgsaussichten der zulässigen Verpflichtungsklage.

Bei der Verpflichtungsklage ist der Anspruchsaufbau i.d.R. dem Rechtswidrigkeitsaufbau vorzuziehen.

Die zulässige Verpflichtungsklage des G ist begründet, soweit die Ablehnung des Verwaltungsaktes rechtswidrig ist, der Kläger dadurch in seinen Rechten verletzt und die Sache spruchreif ist (§ 113 Abs. 5 VwGO). Dies ist der Fall, wenn der Kläger einen **Anspruch** auf Erlass des begehrten Verwaltungsaktes hat oder, bei fehlender Spruchreife, zumindest einen Anspruch auf Neubescheidung seines Antrages (§ 113 Abs. 5 S. 2 VwGO).

Hat man in der Klagebefugnis lediglich mit der sog. Negativformel gearbeitet (s.o. S. 92), muss die Anspruchsqualität im Rahmen der Begründetheit näher erörtert werden.

I. Anspruchsgrundlage ist Art. 3 Abs. 1 GG i.V.m. dem Grundsatz der Selbstbindung der Verwaltung (s.o. S. 93).

II. Ein Anspruch besteht nur, wenn die formellen und materiellen **Voraussetzungen** erfüllt sind.

1. Formelle Voraussetzungen

a) Den für die Förderung erforderlichen **Antrag** hat B ordnungsgemäß gestellt.

b) Sonstige formelle Voraussetzungen setzt die Förderung nicht voraus, insbesondere bedarf es nicht der Mitwirkung einer anderen Behörde.

2. In **materieller Hinsicht** müssen die **Anspruchsvoraussetzungen** für die begehrte Förderung gegeben sein.

Die von B nachgewiesenen Kosten stehen nachweislich in einem ursächlichen Zusammenhang mit der Überschwemmung. Damit sind die materiellen Voraussetzungen des § 3 der Förderrichtlinien erfüllt.

III. Rechtsfolge

1. Einen Anspruch auf Gewährung der Fördergelder hat B allerdings nur, wenn es sich dabei um einen **gebundenen Anspruch** handelt.

a) Nach den Richtlinien ist die Förderung grds. in das **Ermessen** der Behörde gestellt. Die Behörde kann daher im Rahmen des Art. 3 Abs. 1 GG nach Zweckmäßigkeitsgesichtspunkten entscheiden, ob und bejahendenfalls in welchem Umfang sie Förderleistungen gewährt.

b) Etwas anderes gilt nur dann, wenn eine **Ermessensreduzierung auf Null** eingreift. Dafür bestehen hier indes keine Anhaltspunkte.

2. Steht die Leistung im Ermessen der Behörde, so hat der Bürger grds. nur einen **Anspruch auf ermessensfehlerfreie Entscheidung**. Dieser ist erfüllt und damit erloschen, wenn die Behörde bereits ermessensfehlerfrei entschieden hat.

a) Hier könnte ein **Ermessensfehler** in Gestalt eines Ermessensfehlgebrauchs vorliegen. Ein solcher ist zu bejahen, wenn sich die Behörde bei der Entscheidung von **sachfremden Erwägungen** hat leiten lassen. Sachfremd ist eine Erwägung dann, wenn sie mit der sie tragenden Ermächtigung in keinem sachlichen Zusammenhang steht. Dies kommt vor allem dann in Betracht, wenn die maßgebliche Vorschrift auf die in dem Verwaltungsakt bezeichneten Erwägungen gar nicht abstellt.

b) Im vorliegenden Fall hat die zuständige Behörde die Gewährung des Darlehens mit der Begründung abgelehnt, dass in dem räumlichen Umfeld des G bereits viele Gaststätten angesiedelt seien und aus diesem Grund weiterer Bedarf an Gaststätten nicht bestehe. Auf diesen Umstand stellen die Förderrichtlinien aber überhaupt nicht ab. Vielmehr kommt nach den Richtlinien eine Ablehnung des Antrages nur dann in Betracht, wenn die Rückzahlung des Darlehens nicht sichergestellt ist. Dazu müssten allerdings etwaige negative Umsatzentwicklungen diese Befürchtung tatsächlich stützen. G kann jedoch nachweisen, dass der Umsatz in den letzten Jahren im Wesentlichen gleich geblieben ist. Sonstige Gründe dafür, dass eine Rückzahlung des Darlehens gefährdet ist, sind von der Behörde nicht herangezogen worden. Die bisherige Ablehnung erweist sich daher als **ermessensfehlerhaft**, sodass der Anspruch des G auf ermessensfehlerfreie Entscheidung fortbesteht.

3. Hat der Bürger keinen gebundenen Anspruch auf Erlass des Verwaltungsaktes, sondern nur einen Anspruch auf ermessensfehlerfreie Entscheidung, ist die Sache noch **nicht spruchreif**, sodass kein Verpflichtungsurteil gemäß § 113 Abs. 5 S. 1 VwGO ergehen kann. Das Gericht verpflichtet die Behörde dann nur dazu, den Kläger unter Beachtung der Rechtsauffassung des Gerichts zu bescheiden (§ 113 Abs. 5 S. 2 VwGO, sog. **Bescheidungsurteil**).

Ergebnis: Die Klage des G hat daher nur teilweise Erfolg.

3. Die allgemeine Leistungsklage

Fall 35: Zulässigkeit und Begründetheit der Leistungsklage

K ist Chefredakteur der B-Zeitung. Er begehrt vom Bundesnachrichtendienst (BND) Auskunft darüber, ob und in welchem Umfang der BND Informationen über deutsche Staatsangehörige an die National Security Agency (NSA) der Vereinigten Staaten von Amerika (USA) weitergegeben hat. Der BND lehnt die Beantwortung ab und verweist darauf, dass er zu operativen Aspekten seiner Arbeit grundsätzlich keine Auskunft erteile. K verweist demgegenüber darauf, dass ihm nach § 4 LPresseG und § 1 IFG sowie unmittelbar aus Art. 5 Abs. 1 S. 2 GG ein Anspruch auf Information zustehe. Könnte K sein Begehren mit Erfolg gerichtlich geltend machen?

§ 4 LPresseG lautet: Die Behörden sind verpflichtet, den Vertretern der Presse die der Erfüllung ihrer öffentlichen Aufgabe dienenden Auskünfte zu erteilen.

Eine Klage des K hat Erfolg, soweit sie zulässig und begründet ist.

A. Zulässigkeit einer Klage

I. Der **Verwaltungsrechtsweg** ist gemäß § 40 Abs. 1 S. 1 VwGO nur eröffnet, wenn eine öffentlich-rechtliche Streitigkeit vorliegt.

1. Öffentlich-rechtlich ist eine Streitigkeit, wenn das Rechtsverhältnis, aus dem der geltend gemachte Anspruch hergeleitet wird, öffentlich-rechtlicher Natur ist. K stützt seinen Auskunftsanspruch u.a. auf § 4 LPresseG und § 1 IFG. Diese Vorschriften sind öffentlich-rechtlich, da aus ihnen die Behörden gerade in ihrer Eigenschaft als Hoheitsträger verpflichtet werden.

2. Die Streitigkeit müsste **nichtverfassungsrechtlicher Art** sein. Verfassungsrechtlich sind grundsätzlich nur Streitigkeiten zwischen Verfassungsorganen oder sonst unmittelbar am Verfassungsleben beteiligten Personen, bei deren Hauptfrage es um die Anwendung und/oder Auslegung von Staatsverfassungsrecht geht (sog. doppelte Verfassungsunmittelbarkeit). An dem formellen Aspekt fehlt es hier. Auch wenn sich der Bürger auf Grundrechte (hier Art. 5 Abs. 1 S. 2 GG) beruft, wird dadurch das streitige Rechtsverhältnis nicht so entscheidend vom Verfassungsrecht geprägt, dass andere Gesichtspunkte vollständig zurückträten. Hauptfrage der Streitigkeit ist die Rechtmäßigkeit einer behördlichen Maßnahme, die Vereinbarkeit mit Grundrechten ist nur eine Vorfrage. Die Streitigkeit ist damit nichtverfassungsrechtlicher Art.

3. Die Streitigkeit ist auch **keinem anderen Gericht** ausdrücklich zugewiesen, sodass der Verwaltungsrechtsweg gemäß § 40 Abs. 1 S. 1 VwGO eröffnet ist.

II. Sachlich zuständig ist nach § 50 Abs. 1 Nr. 4 VwGO im ersten und letzten Rechtszug das **BVerwG**, weil dem Klagebegehren Vorgänge im Geschäftsbereich des BND zugrunde liegen.

III. Die **statthafte Klageart** richtet sich nach dem Klagebegehren des K (§ 88 VwGO).

1. Eine **Verpflichtungsklage** gemäß § 42 Abs. 1 Fall 2 VwGO setzt voraus, dass K den Erlass eines Verwaltungsaktes begehrt.

a) Durch die **Erteilung einer Auskunft** wird unmittelbar keine Rechtsfolge gesetzt, sodass **mangels Regelung kein Verwaltungsakt**, sondern schlichtes Verwaltungshandeln vorliegt.

b) Etwas anderes gilt jedoch dann, wenn der Erteilung der Auskunft eine **regelnde Entscheidung** durch Verwaltungsakt **vorgeschaltet** ist. Das ist insbesondere der Fall, wenn die Behörde vor der Erteilung der Information eine Ermessensentscheidung treffen muss oder wenn nach dem Gesetz eine Subsumtion im Einzelfall erfolgen muss und die Behörde nach einer Abwägung entscheidet, „ob" sie die Auskunft erteilt oder nicht.[161]

Bei **Informationsansprüchen** muss die Behörde prüfen, ob Versagungsgründe bestehen, insbesondere ob der Auskunft Geheimhaltungsinteressen Dritter oder der Öffentlichkeit entgegenstehen. Der rechtliche Schwerpunkt liegt daher nicht in der Erteilung der Auskunft als schlichtem Verwaltungshandeln, sondern in der **vorgeschalteten Entscheidung** der Behörde über die Erteilung oder Versagung der Auskunft.[162] Ansprüche nach dem IFG sind daher grds. mit der Verpflichtungsklage durchzusetzen.

Vgl. auch § 9 Abs. 4 IFG des Bundes: Gegen die ablehnende Entscheidung sind Widerspruch und Verpflichtungsklage zulässig.

c) Etwas anderes gilt jedoch für **presserechtliche Auskunftsansprüche**. Aufgrund der verfassungsrechtlich durch Art. 5 Abs. 1 S. 2 GG geschützten Aufgabe, die Bürger auch über behördliche Vorgänge zu informieren, besteht zwischen der Presse und den Behörden kein Über-/Unterordnungsverhältnis, sondern eine durch informelle Kontakte geprägte Beziehung, der die Regelung durch Verwaltungsakt fremd ist. Die behördliche Weitergabe von Informationen an die Presse, sei es durch Beantwortung konkreter Fragen oder durch Aushändigung von Unterlagen, geschieht in der Regel weder in Form noch auf der Grundlage eines Verwaltungsaktes.[163] Der Erteilung der Auskunft nach § 4 LPresseG ist daher grds. keine davon gesonderte und als Verwaltungsakt zu qualifizierende „Entscheidung" vorgeschaltet. Daher scheidet insoweit eine Verpflichtungsklage aus.

2. Für den presserechtlichen Auskunftsanspruch kommt vielmehr eine **allgemeine Leistungsklage** in Betracht. Diese ist zwar in der VwGO nicht ausdrücklich geregelt, wird allerdings z.B. in §§ 43 Abs. 2, 111 VwGO erwähnt und ist gewohnheitsrechtlich anerkannt. Die allgemeine Leistungsklage ist statthaft, wenn sich das Begehren auf ein Tun, Dulden oder Unterlassen richtet, welches nicht im Erlass oder in der Aufhebung eines Verwaltungsaktes liegt. Die presserechtliche Auskunft erfolgt – wie festgestellt – durch schlichtes Verwaltungshandeln, sodass insoweit die allgemeine Leistungsklage statthaft ist.

VI. Besondere Sachurteilsvoraussetzungen

1. Für den Anspruch aus § 1 Abs. 1 IFG sind die besonderen Sachurteilsvoraussetzungen der **Verpflichtungsklage** einzuhalten.

a) Die nach § 42 Abs. 2 VwGO erforderliche **Klagebefugnis** folgt daraus, dass nach § 1 Abs. 1 S. 1 IFG „jeder" und damit auch K grds. einen Anspruch auf Zugang zu amtlichen Informationen hat.

b) Nach § 68 Abs. 2 i.V.m. § 68 Abs. 1 S. 1 VwGO muss K vor Erhebung der **Verpflichtungsklage** ein Vorverfahren durchführen.

Vgl. auch§ 9 Abs. 4 S. 2 IFG.

161 Vgl. AS-Skript Verwaltungsrecht AT 1 (2019), Rn. 237 ff.

162 BVerwG RÜ 2016, 661, 663.

163 BVerwG NVwZ 2013, 1006, 1007; Schnabel NVwZ 2012, 854, 856.

c) Für die Verpflichtungsklage gilt nach § 74 Abs. 2 i.V.m. Abs. 1 S. 1 VwGO eine **Klagefrist** von einem Monat nach Zustellung des Widerspruchsbescheides.

d) Richtiger Klagegegner ist nach § 78 Abs. 1 Nr. 1 VwGO die Bundesrepublik Deutschland, deren Behörde (BND) gehandelt hat.

Soweit es sich um eine Verpflichtungsklage handelt, liegen die besonderen Sachurteilsvoraussetzungen vor.

2. Für den durch **allgemeine Leistungsklage** durchzusetzenden presserechtlichen Anspruch gelten grundsätzlich keine besonderen Sachurteilsvoraussetzungen.

a) Umstritten ist jedoch, ob auch bei dieser Klageart eine **Klagebefugnis** gemäß § 42 Abs. 2 VwGO erforderlich ist.

aa) Auf eine **unmittelbare** Anwendung des § 42 Abs. 2 VwGO kann das Erfordernis der Klagebefugnis nicht gestützt werden. Die Vorschrift gilt schon wegen des Wortlauts, der sich nur auf die in Abs. 1 geregelte Anfechtungs- und Verpflichtungsklage bezieht („die Klage"), und ihrer systematischen Einbettung nicht direkt für die allgemeine Leistungsklage.

bb) Allerdings ist der die Vorschrift des § 42 Abs. 2 VwGO tragende Rechtsgedanke, **Popularklagen zu verhindern**, auch bei der allgemeinen Leistungsklage zu berücksichtigen.

(1) Aus diesem Grund wird überwiegend eine **analoge Anwendung** des § 42 Abs. 2 VwGO bejaht, sodass auch die allgemeine Leistungsklage nur statthaft ist, wenn der Kläger geltend machen kann, dass er möglicherweise in einem subjektiven öffentlichen Recht verletzt ist.[164] Die Gegenansicht verneint die für eine Analogie erforderliche Regelungslücke. Ausreichendes Korrektiv sei bereits die allgemeine Prozessführungsbefugnis, ohne dass es eines Rückgriffs auf § 42 Abs. 2 VwGO bedürfe.[165]

(2) Auf die Frage der analogen Anwendung des § 42 Abs. 2 VwGO kommt es indes nicht an, wenn dem K in jedem Fall ein subjektives Recht zur Seite steht, das er als verletzt geltend machen kann. Vorliegend ist jedenfalls nicht von vornherein und nach jeder Betrachtungsweise ausgeschlossen, dass K der geltend gemachte Auskunftsanspruch zusteht. Eine Entscheidung der Frage, ob § 42 Abs. 2 VwGO bei der allgemeinen Leistungsklage analog gilt, ist somit nicht erforderlich.

b) Ein **Vorverfahren** ist bei der allgemeinen Leistungsklage grundsätzlich nicht erforderlich. Eine analoge Anwendung des § 68 VwGO scheidet mangels Regelungslücke aus. Der Gesetzgeber hat bewusst eine Ausnahme nur für beamtenrechtlichen Klagen geregelt, wo § 54 Abs. 2 BeamtStG (für Landesbeamte) bzw. § 126 Abs. 2 BBG (für Bundesbeamte) ein Vorverfahren bei allen Klagen und damit auch bei der Leistungsklage vorschreibt. Grundsätzlich ist die allgemeine Leistungsklage daher ohne Durchführung eines Vorverfahrens zulässig.

c) Auch braucht bei der allgemeinen Leistungsklage grundsätzlich **keine Klagefrist** eingehalten zu werden.

---

164 Vgl. z.B. BVerwG RÜ 2016, 323, 325.
165 Erichsen Jura 1994, 476, 482 m.w.N.

d) Der **Klagegegner** richtet sich bei der allgemeinen Leistungsklage nicht nach § 78 VwGO, da diese Vorschrift nur für Anfechtungs- und Verpflichtungsklagen gilt. Die Leistungsklage ist gegen den Verwaltungsträger zu richten, der den geltend gemachten Anspruch zu erfüllen hat, hier also gegen die Bundesrepublik Deutschland.

Soweit es sich in Bezug auf presserechtliche Ansprüche um eine allgemeine Leistungsklage handelt, liegen die Sachurteilsvoraussetzungen ebenfalls vor.

Die Klage ist zulässig

B. Begründetheit der Klage

Die Klage ist begründet, soweit dem K ein Anspruch auf die begehrte Auskunft zusteht.

I. Der Anspruch des K könnte sich aus **§ 1 Abs. 1 S. 1 IFG** ergeben. Danach hat jeder nach Maßgabe des IFG gegenüber den Behörden des Bundes einen Anspruch auf Zugang zu amtlichen Informationen. Beim BND handelt es sich zwar um eine Bundesbehörde (§ 1 Abs. 1 S. 1 BNDG). Nach § 3 Nr. 8 IFG besteht der Anspruch auf Informationszugang jedoch nicht gegenüber den Nachrichtendiensten.[166] Aus § 1 Abs. 1 S. 1 IFG ergibt sich daher **kein Anspruch** des K.

II. Der Auskunftsanspruch könnte sich aus **§ 4 LPresseG** ergeben. Danach sind Behörden verpflichtet, den Vertretern der Presse die der Erfüllung ihrer öffentlichen Aufgabe dienenden Auskünfte zu erteilen. Fraglich ist jedoch, ob sich diese landesrechtliche Regelung auch gegen **Bundesbehörden** wie den BND richtet.

Alle Landespressegesetze enthalten vergleichbare Regelungen. Eine ausdrückliche Beschränkung auf Landesbehörden enthält § 4 BremPrG.

1. Teilweise wird dies bejaht. Die Gesetzesbindung der Verwaltung (Art. 20 Abs. 3 GG) führe dazu, dass Bundesbehörden im Rahmen ihrer Tätigkeit das jeweilige (wirksame) Landesrecht zu beachten haben. Verfassungsrecht gebiete keine einschränkende Interpretation, da das Presserecht mangels Kompetenz des Bundes nach Art. 73, 74 GG von der **Gesetzgebungskompetenz der Länder** (Art. 70 GG) umfasst sei.[167]

2. Die Gegenansicht verweist demgegenüber darauf, dass das Presserecht keine eigenständige Gesetzesmaterie ist, sondern als Annex aus der jeweiligen Sachkompetenz folgt. Soweit die **Annexkompetenz des Bundes** reicht, sei der Bund für presserechtliche Regelungen zuständig, z.B. für Auskunftsansprüche gegenüber Bundesbehörden.[168]

3. Dafür spricht, dass dem Bund die ausschließliche Kompetenz für die Gesetzgebung in auswärtigen Angelegenheiten zusteht (Art. 73 Abs. 1 Nr. 1 GG). Hierzu gehört auch der gesetzliche Auftrag an den BND zur Gewinnung von Erkenntnissen über das Ausland mit außen- und sicherheitspolitischer Relevanz. Die Kompetenz zur Regelung der Sachmaterie „Bundesnachrichtendienst" schließt als Annex die Befugnis ein, Voraussetzungen und Grenzen zu regeln, unter denen der Öffentlichkeit einschließlich der Presse Informationen zu erteilen sind oder erteilt werden dürfen.

---

166 Dazu BVerwG NVwZ 2016, 940 mit Anm. Schoch.

167 OVG NRW DVBl. 2014, 464, 465.

168 Grundlegend BVerwG RÜ 2013, 450, 451; ebenso BVerwG RÜ 2015, 529, 531; zusammenfassend RÜ 2016, 42 ff.

Auskunftsansprüche gegen den BND unterfallen daher der ausschließlichen (Annex-) Kompetenz des Bundes. § 4 LPresseG ist verfassungskonform dahin auszulegen, dass Bundesbehörden nicht zu den von der Vorschrift verpflichteten Behörden zählen.

§ 4 LPresseG scheidet damit als Anspruchsgrundlage ebenfalls aus.

III. Der Auskunftsanspruch könnte sich unmittelbar aus **Art. 5 Abs. 1 S. 2 GG** (Pressefreiheit) ergeben.

1. Art. 5 Abs. 1 S. 2 GG gewährleistet nicht nur ein Abwehrrecht gegen staatliche Eingriffe, sondern garantiert darüber hinaus in seinem objektivrechtlichen Gehalt die **institutionelle Eigenständigkeit** der Presse. Das verpflichtet den Gesetzgeber, gesetzliche Regelungen zu schaffen, die der besonderen verfassungsrechtlichen Bedeutung der Presse gerecht werden und ihr eine funktionsgemäße Betätigung ermöglicht. Hierzu zählt auch die Begründung von behördlichen Auskunftspflichten. Da der Bundesgesetzgeber keine Regelungen über Presseauskunftsansprüche getroffen hat und das LPresseG mangels Gesetzgebungskompetenz des Landes keinen Auskunftsanspruch gegen Bundesbehörden wie den BND begründet, ergibt sich in diesen Fällen unmittelbar ein Anspruch aus Art. 5 Abs. 1 S. 2 GG.[169]

2. Der verfassungsunmittelbare Auskunftsanspruch aus Art. 5 Abs. 1 S. 2 GG ist **ausgeschlossen**, wenn **schutzwürdige Vertraulichkeitsinteressen** Privater oder öffentlicher Stellen der Auskunft entgegenstehen. Dies wird aus Gründen der öffentlichen Sicherheit vor allem für **operative Vorgänge** im Bereich des BND einschließlich seiner Zusammenarbeit mit ausländischen Nachrichtendiensten bejaht.[170]

K begehrt hier Auskünfte, die die Zusammenarbeit des BND und der NSA betreffen. Insoweit ist auch der verfassungsunmittelbare Informationsanspruch aus Art. 5 Abs. 1 S. 2 GG aufgrund vorrangiger Vertraulichkeitsinteressen ausgeschlossen.

IV. Schließlich könnte sich der Auskunftsanspruch noch aus **Art. 10 Abs. 1 S. 2 EMRK** ergeben. Danach hat jeder das Recht, Informationen ohne behördliche Eingriffe zu empfangen und weiterzugeben. Die Vorschrift gewährleistet zwar die Informationsfreiheit, begründet aber grds. **keinen Informationsanspruch** gegen den Staat.[171] Im Übrigen fände ein solches Recht seine Schranken in den Bestimmungen der nationalen Sicherheit und den Bestimmungen zur Verhinderung der Verbreitung vertraulicher Informationen (Art. 10 Abs. 2 EMRK). Diese Voraussetzungen sind in Bezug auf operative Vorgänge im Bereich des BND erfüllt.[172]

K hat keinen Anspruch auf die begehrte Auskunft. Seine Klage ist unbegründet.

---

169 BVerwG RÜ 2013, 450, 452; RÜ 2015, 529, 532; vgl. auch BVerfG RÜ 2016, 42, 43.

170 BVerwG RÜ 2016, 42, 44; anders BVerwG NVwZ 2016, 945 für interne Vorgänge des BND; vgl. auch BVerwG RÜ 2016, 661, 664 ff.

171 OVG NRW RÜ 2013, 325, 330; offen gelassen von BVerwG NVwZ 2016,1020, 1023.

172 BVerwG RÜ 2016, 42, 45.

Fall 36: Vorbeugender Rechtsschutz

A ist seit 2017 mehrfach Adressat polizeilicher Maßnahmen gewesen (Identitätsfeststellung, Durchsuchung, Ingewahrsamnahme etc.). Er hält sämtliche Maßnahmen für willkürlich und hat deshalb wiederholt Strafanzeigen gegen die handelnden Polizeibeamten gestellt. Er meint, in ständiger Ungewissheit zu leben, dass die Polizei erneut gegen ihn in rechtswidriger Weise einschreiten wird. Dies stelle für ihn eine die Gesundheit beeinträchtigende Situation dar und verletze sein Recht auf körperliche Unversehrtheit. Ferner sei sein Recht auf Freiheit bedroht, da er jederzeit damit rechnen müsse, dass die Polizei ihm erneut ohne erkennbaren Grund seine Freiheit entziehen könnte. Kann A im Vorfeld erneuter Maßnahmen deren Rechtmäßigkeit in einem Klageverfahren gerichtlich klären lassen?

A. In Betracht kommt eine Klage auf **Unterlassung** der polizeilichen Maßnahmen.

I. Der **Verwaltungsrechtsweg** könnte gemäß § 40 Abs. 1 S. 1 VwGO eröffnet sein. Es handelt sich um eine öffentlich-rechtliche, nichtverfassungsrechtliche Streitigkeit nach den Vorschriften des PolG. Die abdrängende Sonderzuweisung nach §§ 23, 25 EGGVG greift nur bei Justizverwaltungsmaßnahmen der Polizei nach der StPO ein. Hier hat die Polizei aber ersichtlich nicht repressiv, sondern präventiv gehandelt. Bei Freiheitsentziehungen ist zwar die Zuständigkeit der Amtsgerichte eröffnet (§ 428 FamFG), dies gilt jedoch nur für bereits andauernde Maßnahmen (vgl. § 428 Abs. 2 FamFG „angefochten"). Damit ist für die Abwehr künftiger Maßnahmen der Verwaltungsrechtsweg eröffnet.

II. Als **Klageart** kommt eine Leistungsklage in Form der Unterlassungsklage in Betracht.

1. Die allgemeine Leistungsklage ist in der VwGO zwar nicht ausdrücklich geregelt, aber an verschiedenen Stellen vorausgesetzt (z.B. §§ 43 Abs. 2, 111 VwGO) und gewohnheitsrechtlich anerkannt. Eine auf Unterlassung als Unterfall der Leistung (vgl. § 241 Abs. 1 S. 2 BGB) gerichtete Klage kann daher als **allgemeine Leistungsklage** in Form der (vorbeugenden) Unterlassungsklage statthaft sein.

2. Während dies bei schlichtem Verwaltungshandeln unstreitig ist, wird die Klage auf Unterlassen eines Verwaltungsakts zum Teil als unzulässige Durchbrechung des Gewaltenteilungsprinzips (Art. 20 Abs. 2 S. 2 GG) angesehen. Die VwGO stelle mit Widerspruch und Anfechtungsklage ausreichende Rechtsschutzmöglichkeiten nach Erlass des Verwaltungsakts zur Verfügung. Dagegen spricht jedoch, dass die Effektivität des Rechtsschutzes (Art. 19 Abs. 4 GG) nicht gewährleistet wäre, wenn das Gericht nur im Nachhinein das Verwaltungshandeln kontrollieren könnte, dieser Rechtsschutz aber zu spät käme, weil z.B. durch den Erlass des Verwaltungsaktes irreparable Schäden eintreten würden.[173]

Daher ist unabhängig von der Rechtsnatur des künftigen Verwaltungshandelns eine Leistungsklage in Form der Unterlassungsklage statthaft.

---

173 Kopp/Schenke VwGO Vorb § 40 Rn. 33.

III. Die analog § 42 Abs. 2 VwGO auch bei der Unterlassungsklage erforderliche **Klagebefugnis** folgt daraus, dass eine Verletzung des Grundrechts des A aus Art. 2 Abs. 2 GG jedenfalls nicht von vornherein und nach jeder Betrachtungsweise ausgeschlossen ist.

IV. Im Hinblick darauf, dass die Rechtsbehelfe der VwGO grds. auf eine nachträgliche Überprüfung des Verwaltungshandelns ausgerichtet sind, ist für die vorbeugende Unterlassungsklage ein **qualifiziertes Rechtsschutzbedürfnis** erforderlich.[174]

1. Bei **Verwaltungsakten** kann der Betroffene nach dessen Erlass Widerspruch und Anfechtungsklage erheben und ist durch die gemäß § 80 Abs. 1 VwGO eintretende aufschiebende Wirkung grds. ausreichend geschützt. Daher ist das Rechtsschutzbedürfnis für vorbeugenden Rechtsschutz nur ausnahmsweise zu bejahen, wenn die Verweisung auf den erst nach Erlass des Verwaltungsakts möglichen Rechtsschutz unzumutbar ist, insbesondere wenn der Betroffene in seinen Rechten in besonders schwerwiegender, nicht wiedergutzumachender Weise beeinträchtigt wird (z.B. bei strafbewehrten Verwaltungsakten oder bei Eintritt irreparabler Schäden).[175]

2. Beim Unterlassen **schlichten Verwaltungshandelns** liegt das erforderliche, gerade auf die Inanspruchnahme vorbeugenden Rechtsschutzes gerichtete Rechtsschutzbedürfnis nur vor, wenn eine **Wiederholungsgefahr** gegeben ist (Rechtsgedanke des § 1004 Abs. 1 S. 2 BGB) und der Verweis auf den nachgängigen Rechtsschutz – einschließlich des einstweiligen Rechtsschutzes – für den Betroffenen mit unzumutbaren Nachteilen verbunden wäre. Zwar besteht hier mangels Verwaltungsakts nicht die Möglichkeit, durch Widerspruch oder Anfechtungsklage den Suspensiveffekt nach § 80 Abs. 1 VwGO herbeizuführen. Statthaft ist aber ein Antrag auf Erlass einer einstweiligen Anordnung nach § 123 Abs. 1 VwGO. Ein qualifiziertes Rechtsschutzbedürfnis kann daher auch hier nur bestehen, wenn **unzumutbare Nachteile** drohen.[176]

3. Allein die Tatsache, dass A in der Vergangenheit mehrfach Adressat polizeilicher Maßnahmen gewesen ist, lässt nicht den Schluss darauf zu, dass konkrete Anhaltspunkt dafür bestehen, dass er in absehbarer Zeit erneut in Anspruch genommen werden wird. Insbesondere ist die Art der Maßnahmen noch völlig unklar. Auch ist nicht erkennbar, dass im Fall neuerlicher Maßnahmen nachträglicher Rechtsschutz unzumutbar wäre.[177]

Eine Klage des A auf Unterlassung künftiger polizeilicher Maßnahmen ist daher mangels Rechtsschutzbedürfnis unzulässig.

Unabhängig davon ist zweifelhaft, ob bereits ein hinreichend konkretes Rechtsverhältnis vorliegt.

B. Dasselbe gilt für eine denkbare **vorbeugende Feststellungsklage** auf Feststellung der Rechtswidrigkeit künftiger Maßnahmen. Bei einem künftigen Rechtsverhältnis ist das Feststellungsinteresse nur zu bejahen, wenn ein spezielles, gerade auf die Inanspruchnahme vorbeugenden Rechtsschutzes gerichtetes Rechtsschutzbedürfnis besteht.[178] Daran fehlt es hier.

174 BVerwG RÜ 2015, 183, 184 f.
175 OVG NRW RÜ 2016, 598, 599; VGH BW RÜ 2016, 731, 732.
176 BVerwG RÜ 2015, 183, 184 f.
177 Vgl. VG München, Beschl. v. 27.02.2018 – M 7 E 17.3101.
178 OVG Koblenz RÜ 2014, 394, 396.

4. Die allgemeine Feststellungsklage

Fall 37: Zulässigkeit und Begründetheit der Feststellungsklage

Investor I plant in der Stadt S ein Factory-Outlet-Center auf der „grünen Wiese". Der Bürgermeister der Stadt gehört zu den Befürwortern des Projekts, da er sich erhebliche Gewerbesteuereinnahmen für die Stadt verspricht. Demgegenüber steht die Mehrheit der Bevölkerung dem Vorhaben außerordentlich skeptisch gegenüber. Auch Kaufmann K gehört zu den vehementen Gegnern des Vorhabens und hat eine Bürgerinitiative gegründet, um das Projekt zu stoppen. Aus diesem Grund verteilt K an Samstagen vor seinem Geschäft in der Fußgängerzone Handzettel, mit denen er die Bevölkerung über das Vorhaben informieren möchte. Dem Bürgermeister missfällt dies, weil er befürchtet, dass dadurch die Realisierung des Vorhabens erschwert wird. Aus diesem Grund möchte er das Treiben in der Fußgängerzone umgehend beenden und verlangt von K, dass dieser bei der Gemeinde einen Antrag auf Erteilung einer sog. Sondernutzungserlaubnis stellt, den er sodann abzulehnen gedenkt. K ist indes der Ansicht, dass die Meinungskundgabe in einem demokratischen Rechtsstaat wohl kaum von einer Erlaubnis abhängen könne. Um den Bürgermeister in seine Schranken zu weisen, beauftragt er Rechtsanwalt R, die Möglichkeiten einer verwaltungsgerichtlichen Klärung zu begutachten. Zu welchem Ergebnis wird R kommen?

Hinweis: Die §§ 14 u. 18 des Straßen- und Wegegesetzes des Landes L (StrWG) entsprechen vollinhaltlich den Regelungen in §§ 7 u. 8 FStrG.

Ein verwaltungsgerichtliches Vorgehen ist erfolgversprechend, soweit eine Klage zulässig und begründet ist.

A. Zulässigkeit der Klage

I. Der **Verwaltungsrechtsweg** ist gemäß § 40 Abs. 1 S. 1 VwGO eröffnet. Es handelt sich um eine öffentlich-rechtliche Streitigkeit nach den öffentlich-rechtlichen Normen des Straßenrechts. Diese ist auch nichtverfassungsrechtlicher Art und keinem anderen Gericht ausdrücklich zugewiesen.

II. Die **statthafte Klageart** richtet sich nach dem Begehren des Klägers (§ 88 VwGO). A begehrt eine gerichtliche Klärung, ob das Verteilen von Handzetteln einer Sondernutzungserlaubnis bedarf.

1. Derzeit liegt ein Verwaltungsakt (z.B. eine Verbotsverfügung) noch nicht vor, sodass eine **Anfechtungsklage** i.S.d. § 42 Abs. 1 Fall 1 VwGO ausscheidet. Eine vorbeugende Anfechtungsklage, etwa darauf gerichtet, dass ein belastender Verwaltungsakt zukünftig nicht erlassen werden darf, ist in der VwGO nicht vorgesehen.

2. Damit könnte eine **Feststellungsklage** gemäß § 43 Abs. 1 Alt. 1 VwGO statthaft sein.

a) Dazu müsste die Feststellung des Bestehens oder Nichtbestehens eines **Rechtsverhältnisses** begehrt werden. Ein Rechtsverhältnis i.S.d. § 43 Abs. 1 VwGO ist jede sich aus einer öffentlich-rechtlichen Rechtsnorm ergebende Beziehung zwischen zwei Personen oder zwischen einer Person und einer Sache, aus der sich konkrete Rechte und Pflichten ergeben.

K ist der Ansicht, dass er für die Verteilung der Handzettel in der Fußgängerzone keine Sondernutzungserlaubnis benötigt. Damit ist zwischen den Beteiligten streitig, ob die Vorschriften des StrWG eine Erlaubnispflicht auslösen. Die (vermeintliche) Erlaubnispflicht begründet konkrete Rechte und Pflichten und damit ein Rechtsverhältnis zwischen dem Bürger und der für die Erteilung zuständigen Behörde. Damit handelt es sich um ein sowohl bezüglich der Beteiligten als auch bezüglich des Sachverhalts hinreichend konkretes Rechtsverhältnis i.S.d. § 43 Abs. 1 Alt. 1 VwGO.

Die Subsidiarität gilt nicht bei der Nichtigkeitsfeststellungsklage (§ 43 Abs. 2 S. 2 VwGO).

b) Gemäß § 43 Abs. 2 S. 1 VwGO kann die Feststellung allerdings nicht begehrt werden, soweit der Kläger seine Rechte durch eine Gestaltungs- oder Leistungsklage verfolgen kann oder hätte verfolgen können **(Subsidiarität der Feststellungsklage)**.

Im vorliegenden Fall kommt die Erhebung einer **Verpflichtungsklage** gemäß § 42 Abs. 1 Fall 2 VwGO auf Erteilung einer Sondernutzungserlaubnis als besondere Form der Leistungsklage in Betracht. Diese wäre aber nur statthaft, wenn der Kläger den Erlass eines Verwaltungsaktes begehren würde. Hier streiten die Beteiligten jedoch nicht um die Frage, ob K die Erteilung einer Sondernutzungserlaubnis beanspruchen kann, sondern vielmehr darüber, ob er **überhaupt** eine solche Erlaubnis benötigt. Sollte dies nicht der Fall sein, bliebe eine Verpflichtungsklage erfolglos, da in diesem Fall eine Genehmigung mangels Erlaubnispflichtigkeit nicht erteilt würde. Die Frage der Erlaubnispflicht lässt sich daher mit einer Verpflichtungsklage nicht klären. Damit ist die Feststellungsklage nicht subsidiär.

III. Die Zulässigkeit der Feststellungsklage setzt weiterhin voraus, dass dem Kläger das nach § 43 Abs. 1 VwGO erforderliche **Feststellungsinteresse** zusteht. Hierfür reicht jedes nach der Sachlage anzuerkennende schutzwürdige Interesse rechtlicher, wirtschaftlicher oder ideeller Art, das hinreichend gewichtig ist, um die Position des Betroffenen zu verbessern.[179] Durch die gerichtliche Feststellung lässt sich im vorliegenden Fall die rechtliche Unsicherheit beheben, ob das Verteilen von Flugblättern im öffentlichen Straßenraum erlaubnispflichtig ist. An dieser Feststellung hat K schon deshalb ein berechtigtes Interesse, weil die hier in Rede stehende Betätigung Ausfluss der Grundrechtsausübung gemäß Art. 5 Abs. 1 S. 1 GG ist.

IV. Fraglich ist, ob der Kläger analog § 42 Abs. 2 VwGO **klagebefugt** sein muss.

1. Teilweise wird die Ansicht vertreten, dass für eine analoge Anwendung des § 42 Abs. 2 VwGO bei der Feststellungsklage kein Bedürfnis bestehe.[180] Durch das Erfordernis eines „konkreten" Rechtsverhältnisses und des darauf bezogenen Feststellungsinteresses werde bereits eine hinreichende Individualisierung des Klägers gefordert.

2. Gegen diese Interpretation spricht allerdings, dass dann für die Feststellungsklage andere Zulässigkeitsanforderungen gelten würden als für die sonstigen verwaltungsgerichtlichen Klagen. Zudem besteht die Gefahr der Erhebung von Popularklagen auch bei Feststellungsklagen. Aus diesem Grund ist auch bei der Feststellungsklage eine **Klagebefugnis** analog § 42 Abs. 2 VwGO erforderlich.[181]

---

179 Kopp/Schenke VwGO, § 43 Rn. 23.
180 Kopp/Schenke VwGO, § 42 Rn. 63.

Folglich muss K geltend machen, möglicherweise in einem subjektiven öffentlichen Recht verletzt zu sein. Dies ist hier im Hinblick auf die durch Art. 5 Abs. 1 S. 1 GG geschützte Meinungsäußerungsfreiheit der Fall.

Sonstige besondere Sachurteilsvoraussetzungen sind bei der Feststellungsklage nicht zu beachten, sodass eine Klage des K zulässig wäre.

Eine Ausnahme gilt nur für beamtenrechtliche Feststellungsklagen (s.o. S. 98).

B. Begründetheit der Klage

Die (negative) Feststellungsklage ist begründet, wenn das streitige **Rechtsverhältnis** nicht besteht, also wenn hier für die Verteilung der Handzettel eine Sondernutzungserlaubnis nicht erforderlich ist.

Nach § 18 Abs. 1 S. 2 StrWG (§ 8 Abs. 1 S. 2 FStrG) bedarf es einer **Sondernutzungserlaubnis**, wenn K die Straße über den Gemeingebrauch hinaus nutzt. **Gemeingebrauch** ist nach § 14 Abs. 1 S. 1 StrWG (§ 7 Abs. 1 S. 1 FStrG) der Gebrauch der Straße **im Rahmen der Widmung** und der verkehrsbehördlichen Vorschriften zum Verkehr.

I. Der **primäre Widmungszweck** einer Fußgängerzone bezieht sich auf die Nutzung für den Fußgängerverkehr. Die Nutzung des Verkehrsraums zur Verteilung von Flugblättern bewegt sich daher nicht mehr im Rahmen des eigentlichen Widmungszwecks, sodass K grundsätzlich eine Sondernutzungserlaubnis benötigen würde.

II. Bedenken an dieser Interpretation ergeben sich allerdings daraus, dass die Verteilung der Flugblätter der Grundrechtsausübung des K im Rahmen des Art. 5 Abs. 1 S. 1 GG dient. Aus diesem Grund könnte eine **verfassungskonforme Auslegung** des § 14 Abs. 1 StrWG (§ 7 Abs. 1 FStrG) geboten sein.

Zwar beschränken die Straßengesetze als allgemeine Gesetze i.S.d. Art. 5 Abs. 2 GG das Grundrecht aus Art. 5 Abs. 1 S. 1 GG, müssen aber selbst im Lichte des Art. 5 Abs. 1 GG interpretiert werden. Aus der Wechselwirkung zwischen dem Gewährleistungsgehalt des Art. 5 Abs. 1 GG einerseits und dem gemäß Art. 5 Abs. 2 GG einschränkenden Straßengesetz andererseits wird entnommen, dass bei der Abgrenzung des Gemeingebrauchs von der Sondernutzung der überragenden Bedeutung des Grundrechts der freien Meinungsäußerung für die freiheitliche Demokratie Rechnung getragen werden muss. Deshalb wird allgemein angenommen, dass ein **kommunikativer Aspekt** des Gemeingebrauchs anzuerkennen ist.[182] Demgemäß wird das Verteilen von Flugblättern mit meinungsäußerndem Inhalt noch als eine Benutzung der Straße im Rahmen des Gemeingebrauchs angesehen, da es hierdurch zu keiner nennenswerten Beeinträchtigung des widmungsgemäßen Gebrauchs Dritter kommen kann (sog. **kommunikativer Gemeingebrauch**).[183]

Das Verteilen der Flugblätter ist daher **keine Sondernutzung** und bedarf somit nicht der Erlaubnis nach § 18 Abs. 1 S. 2 StrWG. Das von dem Bürgermeister behauptete Rechtsverhältnis besteht nicht.

Der Widmungszweck ist gerade bei Fußgängerzonen daher im Sinne eines weiten Verkehrsbegriffs zu interpretieren.

Ergebnis: Eine Feststellungsklage des K wäre demnach zulässig und begründet.

---

181 Vgl. z.B. BVerwG RÜ 2016, 323, 327.

182 BVerfG NVwZ 2007, 1306.

183 BVerfG NVwZ 1992, 53.

Fall 38: Abgrenzung der Feststellungsklagen

Der Landesverband der R-Partei ist vom Landesamt für Verfassungsschutz des Bundeslandes B über mehrere Jahre heimlich beobachtet worden, weil Hinweise dafür vorlagen, dass von R rechtsradikales Gedankengut verbreitet wurde. Nachdem die R-Partei bemerkt hatte, dass sich unter ihren Mitgliedern verdeckte Ermittler des Verfassungsschutzes befanden, brach das Landesamt die Aktion ab. Die R-Partei erstrebt die gerichtliche Feststellung, dass das Vorgehen des Amtes rechtswidrig war. Ist eine hierauf gerichtete Klage zulässig?

I. Der **Verwaltungsrechtsweg** ist gemäß § 40 Abs. 1 S. 1 VwGO eröffnet. Es handelt sich um eine öffentlich-rechtliche Streitigkeit nach den eindeutig öffentlich-rechtlichen Vorschriften des Verfassungsschutzgesetzes. Die Streitigkeit ist auch nichtverfassungsrechtlicher Art und keinem anderen Gericht ausdrücklich zugewiesen.

II. Die statthafte **Klageart** richtet sich nach dem Begehren des Klägers (§ 88 VwGO). Vorliegend strebt die R-Partei die Feststellung an, dass die Beobachtung mit nachrichtendienstlichen Mitteln durch verdeckte Ermittler rechtswidrig war. Feststellungsbegehren können im Wege der allgemeinen Feststellungsklage gemäß § 43 Abs. 1 VwGO oder der Fortsetzungsfeststellungsklage gemäß § 113 Abs. 1 S. 4 VwGO durchgesetzt werden.

1. Die **Fortsetzungsfeststellungsklage** wäre die statthafte Klageart, wenn R die Feststellung der Rechtswidrigkeit eines Verwaltungsaktes begehren würde, der sich zwischenzeitlich erledigt hat (§ 113 Abs. 1 S. 4 VwGO). Dann müssten die Beobachtungsmaßnahmen des Landesamtes für Verfassungsschutz die Qualität eines Verwaltungsaktes gemäß § 35 VwVfG haben.

a) Problematisch ist, ob die Maßnahmen **Regelungswirkung** entfaltet haben. Dies wäre nur dann der Fall, wenn sie unmittelbar auf die Herbeiführung einer Rechtsfolge gerichtet waren.

aa) Die **Beobachtung** begründet selbst keine Rechtsfolgen und erfüllt folglich nicht die Merkmale des Verwaltungsakts. Insoweit wäre die Fortsetzungsfeststellungsklage gemäß § 113 Abs. 1 S. 4 VwGO nicht statthaft.

bb) Eine andere Beurteilung könnte sich allenfalls daraus ergeben, dass der nachrichtendienstlichen Beobachtung eine behördliche Entscheidung über die Durchführung dieser Maßnahme vorausgegangen ist. Dies lässt die Annahme eines Verwaltungsaktes jedoch nur dann zu, wenn die behördliche Entscheidung über die Beobachtungsmaßnahmen gegenüber der Partei R **Außenwirkung** entfalten sollte. Das wäre nur dann anzunehmen, wenn die Entscheidung bekannt gegeben worden wäre (§ 43 Abs. 1 VwVfG). Die R-Partei wurde über die Anordnung aber gerade nicht informiert, sodass diese Entscheidung nach außen nicht wirksam werden sollte. Sie stellte daher keinen Verwaltungsakt, sondern **schlichtes internes Verwaltungshandeln** dar.

b) Nach h.M. ist die Fortsetzungsfeststellungsklage nach § 113 Abs. 1 S. 4 VwGO **verwaltungsaktsbezogen** und erfasst daher nicht die Erledigung schlichten Verwaltungshandelns. Für eine analoge Anwendung fehlt es an einer Regelungslücke, da in diesen Fällen die allgemeine Feststellungsklage einschlägig ist.[184] Die Gegenansicht verweist auf die vergleichbare Interessenlage und greift auch bei erledigtem schlichten Verwaltungshandeln analog auf § 113 Abs. 1 S. 4 VwGO zurück.[185]

Dagegen spricht jedoch, dass die Fortsetzungsfeststellungsklage im Zusammenhang mit der Anfechtungsklage geregelt ist und damit eng an das Vorliegen eines Verwaltungsakts gebunden ist. Damit scheidet eine auf die Feststellung der Rechtswidrigkeit der Beobachtungsmaßnahmen gerichtete Fortsetzungsfeststellungsklage gemäß § 113 Abs. 1 S. 4 VwGO aus.

2. In Betracht kommt vielmehr die **allgemeine Feststellungsklage** gemäß § 43 Abs. 1 Alt. 1 VwGO.

a) Dann müsste ein feststellungsfähiges **Rechtsverhältnis** vorliegen. Darunter versteht man die sich aus einem konkreten Sachverhalt aufgrund einer öffentlich-rechtlichen Rechtsnorm ergebenden Beziehungen einer Person zu einer anderen Person oder zu einer Sache. Gegenstand der Feststellungsklage können auch einzelne sich aus dem Rechtsverhältnis ergebende Rechte und Pflichten sein. Damit betrifft die Frage, ob das Landesamt berechtigt war, die streitbefangenen Maßnahmen durchzuführen, ein Rechtsverhältnis i.S.d. § 43 Abs. 1 Alt. 1 VwGO.

b) Der Feststellungsfähigkeit des Rechtsverhältnisses könnte allerdings entgegenstehen, dass die Beobachtung durch das Landesamt zwischenzeitlich beendet wurde und es damit an dem Merkmal der **Gegenwärtigkeit** fehlt. Entgegen einer früher vereinzelt vertretenen Meinung ist die Gegenwärtigkeit aber schon nach dem Wortlaut des § 43 Abs. 1 VwGO nicht Begriffsmerkmal der Feststellungsklage. Das festzustellende Rechtsverhältnis kann vielmehr auch in der Vergangenheit liegen, wenn es noch immer Auswirkungen auf die Rechte des Klägers hat. Damit ist die Feststellungsklage auch dann einschlägig, wenn sich das Rechtsverhältnis durch Beendigung der streitbetroffenen Maßnahme erledigt hat.

c) Eine Gestaltungs- oder Leistungsklage ist nicht einschlägig, sodass die **Subsidiarität** der Feststellungsklage gemäß § 43 Abs. 2 VwGO nicht eingreift. Damit ist die allgemeine Feststellungsklage gemäß § 43 Abs. 1 Alt. 1 VwGO statthaft.

3. Nach § 43 Abs. 1 VwGO kann die Feststellung nur begehrt werden, wenn der Kläger ein berechtigtes Interesse an der baldigen Feststellung hat. Dieses **Feststellungsinteresse** kann sich aus jedem nach der Sachlage anzuerkennende schutzwürdige Interesse rechtlicher, wirtschaftlicher oder ideeller Art ergeben.

a) R hat ein **rechtliches Interesse** an der Feststellung, ob die Beobachtungsmaßnahmen durch den Verfassungsschutz rechtmäßig waren.

b) Bei **erledigten** Rechtsverhältnissen sind allerdings strenge Anforderungen zu stellen. Das Feststellungsinteresse besteht nur, wenn der Kläger auch zum jetzigen Zeitpunkt noch ein Interesse an einer entsprechenden Feststellung hat.

---

184 BVerwG NVwZ 2000, 1411.
185 Hufen § 18 Rn. 45.

Dies ist insbes. bei Vorliegen einer **Wiederholungsgefahr** zu bejahen, wenn also eine hinreichend konkrete Wahrscheinlichkeit dafür besteht, dass eine vergleichbare Sachlage erneut auftreten wird.

Die R-Partei steht im Verdacht, rechtsradikales Gedankengut zu verbreiten, und wird aus diesem Grund nicht nur kurzzeitig im Fokus des Verfassungsschutzes stehen. Es ist damit hinreichend wahrscheinlich, dass die Partei auch künftig Gegenstand von vergleichbaren Beobachtungsmaßnahmen sein könnte, sodass eine Wiederholungsgefahr vorliegt. Damit besteht auch das für Feststellungsklagen gegen erledigte Rechtsverhältnisse erforderliche qualifizierte Feststellungsinteresse.

4. Analog § 42 Abs. 2 VwGO ist auch bei der Feststellungsklage eine **Klagebefugnis** erforderlich. Gegen die teilweise vertretene Gegenauffassung spricht, dass auch bei der Feststellungsklage die Gefahr von Popularklagen besteht, die der VwGO fremd sind (s.o. 99 f.). Die R-Partei kann geltend machen, in ihren subjektiven Rechten aus Art. 21 GG verletzt zu sein und ist damit klagebefugt.

Ausnahmen gelten im Beamtenrecht im Hinblick auf § 54 Abs. 2 BeamtStG, § 126 Abs. 2 BBG (s.o. S. 98).

5. Weitere besondere Sachurteilsvoraussetzungen bestehen bei der allgemeinen Feststellungsklage nicht, insbesondere ist kein Vorverfahren durchzuführen und keine Klagefrist zu beachten.

Ergebnis: Demnach ist eine Feststellungsklage gemäß § 43 Abs. 1 Alt. 1 VwGO zulässig.

5. Die Fortsetzungsfeststellungsklage

Fall 39: Zulässigkeit und Begründetheit der Fortsetzungsfeststellungsklage

Der Landesverband L der N-Partei plant einen Parteitag und sucht hierfür geeignete Räumlichkeiten. Fündig wird er in der Stadt S, die nicht nur über eine als gemeindliche Einrichtung betriebene Stadthalle verfügt, sondern der N-Partei darüber hinaus auch wegen ihrer Historie als Veranstaltungsort besonders geeignet erscheint. Der Landesverband beantragt aus diesem Grund bei der Stadt S, ihm die Stadthalle für den am 20.04. geplanten Parteitag zu vermieten.

Die Verantwortlichen innerhalb der Stadtverwaltung befürchten durch die Zulassung eine „Negativpublicity" und lehnen den Antrag am 05.04. unter Hinweis auf eine vermeintliche Verfassungsfeindlichkeit der N-Partei ab. Zwar legt der Landesverband noch am 12.04. Widerspruch gegen die Entscheidung ein, angesichts der Kürze der bis zum 20.04. zur Verfügung stehenden Zeit weicht er allerdings auf eine andere Einrichtung in der benachbarten Gemeinde G aus, wo der Parteitag wie geplant stattfindet. Dennoch möchte sich der Landesverband mit der ablehnenden Entscheidung der Stadt S nicht zufrieden geben, zumal im nächsten Jahr wieder ein Parteitag veranstaltet werden soll. Der Landesverband L erstrebt daher die gerichtliche Feststellung, dass die Weigerung der Stadt S, dem Landesverband die Stadthalle zur Verfügung zu stellen, rechtswidrig gewesen ist.

Wird eine Ende Mai vor dem Verwaltungsgericht erhobene Klage erfolgreich sein, wenn die Stadthalle in der Vergangenheit anderen Parteien für vergleichbare Veranstaltungen zur Verfügung gestellt worden ist?

§ 8 der Gemeindeordnung des Landes L (GO) lautet:

(1) Die Gemeinden schaffen innerhalb der Grenzen ihrer Leistungsfähigkeit die für die wirtschaftliche, soziale und kulturelle Betreuung ihrer Einwohner erforderlichen Einrichtungen.

(2) Alle Einwohner einer Gemeinde sind im Rahmen des geltenden Rechts berechtigt, die öffentlichen Einrichtungen der Gemeinde zu benutzen und verpflichtet, die Lasten zu tragen, die sich aus ihrer Zugehörigkeit zu der Gemeinde ergeben.

(3) Diese Vorschriften gelten entsprechend für juristische Personen und für Personenvereinigungen.

Eine verwaltungsgerichtliche Klage des Landesverbandes hat Erfolg, soweit sie zulässig und begründet ist.

A. Zulässigkeit einer Klage

I. Mangels aufdrängender Spezialzuweisung könnte der **Verwaltungsrechtsweg** gemäß § 40 Abs. 1 S. 1 VwGO eröffnet sein.

1. Dann müsste eine **öffentlich-rechtliche Streitigkeit** gegeben sein. Eine solche liegt vor, wenn der Streitgegenstand Folge des Öffentlichen Rechts ist. Streitgegenstand ist vorliegend die Frage, ob die Stadt S verpflichtet war, dem Landesverband L die als gemeindliche Einrichtung betriebene Stadthalle zur Verfügung zu stellen. Diese Frage richtet sich nach den öffentlich-rechtlichen Vorschriften des § 8 GO und § 5 ParteiG. Soweit die

Stadt allerdings mit den Nutzern Mietverträge (§§ 535 ff. BGB) abschließt, liegt eine zivilrechtliche Streitigkeit vor.

Bei dem Zulassungsanspruch zu öffentlichen Einrichtungen ist deshalb danach zu unterscheiden, ob die Beteiligten über die Frage des Zulassungsanspruchs als solchen („Ob") streiten oder ob lediglich Fragen der Ausgestaltung des Benutzungsverhältnisses („Wie") streitbehaftet sind. Nach der sog. **Zwei-Stufen-Theorie** ist die Frage des „Ob" stets öffentlich-rechtlich, während mit der zweiten Stufe im Zusammenhang stehende Fragestellungen je nach Ausgestaltung des Rechtsverhältnisses entweder öffentlich-rechtlicher oder zivilrechtlicher Natur sein können.[186]

Vorliegend streiten sich die Beteiligten um die Frage, ob der Landesverband überhaupt einen Zulassungsanspruch hatte. Da es sich mithin um eine Frage des „Ob" handelt, liegt eine öffentlich-rechtliche Streitigkeit vor.

2. Zwar nehmen Parteien am Verfassungsleben teil, jedoch streiten die Beteiligten nicht um die Anwendung und Auslegung von Staatsverfassungsrecht, sodass eine **nichtverfassungsrechtliche Streitigkeit** vorliegt.

3. Die Streitigkeit ist auch **keinem anderen Gericht** ausdrücklich zugewiesen, sodass der Verwaltungsrechtsweg gemäß § 40 Abs. 1 S. 1 VwGO eröffnet ist.

II. Die statthafte **Klageart** richtet sich nach dem Begehren des Klägers (§ 88 VwGO).

1. Ursprünglich hatte der Landesverband den **Zugang** zu der gemeindlichen Einrichtung begehrt.

a) Für die Geltendmachung dieses Anspruches war die **Verpflichtungsklage** gemäß § 42 Abs. 1 Fall 2 VwGO statthaft, da über den Zulassungsanspruch mittels Verwaltungsakt entschieden wird.

b) Allerdings könnte sich das Begehren **erledigt** haben. Bei einem Verpflichtungsbegehren ist dies denkbar, wenn das Interesse des Klägers an dem Erlass des Verwaltungsaktes erloschen ist, etwa weil es durch Zeitablauf gegenstandslos geworden ist (vgl. § 43 Abs. 2 VwVfG).

Im vorliegenden Fall ist der von dem Landesverband geplante Parteitag zwischenzeitlich andernorts durchgeführt worden. Ein Interesse an der Bereitstellung der Stadthalle besteht jedenfalls zur Zeit nicht mehr, sodass sich das Begehren des Klägers erledigt hat. Eine Verpflichtungsklage gemäß § 42 Abs. 1 Fall 2 VwGO ist daher nicht mehr zulässig.

2. In Betracht kommt deshalb eine **Fortsetzungsfeststellungsklage** gemäß § 113 Abs. 1 S. 4 VwGO.

a) Die Vorschrift ist aufgrund ihres Wortlautes und ihrer systematischen Einbettung in § 113 Abs. 1 VwGO, der sich auf das Urteil bei Anfechtungsklagen bezieht, **unmittelbar** nur einschlägig, soweit sich eine **Anfechtungsklage nach Klageerhebung erledigt** hat. Dies ist im vorliegenden Fall in doppelter Hinsicht nicht gegeben, da der Landesverband ursprünglich ein Verpflichtungsbegehren geltend gemacht hat, welches sich zudem bereits vor Klageerhebung erledigt hatte.

Damit ist § 113 Abs. 1 S. 4 VwGO **unmittelbar nicht anwendbar**.

---

186 BayVGH NJW 2013, 249, 250; OVG Saar, Beschl. v. 28.03.2018 – 2 E 120/18.

b) Denkbar ist allerdings eine Fortsetzungsfeststellungsklage in **analoger Anwendung** des § 113 Abs. 1 S. 4 VwGO.

Eine Analogie ist nur zulässig, wenn eine planwidrige Regelungslücke besteht und die Interessenlage vergleichbar ist.

aa) Eine **Regelungslücke** besteht insoweit, als bei Verpflichtungsklagen in § 113 Abs. 5 VwGO eine dem § 113 Abs. 1 S. 4 VwGO entsprechende Regelung fehlt. Aufgrund der auch im Übrigen vergleichbaren Interessenlage wird die analoge Anwendung bei Verpflichtungsklagen daher grds. bejaht.[187]

bb) Eine Regelungslücke könnte allerdings bei der hier vorliegenden **vorprozessualen Erledigung** verneint werden, wenn in diesem Fall auf die Feststellungsklage gemäß § 43 Abs. 1 VwGO zurückgegriffen werden könnte. Dann müsste ein feststellungsfähiges **Rechtsverhältnis** vorliegen.

(1) Der Verwaltungsakt selbst ist kein feststellungsfähiges Rechtsverhältnis, sondern begründet oder verändert ein solches.

(2) Als Teil eines Rechtsverhältnisses könnte jedoch auf die Frage abgestellt werden, ob die **Behörde berechtigt** gewesen ist, den Verwaltungsakt zu erlassen bzw. abzulehnen.

(a) Dieses dem Verwaltungsakt **vorgelagerte Rechtsverhältnis** könnte dann Gegenstand einer allgemeinen Feststellungsklage sein. Folgt man einer solchen Sichtweise, wäre eine analoge Anwendung des § 113 Abs. 1 S. 4 VwGO bereits mangels planwidriger Regelungslücke zu verneinen und folglich auf die allgemeine Feststellungsklage gemäß § 43 Abs. 1 VwGO zurück zu greifen.[188]

(b) Überwiegend wird dies indes abgelehnt. Wenn die Rechtswidrigkeit eines Verwaltungsakts generell als Rechtsverhältnis anzusehen sei, wäre die Sonderregelung in § 113 Abs. 1 S. 4 VwGO überflüssig. Auf das dem Verwaltungsakt vorgelagerte Rechtsverhältnis dürfe erst zurückgegriffen werden, wenn der Verwaltungsakt unwirksam oder aufgehoben worden sei.[189]

(c) Für diese Betrachtungsweise spricht, dass sonst in Fällen vorprozessualer Erledigung der zufällige Zeitpunkt der Erledigung über die Frage der statthaften Klageart entscheiden würde. Je nach dem Zeitpunkt der Erledigung würden unterschiedliche Verfahrensarten mit unterschiedlichen Zulässigkeitsvoraussetzungen eingreifen, obwohl das Klagebegehren in beiden Fällen identisch ist. Das Begehren des Klägers betrifft auch nicht die Feststellung des (Nicht-)Bestehens eines Rechtsverhältnisses, sondern die Feststellung der Rechtswidrigkeit eines Verwaltungsaktes. Die für eine analoge Anwendung des § 113 Abs. 1 S. 4 VwGO erforderliche **Regelungslücke** ist daher auch bei vorprozessualer Erledigung zu bejahen.

cc) Die weiterhin erforderliche **vergleichbare Interessenlage** ergibt sich daraus, dass ein Interesse an der Feststellung der Rechtswidrigkeit eines erledigten VA nicht nur bei Erledigung während des gerichtlichen Verfahrens, sondern ebenso auch bei vorprozessualer Erledigung besteht. Dies gilt nicht nur für erledigte Anfechtungs-, sondern auch für eine erledigte

---

187 Vgl. z.B. BVerwG NVwZ 2011, 618, 622.

188 Schoch/Pietzcker VwGO § 42 Abs. 1 Rn. 86.

189 Ehlers Jura 2001, 415, 417 f.

Verpflichtungssituation, wenn wie hier geklärt werden soll, ob die Ablehnung eines Verwaltungsaktes rechtswidrig gewesen ist.[190] Damit ist die Fortsetzungsfeststellungsklage analog § 113 Abs. 1 S. 4 VwGO statthaft.

III. Als besondere Sachurteilsvoraussetzung setzt die Fortsetzungsfeststellungsklage ein berechtigtes Interesse an der Feststellung der Rechtswidrigkeit des VA voraus. Für dieses sog. **Fortsetzungsfeststellungsinteresse** genügt jedes nach Lage des Falles schutzwürdige Interesse rechtlicher, wirtschaftlicher oder ideeller Art. Anerkannt ist dies insbes. bei Vorliegen einer **Wiederholungsgefahr**. Eine solche besteht, wenn hinreichend wahrscheinlich ist, dass unter im Wesentlichen unveränderten tatsächlichen und rechtlichen Verhältnissen ein gleichartiger Verwaltungsakt erlassen bzw. abgelehnt wird.

Die Stadt S hat dem Landesverband gegenüber zum Ausdruck gebracht, dass sie eine Zurverfügungstellung der Stadthalle nicht nur für den unmittelbar anstehenden Parteitag ablehnt, sondern auch künftig ablehnen wird. Damit besteht eine hinreichend wahrscheinliche Wiederholungsgefahr, sodass auch das erforderliche Fortsetzungsfeststellungsinteresse gegeben ist.

IV. Da die Fortsetzungsfeststellungsklage die Fortsetzung der ursprünglichen Klage mit anderen Mitteln ist, gelten im Übrigen die **besonderen Sachurteilsvoraussetzungen der Ausgangsklage** analog. Allein die Erledigung kann aus einer bis dahin unzulässigen Anfechtungs- oder Verpflichtungsklage keine zulässige Fortsetzungsfeststellungsklage machen.

1. Erforderlich ist in jedem Fall eine **Klagebefugnis** analog § 42 Abs. 2 VwGO. Die N-Partei kann geltend machen, einen Anspruch aus § 8 Abs. 2 GO oder auf Gleichbehandlung gemäß § 5 Abs. 1 S. 1 ParteiG zu haben. Da dies nicht von vornherein und offensichtlich ausgeschlossen ist, ist sie klagebefugt.

2. Ein **Vorverfahren** ist – vorbehaltlich gesetzlicher Ausnahmen (§ 68 Abs. 1 S. 2 VwGO) – jedenfalls bei Erledigung nach Klageerhebung erforderlich. Umstritten ist, ob dies auch bei der hier vorliegenden **vorprozessualen Erledigung** gilt.

Soweit landesrechtlich gemäß § 68 Abs. 1 S. 2 VwGO ein Vorverfahren nicht durchzuführen ist, ist die Streitfrage für die Falllösung irrelevant.

a) Von der herrschenden Rspr. und Lit. wird dies verneint, wenn Erledigung vor Ablauf der Widerspruchsfrist oder – wie im vorliegenden Fall – während eines laufenden Widerspruchsverfahrens, also **vor Bestandskraft**, eingetreten ist.[191] Die mit dem Widerspruch erstrebte Aufhebung des Verwaltungsaktes könne nach Erledigung nicht mehr erfolgen, sodass das mit dem Widerspruch eigentlich verfolgte Ziel nicht mehr erreicht werden kann. Es sei nicht Aufgabe der Verwaltung, die Rechtswidrigkeit eines erledigten Verwaltungsaktes festzustellen. Damit konnte L unmittelbar das Verwaltungsgericht anrufen, ein vorheriges Widerspruchsverfahren wäre unzulässig.

b) In der Literatur wird demgegenüber vereinzelt die Auffassung vertreten, dass bei jeder Fortsetzungsfeststellungsklage zunächst Widerspruch erhoben werden müsse. Dies sei zweckmäßig, weil hierdurch die Rechtswidrig-

---

190 BVerwG NVwZ 1999, 523.

191 BVerwG NVwZ 2000, 63, 64; Eyermann/Rennert, VwGO, § 68 Rn. 4.

keit des Verwaltungsaktes durch die Behörde selbst überprüft werden könne und damit die angestrebte Selbstkontrolle der Verwaltung ermöglicht werde. Wie sich aus § 44 Abs. 5 VwVfG ergebe, sei die Behörde auch befugt, entsprechende Feststellungen zu treffen. Außerdem könne das Vorverfahren auch einer Entlastung der Gerichte dienen.[192] Folgt man einer solchen Betrachtung, wäre die Fortsetzungsfeststellungsklage mangels ordnungsgemäß durchgeführten Widerspruchsverfahrens unzulässig.

c) Dagegen spricht jedoch, dass eine behördliche Feststellung der Rechtswidrigkeit schon deswegen wenig sinnvoll ist, weil sie im Gegensatz zu einer gerichtlichen Entscheidung nicht in Rechtskraft erwächst (§ 121 VwGO) und für die Beteiligten nicht verbindlich ist.

Damit ist die Fortsetzungsfeststellungsklage ohne (vollständige) Durchführung eines Vorverfahrens zulässig, wenn Erledigung innerhalb der Widerspruchsfrist oder – wie hier – während eines laufenden Widerspruchsverfahrens eingetreten ist.

3. Fraglich ist allerdings, ob die Klage fristgerecht erhoben wurde. Gemäß § 74 VwGO gilt für Anfechtungs- und Verpflichtungsklagen eine **Klagefrist** von einem Monat. Zweifelhaft ist, ob dies analog auch für die Fortsetzungsfeststellungsklage gilt.

a) Wird – wie hier – kein Vorverfahren durchgeführt, könnte erwogen werden, analog § 74 Abs. 1 S. 2 VwGO eine Klagefrist von einem Monat nach Bekanntgabe des VA zugrunde zu legen bzw. bei nicht ordnungsgemäßer Rechtsbehelfsbelehrung die Jahresfrist des § 58 Abs. 2 S. 1 VwGO.[193]

Sachgerecht ist dies jedoch nur in den Fällen, in denen Erledigung nach Klageerhebung eintritt. Bei vorprozessualer Erledigung entfaltet der Verwaltungsakt ohnehin keine Regelungswirkung mehr. Er kann insbes. nicht mehr in Bestandskraft erwachsen. Daher ist bei vorprozessualer Erledigung die anschließende Fortsetzungsfeststellungsklage **nicht fristgebunden**.[194]

b) Eine Einschränkung kommt allenfalls aus **Treu und Glauben** analog § 242 BGB unter dem Gesichtspunkt des Verlusts des Klagerechts durch **Zeitablauf** oder Verwirkung in Betracht. Dann müsste die Erhebung der Klage als treuwidrig erscheinen, etwa weil der Kläger längere Zeit untätig geblieben ist. Hierbei wird grds. der Rechtsgedanke des § 58 Abs. 2 S. 1 VwGO zugrunde gelegt, sodass ein Verlust des Klagerechts i.d.R. ein Jahr ab Kenntnis bzw. zumutbarer Kenntnisnahmemöglichkeit eintritt.[196]

Die Rspr. unterscheidet neuerdings zwischen dem Verlust des Klagerechts durch Zeitablauf und der Verwirkung, die bei einem besonderen Vertrauenstatbestand auch schon vor Ablauf eines Jahres eintreten kann.[195]

Angesichts der bereits Ende Mai erhobenen Klage gegen die Ablehnung vom 05.04. kommt ein Verlust des Klagerechts nicht in Betracht. Für eine Verwirkung fehlt es bereits an einem besonderen Vertrauenstatbestand.

4. Der **Klagegegner** bestimmt sich bei der Fortsetzungsfeststellungsklage – wie bei Anfechtungs- und Verpflichtungsklagen – analog § 78 Abs. 1 VwGO. Klagegegner ist daher entweder die Stadt oder bei entsprechender landesrechtlicher Regelung der Bürgermeister (Stadtverwaltung).

---

192 Kopp/Schenke VwGO § 113 Rn. 127 m.w.N.
193 VGH Mannheim DVBl. 1998, 835, 836.
194 BVerwG NVwZ 2000, 63, 64.
195 BayVGH RÜ 2019, 600, 602.
196 Grundlegend BVerwG RÜ 2018, 810 ff.; BayVGH RÜ 2019, 600, 602.

V. Die **Beteiligtenfähigkeit** der Stadt als juristische Person des öffentlichen Rechtes folgt aus § 61 Nr. 1 Alt. 2 VwGO, die des Landesverbandes als Vereinigung aus § 61 Nr. 2 VwGO i.V.m. § 3 S. 2 ParteiG. Die Partei kann unter ihrem Namen klagen und verklagt werden. Dies gilt grds. auch für ihre Gebietsverbände auf der jeweils höchsten Stufe, also hier für den Landesverband. Für die Prozessfähigkeit gilt § 62 Abs. 3 VwGO, die Stadt und der Landesverband werden durch ihre gesetzlichen Vertreter vertreten, d.h. durch den Bürgermeister bzw. den Vorstand.

Damit ist die Klage des Landesverbandes der N-Partei als Fortsetzungsfeststellungsklage analog § 113 Abs. 1 S. 4 VwGO zulässig.

B. Begründetheit der Klage

Begründet ist die Fortsetzungsfeststellungsklage, soweit der erledigte Verwaltungsakt rechtswidrig gewesen ist und der Kläger dadurch in seinen Rechten verletzt wurde (§ 113 Abs. 1 S. 1 bzw. Abs. 5 S. 1 VwGO analog). In erledigten Verpflichtungssituationen ist dies der Fall, wenn der Kläger im Zeitpunkt unmittelbar vor Eintritt des erledigenden Ereignisses einen **Anspruch** auf Erlass des erstrebten Verwaltungsaktes gehabt hat.[197]

I. Als **Anspruchsgrundlage** kommt § 8 Abs. 2 GO in Betracht.

1. Bei der Stadthalle handelt es sich um eine **öffentliche Einrichtung** der Gemeinde.

2. Der kommunalrechtliche Benutzungsanspruch steht zwar auch juristischen Personen und **Personenvereinigungen** zu (§ 8 Abs. 3 GO). Nach dem Sinn und Zweck der Vorschrift und dem systematischen Zusammenhang zwischen Absatz 1 und Absatz 3 haben einen solchen Anspruch aber nur solche juristischen Personen und Personenvereinigungen, die ihren Sitz und ihren Tätigkeitsbereich schwerpunktmäßig in der Gemeinde haben.[198]

Diese Voraussetzungen erfüllt der Landesverband der N-Partei nicht. **Ortsfremde Parteiverbände** haben keinen Anspruch nach den gemeinderechtlichen Vorschriften. § 8 Abs. 2 u. Abs. 3 GO scheidet daher als Grundlage für einen Anspruch aus.

II. Ein Anspruch des Landesverbandes könnte sich jedoch aus **§ 5 Abs. 1 S. 1 ParteiG i.V.m. Art. 3 Abs. 1 und Art. 21 Abs. 1 GG** ergeben.

1. Nach § 5 Abs. 1 S. 1 ParteiG sollen alle **Parteien gleich behandelt** werden, wenn ein Träger öffentlicher Gewalt den Parteien Einrichtungen zur Verfügung stellt. Da die Stadthalle schon bislang Parteien für vergleichbare Veranstaltungen zur Verfügung gestellt worden ist, hat die N-Partei danach grds. einen Anspruch auf Gleichbehandlung.

2. Der Benutzungsanspruch besteht jedoch **nicht uneingeschränkt**. Ebenso wie der Anspruch aus § 8 Abs. 2 GO besteht er nur „im Rahmen des geltenden Rechts", insbesondere im Rahmen der Widmung und der diese konkretisierenden Benutzungssatzung.

---

197 BVerwG NVwZ 2015, 986, 987.

198 ThürOVG RÜ 2009, 126. 128.

a) Hier könnte sich eine Einschränkung aus der von der Verwaltung angenommene **Verfassungsfeindlichkeit** der N-Partei ergeben. Dabei ist jedoch zu beachten, dass die Verfassungswidrigkeit einer Partei allein vom BVerfG festgestellt werden kann (Art. 21 Abs. 4 GG, §§ 43 ff. BVerfGG, sog. Entscheidungsmonopol des BVerfG). Solange eine derartige Feststellung nicht erfolgt ist, genießen auch verfassungsfeindliche Parteien das sog. **Parteienprivileg**. Dem Benutzungsanspruch einer politischen Partei darf daher eine vermeintliche Verfassungsfeindlichkeit nicht entgegen gehalten werden.[199]

b) Da sonstige Ausschlussgründe nicht ersichtlich sind, hatte der Landesverband einen Anspruch auf Zulassung zur Benutzung der Stadthalle gemäß § 5 Abs. 1 S. 1 ParteiG i.V.m. Art. 3 Abs. 1 und Art. 21 Abs. 1 GG. Die Ablehnung ist damit rechtswidrig gewesen und verletzte die N-Partei in ihrem subjektiven Recht aus Art. 21 GG. Ihre Fortsetzungsfeststellungsklage ist daher auch begründet.

Ergebnis: Die vor dem Verwaltungsgericht erhobene Klage wird deshalb erfolgreich sein.

---

199 BVerfG RÜ 2018, 328, 330; BayVGH RÜ 2012, 121, 123.

3. Abschnitt: Vorläufiger Rechtsschutz

1. Das Aussetzungsverfahren gemäß § 80 Abs. 5 S. 1 VwGO

Fall 40: Wiederherstellung der aufschiebenden Wirkung

G betreibt seit Längerem in der Nähe einer Schule eine Gaststätte. Nach entsprechenden Hinweisen aus der Nachbarschaft wird bekannt, dass G häufig Alkohol auch an Jugendliche unter 16 Jahren ausschenkt. Wiederholten Aufforderungen des zuständigen Gewerbeaufsichtsamts kommt G nur unzureichend nach. Nachdem Anfang August ein Schüler nach einem Besuch der Gaststätte alkoholisiert in das örtliche Krankenhaus eingeliefert wird, widerruft die Stadt S die dem G erteilte Gaststättenerlaubnis. Dieser Bescheid wurde G am 15.08. bekannt gegeben. Gegen den Bescheid hat G form- und fristgerecht Klage erhoben.

Nachdem es am 20.08. erneut zu einem ähnlichen Vorfall gekommen ist, erhält G ohne vorherige Ankündigung ein weiteres Schreiben von der Stadt S. In diesem wird G mitgeteilt, dass die „sofortige Vollziehung des Widerrufs der Gaststättenerlaubnis" angeordnet wird. Hierbei führt die Stadt aus, dass im Interesse des Jugendschutzes ein weiteres Abwarten nicht vertretbar sei und das Verhalten des G darauf schließen lasse, dass er nicht gewillt sei, den Ausschank alkoholischer Getränke an Jugendliche zu unterlassen.

G, der die Vorwürfe als bloßes Missverständnis abtut, möchte seine Gaststätte weiterbetreiben, und fragt Rechtsanwalt R, ob er dies im Wege vorläufigen Rechtsschutzes erreichen kann.

Hinweis: Im Land gilt das GaststättenG des Bundes. Ein Vorverfahren findet nach § 68 Abs. 1 S. 2 VwGO i.V.m. dem AGVwGO des Landes nicht statt.

In Betracht kommt ein Antrag auf Wiederherstellung der aufschiebenden Wirkung der Klage des G nach § 80 Abs. 5 S. 1 Alt. 2 VwGO.

A. Zulässigkeit des Antrags

I. Der **Verwaltungsrechtsweg** ist gemäß § 40 Abs. 1 S. 1 VwGO eröffnet. Es handelt sich um eine öffentlich-rechtliche nichtverfassungsrechtliche Streitigkeit nach den Vorschriften des GaststättenG, die keinem anderen Gericht ausdrücklich zugewiesen ist.

II. Der **Antrag** auf Wiederherstellung der aufschiebenden Wirkung ist gemäß § 80 Abs. 5 S. 1 Alt. 2 VwGO **statthaft**, wenn G die Suspendierung eines belastenden Verwaltungsaktes begehrt (§§ 122 Abs. 1, 88 VwGO), bei dem Rechtsbehelfe keine aufschiebende Wirkung haben.

Bei dem Widerruf der Gaststättenerlaubnis handelt es sich um einen belastenden Verwaltungsakt. Gegen diesen hat G Klage erhoben. Die Klage entfaltet keine aufschiebende Wirkung, da die Behörde gemäß § 80 Abs. 2 S. 1 Nr. 4 VwGO die sofortige Vollziehung des Verwaltungsaktes angeordnet hat und dadurch die aufschiebende Wirkung des Rechtsbehelfs (§ 80 Abs. 1 VwGO) ausgeschlossen ist. Damit ist ein gerichtlicher Antrag auf Wiederherstellung der aufschiebenden Wirkung der von G erhobenen Klage gemäß § 80 Abs. 5 S. 1 Alt. 2 VwGO statthaft.

III. G kann als Adressat des ihn belastenden Verwaltungsaktes geltend machen, in seinem Grundrecht aus Art. 12 Abs. 1 GG verletzt zu sein, und ist damit analog § 42 Abs. 2 VwGO **antragsbefugt**.

IV. Schließlich müsste G das allgemeine **Rechtsschutzbedürfnis** für einen Eilantrag zustehen.

1. Das Rechtsschutzbedürfnis für einen Antrag nach § 80 Abs. 5 S. 1 VwGO fehlt, wenn der Rechtsbehelf in der Hauptsache **offensichtlich unzulässig** ist. Insoweit sind keine Bedenken ersichtlich, insbesondere bedurfte es nach § 68 Abs. 1 S. 2 VwGO i.V.m. dem AGVwGO des Landes keines vorherigen Widerspruchs.

2. Fraglich ist, ob G vor Inanspruchnahme des Gerichts bei der Behörde einen **Antrag auf Aussetzung der Vollziehung** gemäß § 80 Abs. 4 VwGO stellen muss. § 80 Abs. 6 S. 1 VwGO verlangt ein dahingehendes behördliches Verfahren aber nur in den Fällen des § 80 Abs. 2 S. 1 Nr. 1 VwGO bei der Anforderung öffentlicher Abgaben und Kosten. Ein solcher Fall ist hier nicht gegeben, sodass ein vorheriges behördliches Aussetzungsverfahren nicht erforderlich ist.

Bedenken gegen das allgemeine Rechtsschutzbedürfnis bestehen daher nicht.

V. Der Antrag nach § 80 Abs. 5 S. 1 VwGO ist grds. an **keine Frist** gebunden.

VI. Antragsgegner im Verfahren nach § 80 Abs. 5 S. 1 VwGO ist analog § 78 Abs. 1 VwGO – je nach Landesrecht – die Ausgangsbehörde bzw. die sie tragende Körperschaft.

Der Antrag auf Wiederherstellung der aufschiebenden Wirkung der Klage des G gemäß § 80 Abs. 5 S. 1 Alt. 2 VwGO ist damit zulässig.

B. Begründetheit des Antrags

I. Im Fall der Anordnung der sofortigen Vollziehung durch die Behörde kann der Antrag nach § 80 Abs. 5 VwGO bereits dann begründet sein, wenn die **Vollziehungsanordnung formell fehlerhaft** erfolgt ist.

1. Das Gewerbeaufsichtsamt ist als die den Verwaltungsakt erlassende Behörde gemäß § 80 Abs. 2 S. 1 Nr. 4 VwGO auch für die Anordnung der sofortigen Vollziehung **zuständig**.

Anhörung bzgl. der Anordnung der sofortigen Vollziehung.

2. Im Hinblick auf die Ordnungsmäßigkeit des **Verfahrens** stellt sich die Frage, ob das Gewerbeaufsichtsamt den G zur Anordnung der sofortigen Vollziehung gesondert hätte anhören müssen.

a) Nach § 28 Abs. 1 VwVfG besteht eine dahingehende Pflicht grundsätzlich nur vor Erlass von Verwaltungsakten. Bei der Anordnung der sofortigen Vollziehung ist hinsichtlich der Merkmale des § 35 VwVfG allein zweifelhaft, ob diese eine **Regelung** enthält, also unmittelbar auf die Herbeiführung von Rechtsfolgen gerichtet ist. Die Vollziehungsanordnung schließt kein Verwaltungsverfahren i.S.d. § 9 VwVfG ab, sondern ist ein bloßer Verfahrensakt. Mangels materieller Regelung stellt die Anordnung der sofortigen Vollziehung daher keinen Verwaltungsakt dar, sodass schon deswegen eine Anhörung gemäß § 28 Abs. 1 VwVfG nicht erforderlich ist.[200]

---

200 Kopp/Schenke VwGO § 80 Rn. 82 mit Rn. 78.

b) Umstritten ist indes, ob sich eine Pflicht zur Anhörung aus einer **analogen Anwendung** des § 28 Abs. 1 VwVfG ergibt. Die h.M. lehnt dies mangels Regelungslücke ab. Der Gesetzgeber habe die formellen Anforderungen an die Vollziehungsanordnung abschließend in § 80 Abs. 3 VwGO geregelt.[201] Die Gegenansicht verweist auf Art. 103 Abs. 1 GG, wonach bei belastenden Maßnahmen stets eine Anhörung erforderlich sei. Dies gelte jedenfalls, wenn – wie hier – die Vollziehungsanordnung nachträglich getroffen werde.[202] Dagegen spricht jedoch, dass dem rechtlichen Gehör im gerichtlichen Verfahren nach § 80 Abs. 5 VwGO ausreichend Rechnung getragen werden kann, sodass eine analoge Anwendung des § 28 Abs. 1 VwVfG nicht geboten ist.

3. Nach § 80 Abs. 3 S. 1 VwGO ist das besondere Interesse an der sofortigen Vollziehung des Verwaltungsakts **schriftlich zu begründen**.

a) Die **Schriftform** ist gewahrt.

b) Fraglich ist allerdings, ob die Anordnung gemäß § 80 Abs. 3 S. 1 VwGO **hinreichend begründet** wurde. Dies ist nur dann der Fall, wenn die Behörde dargelegt hat, aus welchen Gründen im konkreten Fall ein über das allgemeine, bei jedem Verwaltungsakt bestehende Vollzugsinteresse hinausgehendes **Interesse an der sofortigen Vollziehung** vorliegt. Die Begründung muss erkennen lassen, dass sich die Behörde des Ausnahmecharakters des Sofortvollzugs bewusst war.[203] Dieser Zielsetzung folgend genügt eine Begründung den gesetzlichen Erfordernissen nicht, wenn die Behörde lediglich allgemein gehaltene Floskeln anführt oder den Gesetzeswortlaut wiederholt. Ebenso reicht es grds. nicht aus, dass die Anordnung der sofortigen Vollziehung allein mit den Erwägungen begründet wird, die den Verwaltungsakt selbst rechtfertigen.

Im vorliegenden Fall hat die Behörde die sofortige Vollziehung insbesondere mit der besonderen Bedeutung des Jugendschutzes gerechtfertigt, der im Interesse der Allgemeinheit ein sofortiges Einschreiten der Behörde erforderlich macht. Damit wurde die Anordnung der sofortigen Vollziehung mit einzelfallbezogenen Erwägungen begründet, sodass die Anforderungen des § 80 Abs. 3 S. 1 VwGO gewahrt sind.

Die Anordnung der sofortigen Vollziehung ist damit in formeller Hinsicht nicht zu beanstanden.

II. In materieller Hinsicht ist der Antrag gemäß § 80 Abs. 5 S. 1 VwGO begründet, wenn aufgrund einer umfassenden **Güter- und Interessenabwägung** davon auszugehen ist, dass das Aussetzungsinteresse des Antragstellers das öffentliche Vollzugsinteresse überwiegt.

Dies gilt unabhängig davon, ob es um einen gesetzlichen Ausschluss der aufschiebenden Wirkung oder um die Anordnung der sofortigen Vollziehung geht.

Diese Interessenabwägung richtet sich in erster Linie nach den **Erfolgsaussichten** des Rechtsbehelfs in der Hauptsache. Erweist sich der Verwaltungsakt als rechtswidrig, hat der Aussetzungsantrag grds. Erfolg, weil an der Vollziehung eines rechtswidrigen Verwaltungsakts kein überwiegendes öffentliches Interesse bestehen kann.

1. Ermächtigungsgrundlage für den Widerruf der Gaststättenerlaubnis ist § 15 Abs. 2 GaststättenG.

---

201 Schoch VwGO § 80 Rn. 258.
202 VGH Mannheim, Beschl. v. 19.04.2018 – 11 S 311/18; allgemein Kopp/Schenke VwGO § 80 Rn. 82.
203 OVG NRW NWVBl. 2015, 144.

2. Bedenken gegen die **formelle Rechtmäßigkeit** des Widerrufs bestehen nicht, insbesondere hat die zuständige Behörde gehandelt und G wurde bzgl. des Widerrufs gemäß § 28 Abs. 1 VwVfG ordnungsgemäß angehört.

3. Materielle Rechtmäßigkeit des Widerrufs

a) Voraussetzung des § 15 Abs. 2 GaststättenG ist, dass nachträglich Tatsachen eingetreten sind, die die Versagung der Erlaubnis nach § 4 Abs. 1 S. 1 Nr. 1 GaststättenG rechtfertigen würden.

Dann müsste der Gaststättenbetreiber **unzuverlässig** geworden sein. Dies ist nach den Regelbeispielen des § 4 Abs. 1 S. 1 Nr. 1 GaststättenG insbes. der Fall, wenn die Vorschriften des Jugendschutzes nicht eingehalten werden. Nach § 9 JuSchG dürfen alkoholische Getränke nicht an Kinder und Jugendliche unter 16 Jahren abgegeben oder ihnen der Verzehr gestattet werden. Hiergegen hat G nachhaltig verstoßen und sich damit als unzuverlässig i.S.d. § 4 Abs. 1 S. 1 Nr. 1 GaststättenG erwiesen.

b) Der **Rechtsfolge** des § 15 Abs. 2 GaststättenG nach ist die Erlaubnis zwingend zu widerrufen, sodass die Behörde die richtige Rechtsfolge getroffen hat.

Damit erweist sich der angefochtene Verwaltungsakt als **rechtmäßig**, sodass die Klage des G erfolglos bleiben wird.

III. Fraglich ist allerdings, ob dies allein dazu führt, dass auch der Aussetzungsantrag nach § 80 Abs. 5 S. 1 VwGO unbegründet ist.

1. Teilweise wird angenommen, dass das **Vollzugsinteresse** bereits dann überwiege, wenn der angefochtene Verwaltungsakt rechtmäßig ist und der Rechtsbehelf deshalb voraussichtlich erfolglos bleiben wird. Dies ergebe sich daraus, dass das Interesse des Antragstellers, die Verwirklichung des Verwaltungsaktes durch offensichtlich unbegründete Rechtsbehelfe hinauszuschieben, nicht schutzwürdig sei.[204] Folgt man dieser Betrachtungsweise, wäre ein überwiegendes Vollzugsinteresse zu bejahen und der Antrag des G schon deshalb unbegründet.

2. Überwiegend wird jedoch in den Fällen des § 80 Abs. 2 S. 1 Nr. 4 VwGO ein **„besonderes"** Vollzugsinteresse gefordert.[205] Hierfür spricht neben dem Wortlaut der Norm insbesondere der Ausnahmecharakter der sofortigen Vollziehung des Verwaltungsaktes. Nach dieser Ansicht begründet die Rechtmäßigkeit des Verwaltungsaktes allein noch kein besonderes Interesse an der sofortigen Vollziehung, da das Vollzugsinteresse gerade über das den Verwaltungsakt selbst rechtfertigende Interesse hinausgehen muss.

Angesichts der wiederholten schwerwiegenden Verstöße gegen die Vorschriften des Jugendschutzes, von denen G auch unter dem Eindruck des bereits erlassenen Widerrufs nicht Abstand genommen hat, ist hier indes ein sofortiges Einschreiten geboten, sodass das öffentliche Vollzugsinteresse auch nach dieser Auffassung gegenüber dem Aussetzungsinteresse des G vorrangig ist. Einer Streitentscheidung bedarf es daher nicht.

Ergebnis: Der Antrag des G auf Wiederherstellung der aufschiebenden Wirkung seiner Klage nach § 80 Abs. 5 S. 1 Alt. 2 VwGO ist unbegründet.

---

204 OVG Lüneburg NJW 2002, 2336, 2337.

205 Vgl. BVerfG NJW 2010, 2268, 2269; Kopp/Schenke VwGO § 80 Rn. 159.

2. Das Verfahren nach § 80 a Abs. 3 VwGO bei Verwaltungsakten mit Doppelwirkung

Fall 41: Wirkungen des Nachbarwiderspruchs

Bauherr B hat von der zuständigen Baubehörde eine Baugenehmigung für eine unmittelbare Grenzbebauung unter Befreiung von den Vorschriften über die Abstandsflächen erhalten. Obwohl Nachbar N Widerspruch erhoben hat, hat B mit den Bauarbeiten begonnen. N möchte die weitere Bauausführung verhindern und begehrt beim Verwaltungsgericht vorläufigen Rechtsschutz, ohne sich zuvor mit der Baubehörde in Verbindung gesetzt zu haben. Wie wird das Verwaltungsgericht entscheiden, wenn die Befreiung rechtswidrig ist?

A. Zulässigkeit des Eilantrags

I. Der **Verwaltungsrechtsweg** ist gemäß § 40 Abs. 1 S. 1 VwGO eröffnet, streitentscheidend sind Vorschriften des öffentlichen Baurechts, sodass eine öffentlich-rechtliche Streitigkeit nichtverfassungsrechtlicher Art vorliegt, die auch keinem anderen Gericht ausdrücklich zugewiesen ist.

II. Statthaft könnte ein Antrag auf Aussetzung der Vollziehung gemäß § 80 a Abs. 3 S. 1 i.V.m. Abs. 1 Nr. 2 Hs. 1 VwGO sein.

1. Das setzt voraus, dass sich der Antragsteller gegen die Vollziehung eines ihn belastenden, den Adressaten begünstigenden Verwaltungsakt wendet. Dies ist hier die dem B erteilte Baugenehmigung als **Verwaltungsakt mit Doppelwirkung**.

Diese im Rahmen des § 80 Abs. 5 VwGO umstrittene Frage, ist durch § 80 a Abs. 1 VwGO ausdrücklich im positiven Sinne geregelt („Legt ein Dritter einen Rechtsbehelf … ein").

2. Der Antragsteller muss einen **Rechtsbehelf** eingelegt haben. N hat gegen die Baugenehmigung Widerspruch erhoben.

3. Der Rechtsbehelf darf **keine aufschiebende Wirkung** haben, da diese durch das Gericht gemäß § 80 a Abs. 3 S. 1 i.V.m. § 80 Abs. 5 S. 1 VwGO angeordnet bzw. wiederhergestellt werden soll. Nachbarwidersprüche gegen bauaufsichtliche Zulassungen, hier die Baugenehmigung, entfalten nach § 80 Abs. 2 S. 1 Nr. 3 VwGO i.V.m. § 212 a Abs. 1 BauGB keine aufschiebende Wirkung.

Der Antrag auf Aussetzung der Vollziehung ist daher gemäß § 80 a Abs. 3 S. 1 i.V.m. Abs. 1 Nr. 2 Hs. 1 VwGO statthaft.

III. Die analog § 42 Abs. 2 VwGO zu fordernde **Antragsbefugnis** setzt voraus, dass der Antragsteller geltend machen kann, in einem subjektiven Recht verletzt zu sein, d.h. dass der angefochtene Verwaltungsakt gegen drittschützende Vorschriften verstößt.

Hier ist die Baugenehmigung unter Befreiung von den Vorschriften über die Abstandsflächen erteilt worden. Diese Vorschriften bezwecken u.a. die ausreichende Beleuchtung und Belüftung des Nachbargrundstücks sowie die Wahrung des sog. Nachbarschaftsfriedens.[206] Damit sollen durch die Abstandsflächenregelung auch die **Individualinteressen** des N geschützt werden, sodass er antragsbefugt ist.

---

206 BayVGH NVwZ-RR 2015, 365; VGH BW NVwZ-RR 2014, 917.

IV. Das **Rechtsschutzbedürfnis** für einen Antrag nach § 80 a Abs. 3 S. 1 VwGO beurteilt sich grds. nach den allgemeinen zu § 80 Abs. 5 VwGO entwickelten Kriterien.[207]

1. Der Rechtsbehelf des Dritten darf **nicht offensichtlich unzulässig** sein. Hierfür bestehen vorliegend keine Anhaltspunkte.

2. Fraglich ist allerdings, ob der Nachbar nach § 80 a Abs. 3 S. 1 VwGO sofort das Verwaltungsgericht anrufen darf oder ob er sich gemäß § 80 a Abs. 1 Nr. 2 VwGO **zunächst an die Behörde** wenden muss. Letzteres könnte sich aus § 80 a Abs. 3 S. 2 VwGO i.V.m. § 80 Abs. 6 VwGO ergeben.

a) Überwiegend wird der Verweis in § 80 a Abs. 3 S. 2 VwGO im Sinne eines **Rechtsgrundverweises** interpretiert, sodass er nur für Abgabenbescheide mit Doppelwirkung gilt.[208] Eine Ausdehnung auf andere Verwaltungsakte sei nicht sachgerecht. Das gerichtliche Verfahren nach § 80 a Abs. 3 VwGO sei kein Rechtsmittelverfahren gegen eine behördliche Entscheidung, vielmehr treffe das Gericht eine eigene Ermessensentscheidung, ob eine Aussetzung der Vollziehung gerechtfertigt sei.

b) Andere sehen in § 80 a Abs. 3 S. 2 VwGO einen **Rechtsfolgenverweis**. Nach diesem Verständnis muss bei allen Verwaltungsakten mit Doppelwirkung vor der Anrufung des Verwaltungsgerichts nach § 80 a Abs. 3 VwGO zunächst eine behördliche Entscheidung nach § 80 a Abs. 1 bzw. Abs. 2 VwGO beantragt werden.[209]

c) Auf diese Streitfrage kommt es jedoch nicht an, wenn der Bauherr mit der Verwirklichung des Bauvorhabens begonnen hat oder die Bauarbeiten unmittelbar bevorstehen. Denn dann droht die Vollstreckung des Verwaltungsakts, sodass das Verwaltungsgericht nach § 80 a Abs. 3 S. 2 i.V.m. § 80 Abs. 6 S. 2 Nr. 2 VwGO ohnehin unmittelbar angerufen werden kann.[210]

Angesichts der andauernden Bauarbeiten war daher ein behördliches Antragsverfahren jedenfalls entbehrlich, sodass der Aussetzungsantrag des N gemäß § 80 a Abs. 3 i.V.m. § 80 Abs. 1 Nr. 2 Hs. 1 VwGO zulässig ist.

Bauherr B ist gemäß § 65 Abs. 2 VwGO notwendig beizuladen.

Die Beiladung ist keine Zulässigkeitsvoraussetzung und sollte nach deren Prüfung kurz festgestellt werden.

B. Begründetheit des Eilantrags

Der Aussetzungsantrag des Nachbarn ist begründet, wenn aufgrund einer umfassenden Güter- und Interessenabwägung davon auszugehen ist, dass das Aussetzungsinteresse des Nachbarn das Vollzugsinteresse des Bauherrn überwiegt.

Diese Interessenabwägung richtet sich in erster Linie nach den Erfolgsaussichten in der Hauptsache, sodass das Aussetzungsinteresse des N überwiegt, wenn die Baugenehmigung rechtswidrig ist und der Antragsteller dadurch in seinen Rechten verletzt ist (vgl. § 113 Abs. 1 S. 1 VwGO). Bei einem Drittrechtsbehelf ist das nur der Fall, wenn sich die Rechtswidrigkeit gerade aus einem **Verstoß gegen nachbarschützende Vorschriften** ergibt.

---

207 Zum Rechtsschutzbedürfnis nach Fertigstellung des Baus OVG Bln-Bbg RÜ 2018, 396, 397; VGH BW RÜ 2019, 600, 601.

208 OVG Hamburg NVwZ-RR 2017, 906; Kopp/Schenke VwGO § 80 a Rn. 21.

209 OVG Lüneburg NVwZ-RR 2011, 185.

210 OVG Lüneburg NVwZ-RR 2010, 140.

Hier verstößt die Baugenehmigung gegen die nachbarschützenden Vorschriften über die Abstandsflächen, da die Befreiung nach dem Sachverhalt rechtswidrig ist.

Ergebnis: Der Antrag des N auf Aussetzung der Vollziehung gemäß § 80 a Abs. 3 S. 1 i.V.m. § 80 a Abs. 1 Nr. 2 Hs. 1 VwGO ist daher zulässig und begründet.

Fall 42: Missachtung der aufschiebenden Wirkung

Das Verwaltungsgericht hat dem Antrag des Nachbarn N stattgegeben, gleichwohl setzt Bauherr B die Bauarbeiten fort. Was kann N unternehmen?

I. Missachtet der begünstigte Adressat der Genehmigung die aufschiebende Wirkung von Rechtsbehelfen des Nachbarn, scheidet ein (erneuter) Antrag auf **Aussetzung der Vollziehung** nach § 80 a Abs. 3 i.V.m. Abs. 1 Nr. 2 Hs. 1 VwGO aus, da die aufschiebende Wirkung bereits besteht.

II. In Betracht kommt aber ein Antrag des Dritten auf **Feststellung der aufschiebenden Wirkung**.

1. Ein solcher Antrag ist zwar weder in § 80 Abs. 5 noch in § 80 a Abs. 3 VwGO ausdrücklich vorgesehen. Missachtet die Behörde im Verhältnis zum Bürger die aufschiebende Wirkung (sog. **faktischer Vollzug**), ist jedoch anerkannt, dass die Befugnis des Gerichts die aufschiebende Wirkung anzuordnen oder wiederherzustellen als Minus auch die Möglichkeit umfasst, den gemäß § 80 Abs. 1 VwGO bestehenden Suspensiveffekt gegenüber (drohenden) Vollziehungsmaßnahmen festzustellen.[211]

2. Aufgrund der vergleichbaren Interessenlage gilt dies auch, wenn beim Verwaltungsakt mit Doppelwirkung der begünstigte Adressat die suspendierte Genehmigung verwirklicht. Analog §§ 80 a Abs. 3, 80 Abs. 5 VwGO kann beim Gericht die Feststellung der aufschiebenden Wirkung beantragt werden.[212]

III. Die bloße Feststellung der aufschiebenden Wirkung hindert den Adressaten allerdings nicht daran, die Genehmigung gleichwohl auszunutzen. Im Vordergrund steht in dieser Situation vielmehr die Möglichkeit des Nachbarn, das Vorhaben **vorläufig stilllegen** zu lassen.

1. Nach § 80 a Abs. 1 Nr. 2 Hs. 2 VwGO kann die Behörde einstweilige **Maßnahmen zur Sicherung der Rechte des Dritten** treffen. Darunter fallen auch Maßnahmen zur Sicherung der aufschiebenden Wirkung. Während dies bei Missachtung der kraft Gesetzes nach § 80 Abs. 1 VwGO bestehenden aufschiebenden Wirkung umstritten ist (und nach a.A. Rechtsschutz durch einstweilige Anordnung gemäß § 123 Abs. 1 VwGO gewährt wird),[213] gilt § 80 a Abs. 1 Nr. 2 Hs. VwGO unstreitig in Fällen, in denen – wie hier – Sicherungsmaßnahmen nach einer vorangegangenen Aussetzung der Vollziehung getroffen werden sollen.[214]

N kann daher bei der Behörde nach § 80 a Abs. 1 Nr. 2 Hs. 2 VwGO und nach § 80 a Abs. 3 VwGO beim Verwaltungsgericht Sicherungsmaßnahmen in Form der vorläufigen Stilllegung der Bauarbeiten beantragen.

2. Das **Rechtsschutzbedürfnis** für einen gerichtlichen Antrag besteht unabhängig von einem vorherigen Antrag bei der Behörde. Wegen der andauernden Verwirklichung (Vollziehung) der Genehmigung ist die sofortige

---

211 VGH BW NVwZ-RR 2010, 463, 464.
212 Schoch VwGO § 80 a Rn. 56.
213 Vgl. AS-Skript VwGO (2019), Rn. 767 ff.
214 Schoch VwGO § 80 a Rn. 39.

Anrufung des Gerichts jedenfalls analog § 80 Abs. 6 S. 2 VwGO zulässig (s.o. S. 116).

3. Antragsgegner ist im gerichtlichen Verfahren in jedem Fall analog § 78 Abs. 1 VwGO die Körperschaft bzw. die Behörde, auch wenn sich der Antragsteller gegen die faktische Vollziehung durch den Bauherrn zur Wehr setzt. Denn zwischen dem Nachbarn und dem Bauherrn besteht kein öffentlich-rechtliches Rechtsverhältnis. Vielmehr soll die Behörde zum Einschreiten gegen den Bauherrn veranlasst werden.

III. Begründet ist der Antrag auf Sicherungsmaßnahmen – wie beim faktischen Vollzug durch die Behörde – allein wegen der Missachtung der aufschiebenden Wirkung. Eine Interessenabwägung findet nicht statt.[215]

1. Dadurch, dass B die Bauarbeiten trotz der gerichtlichen Aussetzungsentscheidung fortsetzt, missachtet er die aufschiebende Wirkung des Widerspruchs des N.

2. Liegen damit die Voraussetzungen des § 80 a Abs. 1 Nr. 2 Hs. 2 VwGO vor, kann das Gericht nach § 80 a Abs. 3 S. 1 VwGO „Maßnahmen" treffen.

a) Darunter versteht die h.Rspr. bei Sicherungsmaßnahmen nach § 80 a Abs. 1 Nr. 2 Hs. 2 VwGO analog die **Verpflichtung der Behörde**, gegenüber dem Bauherrn die vom Gericht bezeichneten Maßnahmen anzuordnen, insbes. eine vorläufige Stilllegung zu verfügen.[216]

b) Nach der Gegenansicht kann das VG die Sicherungsmaßnahmen gegenüber dem Begünstigten selbst anordnen, also z.B. die Bauarbeiten unmittelbar stilllegen.[217] Dagegen spricht jedoch, dass der belastete Dritter, anders als die Verwaltung in keiner unmittelbaren Rechtsbeziehung zum Begünstigten steht. Der begünstigte Adressat ist nicht Antragsgegner (s.o.), sodass er durch eine gerichtliche Maßnahme auch nicht unmittelbar verpflichtet werden kann.

Daher ist es dem VG auf Antrag des N nur möglich, die Behörde zu einem Einschreiten gegen den Bauherrn B zu verpflichten, z.B. zur vorläufigen Stilllegung der Bauarbeiten.

215 VGH BW RÜ 2014, 804, 805.
216 Kopp/Schenke VwGO § 80 a Rn. 17.
217 Schoch VwGO § 80 a Rn. 55.

3. Das Anordnungsverfahren gemäß § 123 Abs. 1 VwGO

Fall 43: Einstweilige Anordnung

Der Verein „Wagenburg e.V." verfolgt das Ziel, alternative Lebensformen zu fördern. Zu den Einrichtungen des Vereins gehört eine Grundstücksfläche im innerstädtischen Bereich der Stadt S, auf der die Vereinsmitglieder mehrere Bauwagen abgestellt haben und teilweise schon länger als zwei Jahre zum Wohnen nutzen, obwohl eine nach der LBauO erforderliche Baugenehmigung nicht vorliegt.

A ist Eigentümerin eines mit einem Bürogebäude bebauten Grundstücks gegenüber des Bauwagenplatzes. Sie beantragt bei der zuständigen Bauaufsichtsbehörde, die Nutzung durch den Verein zu unterbinden. Durch die Wagenburg sei die Grundstückssituation diffus geworden, es zeichne sich ein sog. Trading-Down-Effekt ab mit der Folge, dass ihr Grundstück massiv an Wert verlieren werde. Da die Behörde nichts unternimmt, überlegt A, welche Möglichkeiten bestehen, möglichst schnell gerichtlichen Rechtsschutz zu erlangen.

§ 73 BauO des Landes L (LBauO) lautet:

Werden Anlagen im Widerspruch zu öffentlich-rechtlichen Vorschriften errichtet oder geändert, so kann die Bauaufsichtsbehörde die teilweise oder vollständige Beseitigung der Anlagen anordnen, wenn nicht auf andere Weise rechtmäßige Zustände hergestellt werden können.

Hinweis: Für den betroffenen Bereich existiert kein Bebauungsplan.

In Betracht kommt ein Antrag auf Erlass einer einstweiligen Anordnung gemäß § 123 Abs. 1 VwGO.

A. Zulässigkeit des Antrags

I. Der Verwaltungsrechtsweg ist gemäß § 40 Abs. 1 S. 1 VwGO eröffnet. Es handelt sich um eine öffentlich-rechtliche, nichtverfassungsrechtliche Streitigkeit nach der LBauO, die keinem anderen Gericht ausdrücklich zugewiesen ist.

II. Die statthafte **Antragsart** richtet sich gemäß §§ 122 Abs. 1, 88 VwGO nach dem Begehren des Antragstellers. A möchte, dass die Baubehörde durch das Gericht verpflichtet wird, gegen die Nutzung der Fläche vorzugehen. Damit könnte ein Antrag auf Erlass einer einstweiligen Anordnung gemäß § 123 Abs. 1 VwGO statthaft sein. Dieser ist dann die richtige Antragsart, wenn kein Fall der §§ 80, 80 a VwGO vorliegt (§ 123 Abs. 5 VwGO).

§ 123 Abs. 1 VwGO unterscheidet die Sicherungsanordnung zur Sicherung des Status quo (S. 1) und die Regelungsanordnung zur Erweiterung des Rechtskreises (S. 2). In der Klausur kann die Art der einstweiligen Anordnung entweder bei der Antragsart oder zu Beginn der Begründetheit klargestellt werden.

Im vorliegenden Fall geht es nicht um die Vollziehung eines belastenden Verwaltungsaktes. A begehrt vielmehr, dass die Stadt bauaufsichtlich durch Erlass einer Bauordnungsverfügung gegen die Nutzer einschreitet. Schon deswegen kommt ein Antrag nach § 80 Abs. 5 VwGO nicht in Betracht. Auch § 80 a VwGO ist nicht einschlägig, da dieser einen bereits existierenden VA mit Doppelwirkung voraussetzt. Für das Verpflichtungsbegehren der A, mit dem diese ihren Rechtskreis erweitern möchte, ist vielmehr ein Antrag auf Erlass einer **Regelungsanordnung** gemäß § 123 Abs. 1 S. 2 VwGO statthaft.

III. A müsste zudem analog § 42 Abs. 2 VwGO **antragsbefugt** sein. Diese Voraussetzung ist zu bejahen, wenn A möglicherweise einen Anspruch auf ein bauaufsichtsbehördliches Einschreiten hätte.

1. Ein Anspruch auf Einschreiten kann sich nur aus der behördlichen Ermächtigungsgrundlage, hier § 73 LBauO, ergeben. Die Vorschrift regelt zunächst lediglich die **Befugnisse der Behörde**, sodass schon fraglich ist, ob sich daraus überhaupt ein Anspruch für den Bürger ergeben kann.

2. Anspruchsqualität kann eine Norm nur haben, wenn sie zugleich ein subjektives Recht für den Bürger beinhaltet, d.h. zumindest auch dem Schutz der Rechte des Dritten zu dienen bestimmt ist (sog. Schutznormtheorie). Bei behördlichen Eingriffsermächtigungen ist dies der Fall, wenn diese auch Individualinteressen des Bürgers schützen sollen. Im Baurecht ist das nur dann der Fall, wenn ein Einschreiten der Behörde wegen eines Verstoßes gegen nachbarschützende Vorschriften in Rede steht. Hier kommt ein Verstoß gegen § 34 Abs. 1 S. 1 BauGB in Betracht, wenn sich das Vorhaben nicht in die Umgebungsbebauung „einfügt".

a) Ob § 34 Abs. 1 S. 1 BauGB einen solchen **Individualschutz** vermittelt, ist durch Auslegung der Norm zu ermitteln. Für eine dahingehende Schutzrichtung spricht der **Wortlaut der Norm**, wenn dieser Abwehrrechte Dritter ausdrücklich und unmittelbar begründet. Das ist bei § 34 Abs. 1 S. 1 BauGB nicht der Fall.

b) Allerdings lässt sich aus einer Norm ein individualschützender Gehalt auch dann herleiten, wenn der **Zweck der Regelung** gerade darin besteht, einen Ausgleich zwischen den widerstreitenden Interessen der Nachbarn zu gewährleisten.

aa) Nach § 34 Abs. 1 S. 1 BauGB ist ein Vorhaben nur zulässig, wenn es sich in die Eigenart der näheren Umgebung „einfügt". Grundsätzlich dient die Bestimmung wegen der Einbeziehung der näheren Umgebung nur dem allgemeinen Interesse an einer geordneten städtebaulichen Entwicklung und bezweckt damit grundsätzlich keinen Individualschutz.

bb) Ein über das Interesse an einer geordneten städtebaulichen Entwicklung hinausgehender Individualschutz könnte sich indes aus dem baurechtlichen **Gebot der Rücksichtnahme** ergeben. Denn „einfügen" i.S.d. § 34 Abs. 1 S. 1 BauGB kann sich ein Vorhaben nur, wenn es die gebotene Rücksicht auf die unmittelbar vorhandene Nachbarbebauung nimmt. Ein subjektives Recht ergibt sich daher, wenn in qualifizierter und zugleich individualisierender Weise auf schutzwürdige Interessen eines erkennbar abgegrenzten Kreises Dritter Rücksicht zu nehmen ist.[218]

Da im vorliegenden Fall die nähere Umgebung der Wagenburg vor allem durch bereits vorhandene Bürogebäude geprägt wird, ist ein Verstoß gegen das Rücksichtnahmegebot jedenfalls nicht von vornherein und nach jeder Betrachtungsweise auszuschließen. Möglicherweise besteht daher ein Anspruch auf behördliches Einschreiten nach § 73 LBauO, sodass A analog § 42 Abs. 2 VwGO antragsbefugt ist.

IV. Das **Rechtsschutzbedürfnis** für einen Antrag nach § 123 Abs. 1 VwGO fehlt i.d.R., wenn der Antragsteller seinen Anspruch nicht zuvor bei der Be-

218 Schoch Jura 2004, 317, 318.

hörde geltend gemacht hat. Hier hat A die Behörde mehrfach erfolglos aufgefordert, behördlicherseits einzuschreiten. Bedenken gegen das Rechtsschutzbedürfnis des A bestehen daher nicht.

V. Der **Antragsgegner** richtet sich nach der Klageart in der Hauptsache. In der vorliegenden Verpflichtungssituation gilt § 78 Abs. 1 VwGO analog.

Der Antrag ist damit zulässig.

B. Begründetheit des Antrags

Der Antrag gemäß § 123 Abs. 1 S. 2 VwGO ist begründet, wenn die tatsächlichen Umstände, die den Anordnungsanspruch und den Anordnungsgrund begründen, glaubhaft gemacht sind.

Anders als im Hauptsacheverfahren muss der Anspruch also nicht definitiv bestehen, es reicht vielmehr seine Glaubhaftmachung (§ 123 Abs. 3 VwGO, §§ 920 Abs. 2, 294 ZPO). Für die Klausur hat diese Einschränkung i.d.R. keine Bedeutung.

I. Der **Anordnungsanspruch** ist gegeben, wenn der Antragsteller den geltend gemachten Anspruch in der Hauptsache voraussichtlich erfolgreich durchsetzen wird. Folglich müssten die Voraussetzungen für ein bauaufsichtsbehördliches Einschreiten gegeben sein.

1. Anspruchsgrundlage für die erstrebte Bauordnungsverfügung ist, wie festgestellt, § 73 LBauO.

2. Es müssten die **Voraussetzungen** für das beantragte bauaufsichtliche Einschreiten gegeben sein.

a) In **formeller Hinsicht** bestehen keine Bedenken, insbesondere ist die Bauaufsichtsbehörde zuständig.

b) In **materieller Hinsicht** setzt das Einschreiten voraus, dass die Wagenburg den öffentlich-rechtlichen Vorschriften des Baurechts widerspricht und nicht durch eine Baugenehmigung legalisiert wird.

In baurechtlichen Klausuren liegt der Schwerpunkt zumeist in der Prüfung der formellen und materiellen Illegalität.

aa) Die danach erforderliche **formelle Baurechtswidrigkeit** ergibt sich daraus, dass die erforderliche Baugenehmigung nicht erteilt wurde.

bb) Materiell baurechtswidrig ist das Vorhaben, wenn es gegen § 34 Abs. 1 S. 1 BauGB verstößt.

(1) Mangels Vorliegens eines Bebauungsplanes ist die Vorschrift **anwendbar**. Das Grundstück befindet sich im innerstädtischen Bereich und damit in einem im Zusammenhang bebauten Ortsteil.

(2) Die „Wagenburg" **fügt** sich nicht in die Eigenart der näheren Umgebung **ein** und verstößt damit gegen § 34 Abs. 1 S. 1 BauGB und das darin enthaltene Gebot der Rücksichtnahme.[219]

Die **Voraussetzungen** für ein Einschreiten sind damit erfüllt.

cc) Gemäß § 73 LBauO steht das Einschreiten im **Ermessen** der Behörde, sodass A grundsätzlich nur einen Anspruch auf ermessensfehlerfreie Entscheidung hat. Etwas anderes gilt jedoch dann, wenn das Ermessen ausnahmsweise **auf Null reduziert** ist. Ob eine solche Reduzierung anzunehmen ist, richtet sich nach den jeweiligen Umständen des Einzelfalles.

(1) In der Regel wird eine **Ermessensreduzierung** nur bei hoher Intensität der Störung oder in besonders schweren Gefahrenfällen angenommen.[220]

---

219 Vgl. AS-Skript Öffentl. Baurecht (2019), Rn. 216.

220 OVG LSA NVwZ-RR 2013, 950; offengelassen von BVerwG NVwZ 1998, 395.

Da „Wagenburgen" im innerstädtischen Bereich einen „extremen städtebaulichen Missstand" darstellen,[221] lässt sich eine Ermessensreduzierung bereits aus diesem Gesichtspunkt bejahen.

(2) Im Baurecht wird überdies eine Ermessensreduzierung bei jeder nennenswerten Verletzung nachbarschützender Vorschriften bejaht.[222] Der baurechtliche Nachbarschutz wäre weitgehend wertlos, wenn über den nachbarschaftlichen Abwehranspruch nur im Wege eines bloßen Ermessensanspruchs entschieden würde. Da sich im Falle einer behördlichen Duldung zulasten der Nachbarn der städtebauliche Missstand verfestigen könnte, ist auch aus diesem Grund eine Ermessensreduzierung anzunehmen.[223]

Damit sind die den Anordnungsanspruch begründenden tatsächlichen Umstände gegeben.

II. Der **Anordnungsgrund** setzt im Fall des § 123 Abs. 1 S. 2 VwGO voraus, dass die Regelung nötig erscheint, um wesentliche Nachteile für den Antragsteller abzuwenden. Im vorliegenden Fall besteht die Gefahr, dass durch die Aufrechterhaltung des baurechtswidrigen Zustandes die Nachbarbebauung erheblich an Wert verliert. Um eine solche Entwicklung zu verhindern, bedarf es alsbaldiger Maßnahmen.

III. Sind danach die Voraussetzungen für eine einstweilige Anordnung erfüllt, so ist das Gericht berechtigt, den **Inhalt** der einstweiligen Anordnung nach pflichtgemäßem Ermessen auszugestalten (§ 123 Abs. 3 VwGO i.V.m. § 938 ZPO). Allerdings sind dem gerichtlichen Ermessen Grenzen gesetzt, insbesondere darf die einstweilige Anordnung nicht auf eine **Vorwegnahme der Hauptsache** hinauslaufen.

1. In der Hauptsache wird A voraussichtlich beanspruchen können, dass das Gericht die Bauaufsichtsbehörde zur Beseitigung der Wagenburg verpflichten wird. Die von A bereits jetzt begehrte Beseitigung liefe folglich auf eine Vorwegnahme der Hauptsache hinaus. Allerdings gilt das Vorwegnahmeverbot nicht uneingeschränkt. Wegen des Gebots effektiver Rechtsschutzgewährung gemäß Art. 19 Abs. 4 GG ist ausnahmsweise auch eine Vorwegnahme der Hauptsache zulässig, wenn das Recht des Antragstellers andernfalls vereitelt oder wesentlich erschwert würde.[224]

2. Im vorliegenden Fall besteht die Gefahr, dass sich durch die konkrete Nutzung der Grundstücksfläche der Wert des Grundstücks der A wesentlich verschlechtert (sog. „Trading-Down-Effekt").[225] Dieser sich abzeichnenden Verschlechterung kann nur entgegengewirkt werden, wenn die Beseitigungsverfügung sofort und nicht erst nach Abschluss eines langwierigen Hauptsacheverfahrens ergeht. Deshalb ist hier ausnahmsweise eine Vorwegnahme der Hauptsache zulässig.

Ergebnis: A kann daher beim Verwaltungsgericht erreichen, dass die Baubehörde durch einstweilige Anordnung verpflichtet wird, die vorläufige Beseitigung der Wagenburg anzuordnen.

---

221 OVG NRW NVwZ-RR 2002, 11.

222 OVG NRW RÜ 2009, 737, 740.

223 Vgl. in einem ähnlichen Fall OVG Berlin LKV 1998, 355, 356.

224 OVG NRW NVwZ 2008, 235.

225 Zum Trading-Down-Effekt vgl. BayVGH, Beschl. v. 04.12.2017 – 1 ZB 16.1233; VGH BW ZfBR 2018, 60.

4. Abschnitt: Das Widerspruchsverfahren

Fall 44: Sachentscheidung bei verfristetem Widerspruch

Im Bereich eines landschaftlich reizvollen Flussgebietes in der Gemeinde G befinden sich seit vielen Jahren zahlreiche Wochenendhäuser, die ohne Baugenehmigung errichtet wurden. Nach langen kontroversen Diskussionen hat die Gemeindeverwaltung als zuständige Bauaufsichtsbehörde gegenüber allen betroffenen Eigentümern die Beseitigung des illegalen Zustands verfügt. Dem Eigentümer E ist die entsprechende Verfügung vom 18.11. per Zustellungsurkunde zugestellt worden. Da E sich auf einer längeren Geschäftsreise befand, hat seine Ehefrau F den Brief am 20.11. entgegen genommen. E selbst hat die mit einer ordnungsgemäßen Rechtsbehelfsbelehrung versehene Verfügung erst nach seiner Rückkehr am 15.12. zur Kenntnis genommen und am 28.12. schriftlich Widerspruch erhoben. Als die Behörde E darauf hinweist, dass sein Widerspruch verfristet ist, macht dieser geltend, die Behörde habe in vergleichbaren Fällen gleichwohl über den Widerspruch sachlich entschieden. Im Übrigen habe die Behörde übersehen, dass der frühere Bürgermeister B den Eigentümern bereits vor Jahren Bestandsschutz zugesichert habe. Wie ist über den Widerspruch des E zu entscheiden?

§ 61 Abs. 1 der Bauordnung des Landes L (LBauO) lautet:

Die Bauaufsichtsbehörden haben bei der Errichtung, der Änderung, dem Abbruch, der Nutzung, der Nutzungsänderung sowie der Instandhaltung baulicher Anlagen darüber zu wachen, dass die öffentlich-rechtlichen Vorschriften und die aufgrund dieser Vorschriften erlassenen Anordnungen eingehalten werden. Sie haben in Wahrnehmung dieser Aufgaben nach pflichtgemäßem Ermessen die erforderlichen Maßnahmen zu treffen.

Von der Ermächtigung in § 68 Abs. 1 S. 2 VwGO ist kein Gebraucht gemacht worden. Für die Zustellung gilt § 3 LZG, der mit § 3 VwZG wortlautidentisch ist.

A. Zulässigkeit des Widerspruchs

I. Es handelt sich um eine **verwaltungsrechtliche Streitigkeit** i.S.d. § 40 Abs. 1 S. 1 VwGO auf dem Gebiet des öffentlichen Baurechts.

II. Der Widerspruch ist als **Anfechtungswiderspruch** gemäß § 68 Abs. 1 S. 1 VwGO gegen die Bauordnungsverfügung als belastenden Verwaltungsakt statthaft.

III. Die **Widerspruchsbefugnis** analog § 42 Abs. 2 VwGO ergibt sich daraus, dass B als Adressat der belastenden Beseitigungsverfügung geltend machen kann, in seinem Eigentumsrecht (Art. 14 Abs. 1 GG) verletzt zu sein.

IV. Die **Schriftform** nach § 70 Abs. 1 S. 1 VwGO ist gewahrt.

V. Fraglich ist, ob B die **Widerspruchsfrist** von einem Monat nach Bekanntgabe des Verwaltungsakts (§ 70 Abs. 1 S. 1 VwGO) eingehalten hat.

1. Die Verfügung ist dem E am 20.11. per Zustellungsurkunde gemäß § 3 Abs. 2 LZG (VwZG) i.V.m. § 178 Abs. 1 Nr. 1 ZPO durch **Übergabe** an die Ehefrau F wirksam zugestellt worden. Die Widerspruchsfrist endete daher gemäß § 188 Abs. 2 BGB mit Ablauf des 20.12. Der am 28.12. erhobene Widerspruch ist somit **verfristet**.

Wobei dahinstehen kann, ob § 188 Abs. 2 BGB über § 57 Abs. 2 VwGO i.V.m. § 222 Abs. 1 ZPO oder § 79 i.V.m. § 31 Abs. 1 VwVfG anzuwenden ist (s.o. S. 34).

2. Eine **Wiedereinsetzung in den vorigen Stand** gemäß §§ 70 Abs. 2, 60 VwGO kommt nur in Betracht, wenn E die Frist **unverschuldet** versäumt hat.

Das ist insbes. anzunehmen, wenn die Verfristung auf einer beruflichen oder urlaubsbedingten Abwesenheit beruht. Dies ist hier jedoch nicht der Fall. E ist bereits am 15.12. zurückgekehrt und hätte den Widerspruch daher ohne Weiteres noch fristgerecht bis zum 20.12. erheben können. Eine Wiedereinsetzung in den vorigen Stand scheidet daher aus.

Bei verfristeten Drittwidersprüchen ist dagegen auch nach h.Rspr. eine Heilung grds. ausgeschlossen. Hier hat der Adressat mit Fristablauf eine bestandskräftige Rechtsposition erlangt.

3. Allerdings geht die Rspr. davon aus, dass die Behörde beim Adressatenwiderspruch die Verfristung durch **Entscheidung in der Sache** heilen kann. Die Widerspruchsbehörde sei Herrin des Verwaltungsverfahrens und könne daher auch bei Verfristung die Voraussetzungen für den anschließenden Verwaltungsprozess schaffen.[226] Die Behörde hat danach Ermessen, ob sie sich auf die Verfristung beruft oder nicht.

Nach der Gegenansicht steht die Fristvorschrift des § 70 Abs. 1 VwGO nicht zur Disposition der Widerspruchsbehörde, da die Regelung auch der Entlastung des gerichtlichen Verfahrens diene. Wie sich aus § 70 Abs. 2 VwGO ergebe, könne die Verfristung nur durch Wiedereinsetzung in den vorigen Stand nach § 60 VwGO überwunden werden.[227] Da deren Voraussetzungen hier nicht vorliegen, wäre nach dieser Auffassung der Widerspruch des E zwingend als unzulässig zurückzuweisen.

Der Hinweis auf § 70 Abs. 2 VwGO kann indes nicht überzeugen. Unter den in § 60 VwGO genannten Voraussetzungen muss die Behörde zwingend Wiedereinsetzung gewähren und in der Sache entscheiden. Liegen diese Voraussetzungen nicht vor, bleibt es der Widerspruchsbehörde als Herrin des Vorverfahrens unbenommen, nach Ermessen eine Sachentscheidung zu treffen.

Der Widerspruchsführer hat insoweit einen **Anspruch auf ermessensfehlerfreie Entscheidung.**[228] Hierbei hat die Behörde eine Abwägung zwischen der Rechtssicherheit und der materiellen Gerechtigkeit vorzunehmen. Insbesondere kann das Ermessen der Behörde durch Art. 3 Abs. 1 GG i.V.m. dem Prinzip der Selbstbindung der Verwaltung auf Null reduziert sein, wenn die Behörde sich in vergleichbaren Fällen nicht auf die Verfristung berufen hat. Dies ist nach dem Sachverhalt der Fall, sodass es der Behörde hier ausnahmsweise verwehrt ist, sich auf die Verfristung zu berufen.

Die Behörde ist daher gehalten, trotz Verfristung sachlich über den Widerspruch des E zu entscheiden.

B. Begründetheit der Widerspruchs

Der Widerspruch ist analog § 113 Abs. 1 S. 1 VwGO – abgesehen von Zweckmäßigkeitsüberlegungen – jedenfalls begründet, soweit der angefochtene Verwaltungsakt rechtswidrig und der Widerspruchsführer dadurch in seinen Rechten verletzt ist.

---

226 BVerwG RÜ 2010, 387, 389 f.
227 Kopp/Schenke VwGO § 70 Rn. 9 m.w.N.
228 VGH Mannheim NVwZ 1982, 316.

I. Rechtsgrundlage für die Beseitigungsverfügung ist § 61 Abs. 1 S. 2 LBauO, dessen formelle und materielle Voraussetzungen erfüllt sind.

II. Das Einschreiten steht grds. im **Ermessen** der Behörde. Das Ermessen der Behörde könnte hier jedoch auf ein Nichteinschreiten reduziert sein, nachdem sie seit Jahren nicht gegen den baurechtswidrigen Zustand eingeschritten ist und ihr Recht zum Einschreiten deshalb analog § 242 BGB **verwirkt** haben könnte. Ob behördliche Eingriffsbefugnisse überhaupt verwirkt werden können, ist umstritten.[229]

1. Soweit dies bejaht wird, reicht die bloße, auch **langjährige Untätigkeit** der Behörde für eine Verwirkung allein indes nicht aus. Vielmehr muss die zuständige Behörde durch **positives Tun** den Eindruck erweckt haben, gegen die bauliche Anlage nicht oder nicht mehr einschreiten zu wollen.[230]

Hier hatte der frühere Bürgermeister den betroffenen Eigentümern ausdrücklich Bestandsschutz zugesichert, sodass diese davon ausgehen durften, die Behörde habe sich mit der rechtswidrigen Lage abgefunden. Die Beseitigungsverfügung erweist sich nach dieser Auffassung als rechtswidrig.

2. Überwiegend wird indes die Möglichkeit einer **Verwirkung** bei behördlichen Eingriffsermächtigungen verneint, da es sich hierbei nicht um subjektive, der Verwirkung zugängliche Rechte handele, sondern um hoheitliche Befugnisse, die im öffentlichen Interesse auch unabhängig von einer langjährigen Duldung wahrzunehmen sind.[231] Allerdings kann auch nach dieser Auffassung das Verhalten der Behörde gleichwohl ein Indiz dafür sein, dass die Durchsetzung des öffentlichen Baurechts im konkreten Fall nicht notwendig und deshalb **unverhältnismäßig** ist.[232]

So verhält es sich hier. Durch die Äußerungen des früheren Bürgermeisters und die langjährige Untätigkeit ist bei den betroffenen Eigentümern ein schutzwürdiger Vertrauenstatbestand begründet worden. Überwiegende öffentliche Interessen sind nicht ersichtlich, sodass sich die Beseitigungsverfügung als unverhältnismäßig und damit rechtswidrig erweist. Einer Streitentscheidung, ob Eingriffsbefugnisse überhaupt verwirkt werden können, bedarf es daher nicht.

Ergebnis: Durch die rechtswidrige Verfügung wird E in seinem Eigentumsrecht aus Art. 14 Abs. 1 GG verletzt, sodass sein Widerspruch begründet ist.

---

229 Vgl. Sommer JA 2017, 567, 568.
230 OVG NRW NWVBl 2014, 343.
231 VGH BW NVwZ-RR 2008, 696.
232 Vgl. OVG NRW NVwZ-RR 2016, 529, 530.

Fall 45: Reformatio in peius

G erhält von der zuständigen Landesbehörde am 21.02. einen Leistungsbescheid über 1.500 €, gegen den er form- und fristgerecht Widerspruch erhebt. Im Widerspruchsverfahren stellt die Behörde fest, dass der Zahlungsbetrag nach der einschlägigen Gebührenordnung zu niedrig festgesetzt worden ist. Nach richtiger Berechnung muss G 2.000 € zahlen. Die mit der Ausgangsbehörde identische Widerspruchsbehörde weist G hierauf hin. Da G seinen Widerspruch gleichwohl aufrechterhält, erlässt die Widerspruchsbehörde am 21.03. folgenden Widerspruchsbescheid: „Ihr Widerspruch vom … wird zurückgewiesen. Der Bescheid vom 21.02. wird wie folgt geändert: Der zu zahlende Betrag wird auf 2.000 € festgesetzt." G hält jedenfalls die Erhöhung für unzulässig und hat daher nur gegen den Widerspruchsbescheid form- und fristgerecht Klage erhoben. Mit Erfolg?

Die Klage hat Erfolg, soweit sie zulässig und begründet.

A. Zulässigkeit der Klage

I. Der **Verwaltungsrechtsweg** ist gemäß § 40 Abs. 1 S. 1 VwGO eröffnet, da es sich um eine Streitigkeit auf dem Gebiet des öffentlichen Gebührenrechts handelt, sodass eine öffentlich-rechtliche Streitigkeit nichtverfassungsrechtlicher Art vorliegt, die keinem anderen Gericht ausdrücklich zugewiesen ist.

II. Statthafte **Klageart** ist die Anfechtungsklage (§ 42 Abs. 1 Fall 1 VwGO), die sich gemäß § 79 Abs. 2 S. 1 VwGO isoliert gegen den Widerspruchsbescheid richtet. Dieser enthält in Höhe von 500 € eine zusätzliche selbstständige Beschwer.

III. G ist als Adressat des angefochtenen Widerspruchsbescheides auch **klagebefugt** (§ 42 Abs. 2 VwGO), da er geltend machen kann, in seinem Grundrecht aus Art. 2 Abs. 1 GG verletzt zu sein.

IV. Das **Vorverfahren** (§ 68 Abs. 1 S. 1 VwGO) ist bezüglich des Ausgangsbescheids ordnungsgemäß durchgeführt worden. Bezüglich der zusätzlichen Belastung durch den Widerspruchsbescheid entfällt ein erneutes Vorverfahren gemäß § 68 Abs. 1 S. 2 Nr. 2 VwGO. Als erstmalige Beschwer im Sinne dieser Vorschrift ist unter Berücksichtigung des § 79 Abs. 2 VwGO auch jede zusätzliche selbstständige Beschwer anzusehen.[233]

V. Die **Klagefrist** des § 74 Abs. 1 S. 1 VwGO ist gewahrt.

VI. Klagegegner ist gemäß § 78 Abs. 1 u. 2 i.V.m. § 79 Abs. 2 S. 3 VwGO das Land oder, soweit der Landesgesetzgeber von der Ermächtigung des § 78 Abs. 1 Nr. 2 VwGO Gebrauch gemacht hat, die Widerspruchsbehörde selbst.

Bei Klagen isoliert gegen den Widerspruchsbescheid ist neben § 113 stets § 115 VwGO zu zitieren!

B. Begründetheit der Klage

Die Klage ist gemäß §§ 113 Abs. 1 S. 1, 115 VwGO begründet, soweit der Widerspruchsbescheid rechtswidrig und der Kläger dadurch in seinen Rechten verletzt ist.

233 Kopp/Schenke, VwGO, § 68 Rn. 20.

Rechtsgrundlage für den Widerspruchsbescheid ist die Regelung im Landesgebührengesetz i.V.m. der einschlägigen Gebührenordnung.

I. Die Erhöhung im Widerspruchsbescheid könnte bereits deswegen rechtswidrig sein, weil die Behörde die Entscheidung **zum Nachteil des Widerspruchsführers** geändert hat. Ob eine solche **Verböserung** (reformatio in peius) im Widerspruchsverfahren überhaupt zulässig ist, ist umstritten.

1. Für die Zulässigkeit spricht vor allem, dass die Widerspruchsbehörde gemäß § 68 VwGO eine **umfassende Recht- und Zweckmäßigkeitskontrolle** vorzunehmen hat. Davon werden auch Entscheidungen zulasten des Widerspruchsführers erfasst. Dieser erlangt eine schutzwürdige Rechtsposition erst mit der Bestandskraft des Verwaltungsaktes.[234]

2. Dem wird entgegengehalten, dass das Risiko der Verböserung den Bürger von der Einlegung von Rechtsbehelfen abhalten könnte, was zu einer faktischen Einschränkung der Rechtsschutzgarantie des Art. 19 Abs. 4 GG führe. Die Regelungen in den §§ 48, 49 VwVfG seien für nachträgliche Änderungen des Verwaltungsakts abschließend.[235]

3. Dagegen spricht jedoch, dass die VwGO in den §§ 71, 79 Abs. 2 S. 1 VwGO davon ausgeht, dass der Widerspruchsbescheid eine zusätzliche Beschwer enthalten kann. Auch wenn diese Vorschriften lediglich die **prozessualen Folgen** einer Verböserung und nicht deren materiell-rechtliche Zulässigkeit regeln, kann daraus geschlossen werden, dass der Gesetzgeber von der grundsätzlichen Zulässigkeit einer Verböserung im Widerspruchsverfahren ausgeht. Vertrauensschutzgesichtspunkte stehen einer Verböserung regelmäßig nicht entgegen, da sich der Widerspruchsführer des Schutzes durch Erhebung des Widerspruchs selbst begeben hat. Im Übrigen muss der Rechtsmittelführer auch im gerichtlichen Verfahren mit Anschlussrechtsbehelfen des Gegners rechnen (vgl. §§ 127, 141 VwGO) und kann daher keinesfalls sicher darauf vertrauen, dass eine Verschlechterung seiner Rechtsposition nicht erfolgt.

Eine Verböserung ist daher im Widerspruchsverfahren nicht generell ausgeschlossen.

II. Fraglich ist allerdings, unter welchen Voraussetzungen eine Verböserung im konkreten Fall **rechtmäßig** ist.

1. Die **Zuständigkeit** für die verbösernde Entscheidung ist unproblematisch, wenn wie im vorliegenden Fall Ausgangs- und Widerspruchsbehörde identisch sind. Denn die Kompetenzen der Ausgangsbehörde werden durch das Widerspruchsverfahren nicht eingeschränkt.

Sind Ausgangsbehörde und Widerspruchsbehörde nicht identisch, ist die Herleitung der Zuständigkeit überaus kontrovers (Devolutiveffekt, Selbsteintrittsrecht, Annex zum Aufsichtsrecht).

2. Die vor der Verböserung gemäß § 71 VwGO erforderliche **Anhörung** des G ist erfolgt.

3. Der Bescheid in seiner verschärften Form ist nur rechtmäßig, wenn er durch eine **Ermächtigungsgrundlage** gedeckt ist.

a) In den §§ 68 ff. VwGO findet sich eine solche Rechtsgrundlage nicht, da die Vorschriften die Verböserung weder im positiven noch im negativen

234 BVerwG DVBl. 1987, 238, 239; Schoch Jura 2003, 752, 759.

235 Hufen § 9 Rn. 17.

Sinne regeln. Zwar geht § 79 Abs. 2 S. 1 VwGO von der Möglichkeit einer zusätzlichen selbstständigen Beschwer im Widerspruchsbescheid aus, regelt jedoch nicht, ob und unter welchen Voraussetzungen diese rechtmäßig ist.

b) Teilweise wird die Verböserung deshalb stets als **teilweise Aufhebung** des ursprünglichen VA verstanden, sodass die Voraussetzungen der §§ 48, 49 VwVfG einzuhalten wären.[236]

Dagegen spricht jedoch, dass die §§ 48, 49 VwVfG nicht für die Entscheidung über den Widerspruch selbst gelten. Ist der Widerspruch begründet, so muss die Widerspruchsbehörde den Verwaltungsakt aufheben, hat also gerade nicht das in §§ 48, 49 VwVfG eingeräumte Ermessen.

c) Die Widerspruchsbehörde trifft ihre Entscheidung vielmehr auf der Grundlage der **sachlichen Ermächtigungsgrundlage**, die auch der Ausgangsbehörde für den Erlass des Bescheides zur Verfügung stand.[237] Dies ist hier das Landesgebührengesetz i.V.m. der einschlägigen Gebührenordnung. Die Widerspruchsbehörde hat danach die **ursprüngliche Entscheidungskompetenz** der Ausgangsbehörde. Nach der Gebührenordnung beträgt die zu erhebende Gebühr 2.000 €. Der Widerspruchsbescheid erweist sich daher auch in der Sache als rechtmäßig.

Ergebnis: Die Anfechtungsklage des G ist zulässig, aber unbegründet und wird deshalb keinen Erfolg haben.

---

236 So im Ergebnis BVerwGE 65, 313, 319; BVerwG NVwZ 1983, 33, 34.
237 BVerwG DVBl. 1987, 238; Schoch Jura 2003, 752, 759.

STICHWORTVERZEICHNIS

Die Zahlen verweisen auf die Seiten.

RÜ
Ihre Examensfälle von morgen
RechtsprechungsÜbersicht
RÜ
Ihre Examensfälle von morgen – schon heute in der RÜ!
Von erfahrenen Repetitoren ausgewählte Entscheidungen im Gutachtenstil gelöst. Genau so, wie Sie den Fall in Ihrer Examensklausur lösen müssen!
Probeheft bestellen unter: as.info@alpmann-schmidt.de